AF548399

Sonia Combe

Loyal um jeden Preis

Georg Lukács empfängt Anna Seghers, die mit der tschechoslowakischen Fluggesellschaft angekommen ist, auf dem Flughafen Budapest, Februar 1952.

Sonia Combe

Loyal um jeden Preis

»Linientreue Dissidenten« im Sozialismus

Aus dem Französischen
und mit einem Nachwort
von Dorothee Röseberg

Ch.Links VERLAG

Dieses Buch erscheint im Rahmen des Förderprogramms des französischen Außenministeriums, vertreten durch die Kulturabteilung der französischen Botschaft in Berlin.

Die Originalausgabe erschien im September 2019 unter dem Titel »La loyauté à tout prix. Les floués du ›socialisme réel‹« in der Reihe »Clair & Net«, herausgegeben von Antoine Spire, im Verlag Le Bord de L'eau éditions, Lormont (Frankreich).
Die Übersetzung wurde unterstützt durch die Leibniz-Sozietät der Wissenschaften zu Berlin e. V.

Auch als  erhältlich

Die Deutsche Nationalbibliothek verzeichnet diese Publikation in der Deutschen Nationalbibliografie; detaillierte bibliografische Angaben sind im Internet über www.dnb.de abrufbar.

Ch. Links Verlag ist eine Marke der Aufbau Verlage GmbH & Co. KG

www.christoph-links-verlag.de
Prinzenstraße 85, 10969 Berlin
Umschlaggestaltung: zero-media.net, München
Satz: Britta Dieterle, Berlin
Druck und Bindung: Druckerei F. Pustet, Regensburg
Gedruckt auf säurefreiem, chlorfrei gebleichtem Papier

ISBN 978-3-96289-141-1

Inhalt

»Beide waren Marxisten, Sozialisten,
Antifaschisten, Materialisten, Atheisten.
Kritische Marxisten natürlich, keine dummen SED-Tölpel,
sondern skeptisch und witzig.
Aber Mitglied der Partei, der SED. Beide.«
Barbara Honigmann[1]

»Ich nehme zur Kenntnis, daß ich einer Generation angehöre,
deren Hoffnungen zusammengebrochen sind.«
Stephan Hermlin[2]

Vorwort

In den 1980er Jahren traf ich im Rahmen von Interviews zur Erinnerung an den Nationalsozialismus in der ostdeutschen Gesellschaft Persönlichkeiten, die nach Deutschland zurückgekehrt waren, um dort einen sozialistischen Staat aufzubauen. Sie berichteten mir von erlebter Entzauberung, aber auch davon, wie sie trotz allem ihre Überzeugungen bewahrten. Diese meist sehr kritischen Marxisten hatten damals ihre Hoffnungen noch nicht verloren; so wie auch die Folgegeneration der Schriftsteller, Künstler und Dissidenten, denen sie auf die eine oder andere Art ihre Ideen weitergeben konnten.

Es war nicht schwer, solche Menschen zu treffen. Viele von ihnen waren jüdischer Herkunft, sie bildeten eine Schicksalsgemeinschaft als Paria des Nationalsozialismus, sie gehörten zu den Verfolgten des »Dritten Reiches« und zu jenen, die es bekämpft hatten. Da sie meistens im gleichen Viertel wohnten, endete ein Gespräch selten ohne Hinweis auf eine weitere Adresse. Die Diskussionen mit ihnen waren sehr viel freier, als ich es mir vorgestellt hatte. Später erstaunte mich, wie vorsichtig meine Fragen formuliert waren und wie direkt mir meine Gesprächspartner geantwortet hatten. Gewiss, wir trafen uns im letzten Jahrzehnt der DDR. Wie Christoph Hein sich erinnerte: Damals war es schon lange her, dass man für seine Meinung ins Gefängnis gekommen war. Aus diesem Grund hielt er es übrigens auch für einen Fehler des Regisseurs des Films *Das Leben der Anderen*, die erzählte Geschichte in die Zeit kurz vor dem Mauerfall zu verlegen.

Im November 1989, als Kanzler Kohl den Prozess der Wiedervereinigung vorantrieb, fand man die Namen vieler Persönlichkeiten unter einem Aufruf, dessen Wortführerin die Schriftstellerin Christa Wolf war: »Für unser Land«. Es handelte sich um einen Appell für den Erhalt eines unabhängigen, den sozialistischen Werten treuen Ostdeutschlands, der DDR. Eine Utopie also, wie man seither denkt. Vielleicht. Ein Historiker ist kein Schriftsteller, und er übt sich nicht in der Praxis des Kontrafaktischen. Aber er kann sich eine andere Geschichte vorstellen als diejenige, die er nachzuzeichnen hat. Und er hat es in der Hand, eine Erinnerung zu beleben, die in der postkommunistischen Geschichtsschreibung wenig präsent ist.

Die Idee, eines Tages die Geschichte dieser Generation und ihrer biologischen wie auch geistigen Nachkommen zu erzählen, die durch die Geschichte desillusioniert worden sind, diese Idee hat mich nie verlassen. Es geht nicht um die Geschichte der mittelmäßigen und gefürchteten Apparatschiks, auch nicht um diejenigen, die aus Konformismus, Gefolgschaft oder Opportunismus Parteimitglieder waren. Es geht vielmehr um die Geschichte derer, die geschwiegen haben, aber nicht etwa aus Angst oder Feigheit, sondern weil sie ihrem Ideal treu geblieben sind. Von dieser Loyalität um jeden Preis soll in diesem Buch erzählt werden.

PROLOG
»Ein Traum, von Dummköpfen zerstört«

New York, 1945. Edith Anderson, eine politisch linksorientierte junge Amerikanerin, heiratet einen deutschen Emigranten, mit dem sie schon seit mehreren Jahren zusammenlebt. Es ist Max Schroeder, ein Schriftsteller, der während der Weimarer Republik durch die Umstände getrieben in die Kommunistische Partei eingetreten ist und dem man ein Leben als Bohémien nachsagt. Er flieht vor dem Nationalsozialismus und landet in den Vereinigten Staaten, die er Ende des Krieges verlässt. Er kehrt nach Deutschland zurück – Edith Anderson geht mit ihm –, um dort den Sozialismus aufzubauen, einen Sozialismus, der ihn zunehmend enttäuschen wird.

Edith Anderson kennt die Haltung ihres Mannes sehr gut, sodass sie später ein Zeugnis von den ersten Jahren des ostdeutschen Staates ablegen kann. Sie spricht von einem Traum, der von Dummköpfen zerstört worden sei. Obwohl sie gute Gründe hatte, Walter Ulbricht nicht zu mögen, ist ihr Buch keine Anklage gegen das Deutschland von Walter Ulbricht, Stalins Mann, der im Schutz der Roten Armee aus der Sowjetunion zurückgekehrt ist, um die Führung in dem politischen Gebilde zu übernehmen, das später die DDR werden wird. Aber die Stärke ihrer Erzählung liegt gerade in der Rekonstruktion des Kontextes, des Kalten Krieges, und jener Überzeugungen, die es ermöglichen zu verstehen, warum Männer und Frauen wie ihr Ehemann, der spätere Cheflektor des Aufbau-Verlages Max Schroeder, der Dramatiker Bertolt Brecht, die Schriftstellerin Anna Seghers und viele andere den Entschluss fassten, nach Deutschland zurückzukehren.

Warum wählten sie den Ostteil, der von den Sowjets besetzt war, und warum verließen sie ihn nicht? Warum blieben sie selbst dann, als ihre Hoffnungen nach und nach zerstört worden waren, auch wenn es bedeutete, ihre Seele und ihre Gesundheit zu opfern?

Max Schroeder heiratete Edith Anderson, nachdem seine erste deutsche Lebensgefährtin, ebenfalls Exilantin, die in einem anderen Land Zuflucht fand, drei Jahre lang nicht auf seine Briefe geantwortet hatte. Als er Ende des Krieges vom FBI einbestellt wurde, um über seine kommunistischen Aktivitäten Auskunft zu geben, entdeckte er auf dem Schreibtisch des Offiziers, für ihn absichtlich erkennbar gemacht, die nie erhaltenen Briefe seiner ersten Partnerin. Die Praxis des Abfangens von Briefen war bei den Geheimdiensten verbreitet, um die Moral jener zu untergraben, die man für gefährlich hielt.

Noch in Amerika bekam Edith Anderson einen Vorgeschmack darauf, was sie in Berlin erwarten würde. Die »Freunde« ihres Mannes nahmen sie alles andere als herzlich auf. Sie erinnert sich an ein Abendessen mit Albert Norden, dem zukünftigen Mitglied des Politbüros des Zentralkomitees (ZK) der Sozialistischen Einheitspartei Deutschlands (SED), und Gerhart Eisler, dem späteren Vorsitzenden des Staatlichen Rundfunkkomitees der DDR, Bruder von Hanns Eisler, der auch aus dem Exil in den USA zurückgekehrt war. Norden verschwendete keine Zeit damit, ein Gespräch mit der Frau des Genossen zu führen. Gerhart Eisler hingegen fragte diese ohne Umschweife, ob sie regelmäßig zum Zahnarzt gehe. »Als ich zögerte, ermahnte er mich, daß ein Kommunist regelmäßig zur Zahnuntersuchung gehen sollte um sicherzustellen, daß er in Kampfform war.« (Er lächelte, aber er scherzte nicht, so im englischsprachigen Original.)[1]

Schroeder gelang es schnell, Berlin zu erreichen, während Edith Anderson mehr als ein Jahr brauchte. Sie wurde in Paris aufgehalten, wo sie das Einverständnis der amerikanischen Besatzungsmacht benötigte, um nach Berlin zu gelangen. Dieses Schicksal teilte sie mit anderen Exilanten, die nach Deutschland zurückkehren wollten. Die westlichen Verbündeten, die sich mit den Sowjets die Kontrolle über die ehemalige Hauptstadt des »Dritten Reiches« teilten, versuchten eine Rückkehr nach Deutschland zu verhindern, besonders wenn es sich um Kommunisten handelte. In diesem Vorhaben wurden sie von der einheimischen Bürokratie unterstützt. Edith Anderson schreibt: »Die Macht der deutschen Beamten, zu verhindern um der Verhinderung willen, war monströs, wenn man bedenkt, daß sie angeblich besiegt waren. [...] Die Gegenwart einer sorglosen Ausländerin mit halbwegs anständigem Gepäck, falls sie überhaupt davon Notiz nahmen, verursachte ihnen wahrscheinlich ein noch mieseres Gefühl. Sie wußten, daß die Welt sie verabscheute, das stand auf ihren Gesichtern geschrieben, und sie wollten davon nichts mehr hören. Nur das über sie gefällte kollektive Urteil schien unmerklich in ihren Schädeln zu hämmern: weiterleben. Ihr habt es nicht anders gewollt, dachte ich.«[2]

In Berlin angekommen, fand sie einen völlig erschöpften Mann vor. Er hatte Tag und Nacht gearbeitet – für das große neue Verlagshaus der DDR, den Aufbau-Verlag. Ermüdend waren auch die Kongresse, Konferenzen und Versammlungen, die sie als »sadomasochistische Rituale« bezeichnete. Sie fanden in Räumen statt, in denen es weder Fenster noch Ventilatoren gab, wo die disziplinierten Genossen stundenlang anhörten, was die anderen zu sagen hatten, obwohl sie schon alle Inhalte kannten.

Zum Schicksal der Remigranten gehörten Armut und die Akzeptanz des Mangels. Doch diejenigen, die sich entschieden hatten, in diesen Teil Deutschlands – »o Deutschland, bleiche Mutter« dichtete Brecht 1933 – zurückzukehren, um ihn wiederaufzubauen, wurden von dem starken Wunsch getrieben, einander wiederzufinden und sich nach Exil und harten Prüfungen zu vergewissern, wer wie überlebt hatte. Nicht allen Exilanten war dies gelungen, insbesondere denjenigen nicht, die die Sowjetunion als Exilland gewählt hatten. Edith Anderson erfuhr von ihrem Ehemann ein Geheimnis über die deutschen Kommunisten, die nach »Missverständnissen« in der UdSSR verschwunden waren. Über dieses Thema herrschte Schweigen, und in der Folge zeigte sich, dass das Schweigen die Regel in jeder Hinsicht war.

Eine Person schien über jeden Verdacht erhaben zu sein: die Schriftstellerin Anna Seghers. Man verzieh ihr sogar *Transit,* diese schöne Geschichte über das Warten auf ein Boot mit Antifaschisten und deutschen Juden in Marseille im Jahr 1940, um aus dem besetzten Frankreich zu fliehen. Es ist nicht wirklich ein militantes Buch.[3] Man präsentierte die Schriftstellerin öffentlich, animierte sie, Fabriken und Schulen zu besuchen, die ihren Namen trugen; man holte sie von ihrem Schreibtisch, um im In- und Ausland Vorträge zu halten. Sie wagte es nicht abzulehnen.

Edith Anderson beschreibt die Hauptakteure der frühen DDR-Kulturszene und skizziert typische Charaktere unter den Höflingen des Regimes. So beispielsweise Klaus Gysi, ein geborener Diplomat, der immer wieder höchste Positionen erreichte, mehrmals in Ungnade fiel, sich wieder fing, sich von Freunden lossagte, die ihn behinderten, der nur noch ein Schatten seiner selbst war und sich wie ein Boxer verhielt, der sich nicht geschlagen gibt, sondern erneut zum Angriff übergeht … Klaus Gysi wird den Fall der Mauer überleben, und sein Sohn Gregor wird versuchen, die Sozialistische Einheitspartei zu retten.

Als Edith Anderson am 17. Juni 1953 ihre Einkäufe erledigte, sah sie, dass etwas nicht stimmte: Die Geschäfte waren leer. Während die Arbeiter auf der Stalinallee in Ost-Berlin die Abschaffung der gerade beschlossenen Erhöhung ihrer Arbeitsnormen und den Rücktritt der Regierung forderten, hörte sie, wie vom Westen entsandte Agitatoren riefen: Erhängt sie! In ihr Tagebuch notierte sie: Die Remigranten kritisieren zwar die Regierung, bleiben aber trotzdem auf deren Seite. Es gibt keine Übereinstimmung, vielmehr herrscht Besorgnis.

Edith Anderson hielt noch andere »Schlachten« fest, beispielsweise die gegen den »Formalismus«. 1951 wurde der Proletkult, die sogenannte proletarische Kultur, plötzlich verboten, die einst in Moskau verordnet und in Deutschland während der Weimarer Republik geschätzt worden war. Horst Strempels Wandbilder fielen der Verurteilung anheim. Er ging in den Westen, wo er als Kommunist keinen Flüchtlingsstatus beanspruchen konnte. Er sollte sein Leben als ein von beiden Seiten der Stadt Ausgestoßener beenden. Der demokratische Westen hatte eine öffentliche Verurteilung des Sozialismus generell zur Bedingung für die Aufnahme gemacht. In gewisser Weise war das ein Pendant zu der in den kommunistischen Parteien üblichen Praxis der Selbstkritik.

Ein Jahr später wurde Hanns Eisler an den Pranger gestellt. Der Komponist hatte das Libretto eines *Faust* konzipiert, das bei den obersten Stellen als beispiellose Unverschämtheit Empörung auslöste. Es war, schreibt Edith Anderson, als hätte Eisler »auf das Nationaldenkmal Faust gepißt«. Das Stück spielt zur Zeit des Bauernkrieges. Es geht um das Scheitern und das berühmte »deutsche Elend« (Heinrich Heine), darum, dass Deutschland Revolutionen nicht wirklich, sondern nur theoretisch zu Ende führen kann. Diese Idee missfiel dem Parteivorsitzenden Walter Ulbricht ungemein. Prompt folgte der Beschluss, wonach es sich um ein antifaustisches Libretto handelte, das unpatriotisch und für Arbeiter völlig unverständlich sei.

Man erkennt in dem Stück auch eine Anspielung auf die Monotonie des Lebens in der DDR. Eislers Faust beklagt sich über die Langeweile, die sich über das humanistische Deutschland gelegt hat, im Gegensatz zu einer alten »unmoralischen« Stadt namens Atlanta, warum wohl? »Zurückgekehrt – leider zurückgekehrt, find ich die Heimat wieder grau und kalt […] Wie hab ich sie gern verlassen! Nun hält sie wieder in den Klauen mich. Was soll ich hier?«[4] Hat Eisler Nostalgie für das korrupte Hollywood empfunden? Brecht versuchte mit Unterstützung des zukünftigen Kulturministers Johannes R. Becher, die Hysterie zu beruhigen. Becher erinnert sich, dass der Komponist – Eisler war Jude – in gewisser Weise legitimiert sei, Zweifel an der »unvergleichlichen deutschen Kultur« zu äußern. »Wie kommt es […], daß diese herrliche, strahlende, ›einmalige‹ Kulturnation es nie zu einer Revolution gebracht hat und zweitens einen Hitler an die Macht kommen ließ […]?«[5] Als gebrochener Mensch schaffte Eisler es nicht, die Musik für seinen *Faust* fertigzustellen.

Nachdem ihr Mann eine Kröte nach der anderen schlucken musste und erkrankte, schickte Edith Anderson regelmäßig Protestbriefe an das Zentralorgan der SED *Neues Deutschland*, die niemals veröffentlicht worden sind. Eine Antwort erhielt sie ebenfalls nicht.

Anderson verfiel des Öfteren in Nostalgie: »Ich vermißte die jüdischen Gesichter, die mir New York so heimisch machten. Ich vermißte die schwarzen, braunen, die latein-amerikanischen und anderen fremden Gesichter, die mir immer in der U-Bahn begegneten, Gesichter hart arbeitender Menschen, die trotz Erschöpfung niemals achtlos andere Menschen anrempelten im Gegensatz zu den gleichgültigen Deutschen, sondern mit instinktiver Leichtigkeit hinein- und wieder hinausschlüpften aus dem Gedränge unter dem Times Square zwischen der Bronx-Brooklyn-Linie und dem Vorortzug.«[6]

Als Max Schroeder 1958 starb, beschloss sie, mit ihrer elfjährigen Tochter Cornelia ihre Familie in den USA zu besuchen. Das amerikanische Konsulat verweigerte der Kommunistin jedoch die Einreise, weil sie nicht zu einem Schuldbekenntnis bereit war. Nur dank ihrer Familie vermochte sie das Problem zu lösen. Edith blieb nicht lange in New York. Es stellte sich heraus, dass sie sich nicht wieder an das amerikanische Leben gewöhnen konnte. Sie kehrte deshalb nach Berlin zurück. Hier arbeitete sie abwechselnd als Journalistin, Übersetzerin und initiierte mehrere anspruchsvolle Editionsprojekte.

Nach einem quasi Galilei'schen inneren Exil starb Bertolt Brecht im August 1956 im Alter von 58 Jahren an einem Herzanfall. Der erste Kulturminister der DDR, der Dichter Johannes R. Becher, folgte ihm zwei Jahre später mit der gleichen Diagnose im Alter von 67 Jahren. Hanns Eisler, der Komponist der Begleitmusik von Brechts Stücken, der auch die Filmmusik zu *Nuit et brouillard (Nacht und Nebel)* von Alain Resnais geschrieben hatte, starb 1962 im Alter von 64 Jahren.

Bis zum Ende seines Lebens war er dem Regime treu geblieben, so wie auch die Schriftstellerin Anna Seghers, die 1983 in Berlin im Alter von 82 Jahren verstarb.

Der Preis der Loyalität

Warum sollen wir uns heute für Menschen interessieren, die einer Partei treu geblieben sind, die voll gegen die Wand lief? Hat die Geschichte nicht entschieden? Im besten Fall hält man diese Menschen für naiv; ein Achselzucken reicht, um sie zu verurteilen, oder man rechnet sie jenen zu, unter denen sie gelitten haben. Alles in allem stellt sich die Frage: Waren sie Komplizen des Regimes?

Wenn ihr Traum durch »Dummköpfe« zerstört wurde, wie Edith Anderson sagte, mussten sie sich nicht ebenso dazurechnen? Das Urteil hat in jedem Fall dazu beigetragen, dass sie schnell auf die Müllhalde der Geschichte befördert worden sind.

»Es gibt Schlimmeres als den Kommunismus, nämlich das, was danach folgt.«[7] So der bulgarische Regisseur Angel Wagenstein. Er wurde 1922 in Plowdiw geboren, von bulgarischen Faschisten zum Tode verurteilt, weil er als Partisan im Widerstand gekämpft hatte, war Mitglied der kommunistischen Partei, aus der er zweimal ausgeschlossen und in die er auf eigenen Wunsch, verbunden mit einem langen Kampf, wieder aufgenommen wurde. Kulturfunktionäre kritisierten seine Filme stetig, weshalb er das Schicksal kritischer Geister erlitt, die durch ein politisches System gebrochen wurden, dessen Ziel sie teilten, dessen Stil und Methoden sie jedoch nicht unterstützen konnten.[8] Wenn sie es wagten, das Wort zu ergreifen, dann nur innerhalb der Partei, einer Partei, die für sie eng mit dem Ziel verbunden war, dem sie bereit waren zu dienen. Vor allem wollten sie ihr nicht schaden, denn damit hätten sie dem Feind einen Dienst erwiesen.

Die vollkommenste Figur dieser Haltung wurde wahrscheinlich von Wassili Grossman in der Novelle *In Kislovodsk* nachgezeichnet. Gladetsky lobt Savva Feofilovitch, einen alten Vertreter der Bolschewiki und Freund Lenins, für seinen Mut, Bucharin »im Namen der Revolution« anzuzeigen, obwohl er (Savva F.) wusste, dass dieser unschuldig war, und er (Gladetsky) hinzufügte: »Das weiß ich aus eigener Erfahrung.« Diese Passage fiel der Zensur anheim.[9] Grossman war ein desillusionierter Kommunist, der in den 1950er Jahren *Leben und Schicksal* verfasst hatte, bevor Solschenizyn *Der Archipel Gulag* schrieb. Doch das Buch wurde erst zwanzig Jahre später im Westen erstmals veröffentlicht. Grossman sprach in Kenntnis der Dinge; er war dem Stalinschen Terror entgangen, der Zensur jedoch nicht.

Die Zeiten änderten sich. In der Regel waren die Protagonisten, von denen wir hier berichten, nicht derart extremen Situationen ausgesetzt. Die Tragödie, die sich in der Sowjetunion abspielte, hatte ganz andere Dimensionen. Mit einigen Ausnahmen waren unsere Protagonisten »nur« dazu veranlasst worden zu schweigen.

Diese Art von »internen« Gegnern findet man in allen Gesellschaften, die das Experiment des Sozialismus unternommen haben. Solche Gegner gab es natürlich auch innerhalb der kommunistischen Parteien in nichtsozialistischen Ländern, allerdings unter völlig anderen Umständen und mit unterschiedlichem Ausgang. Hierzu gibt es bereits zahlreiche Untersuchungen.[10] Im Osten ist der Philosoph Georg Lukács[11] wohl eine der bekanntesten Figuren. Sein Denkmal im Budapester Szent-István-Park wurde im März 2017 auf Antrag der rechtsradikalen Jobbik-Partei – im Ungarn unter Viktor Orbán – demontiert. Der Grund: Lukàcs' marxistisches Engagement. Nachdem Lukács am Aufstand 1956 teilgenommen hatte, wurde er, der Autor von *Geschichte und Klassenbewusstsein*, aus der Partei ausgeschlossen. Zehn Jahre lang unternahm er alles Mögliche, um wieder in die Partei aufgenommen zu werden. Das hinderte ihn jedoch nicht daran, seine Kritik unter den ungarischen Dissidenten zu verbreiten. Die Philosophin Ágnes Heller, führender Kopf der Budapester Schule, war deren Repräsentantin. Lukács ging indes niemals von seiner Überzeugung ab, dass die schlimmste Form des Sozialismus immer noch dem besten Kapitalismus überlegen sei.[12] Sein Briefwechsel mit dem Polen Adam Schaff, ebenfalls Philosoph und Jude, aus den Jahren 1963 bis 1969 belegt bei allen Unterschieden ihrer Einschätzungen zur Stalin-Periode die gleichen Vorbehalte gegenüber einer radikalen Verurteilung der sowjetischen Erfahrungen.[13] Im August 1968 verurteilte Lukács in einem Schreiben an den ungarischen Staatschef János Kádár und an das Zentralkomitee der Ungarischen Sozialistischen Arbeiterpartei den Einmarsch der Truppen des Warschauer Paktes in Prag. Seine Schüler demonstrierten offen dagegen. Viele von ihnen verließen später das Land. Wahrscheinlich hinderte Lukács sein Alter an derartigen Protestformen.

Adam Schaff zeigte ein ähnliches Verhalten. Er schrieb Lukács am 12. Dezember 1968, während der polnische Staat seine heftigste antisemitische Zeit hatte: »Persönlich tue ich alles, um auch diese Periode zu überleben. In den letzten sechs Monaten arbeite ich, um nicht verrückt zu werden, fleißig an einem neuen Buch ›Geschichte und Wahrheit‹. [...] Die marxistische Philosophie in Polen liegt in Trümmern. Die besten Leute sind entweder völligst zur Stille gebracht oder emigrieren.«[14] Adam Schaff vermied die Emigration, die man als Zeichen des Nichteinvernehmens hätte interpretieren können. Er wurde aus der Partei ausgeschlossen, nachdem Staats- und Parteichef Wojciech Jaruzelski im Dezember 1981 durch einen Staatsstreich an die Macht gekommen war. Jedoch gelang es ihm, rehabilitiert und wieder in die Partei aufgenommen zu werden. Im Jahr 2006 starb er in Warschau.

Man könnte auch andere Beispiele für jene Loyalität nennen, aber nach 1956 schwächte sich in Polen und Ungarn und nach 1968 auch in der Tschechoslowakei die Hoffnung auf eine Reform der Partei in den Staaten sowjetischen Typs immer mehr ab. Die Gegnerschaft, die sich in der Solidarność-Bewegung in Polen oder in der Charta 77 in der Tschechoslowakei zeigte, kam aus dem Untergrund. In der UdSSR erschienen selbst verlegte Zeitschriften (Samisdat). Wenn es möglich war, verließen die Dissidenten das Land. Nimmt man Albert O. Hirschmans Typologie der Verhaltensoptionen *Exit, Voice, and Loyalty* auf,[15] so ergriffen sie zunächst das Wort und wählten dann das Exil. In dem Moment, wo es keine Hoffnung mehr auf eine Reform der Partei gab, hatte Loyalität keinen Sinn mehr.[16]

Aber genau dies trifft für die DDR nicht zu. In der ostdeutschen Gesellschaft gab es gewiss Gegner, oftmals flüchteten sie gezwungenermaßen. Aber mit Ausnahme des letzten Jahrzehnts gab es hier keine organisierte Opposition. So kam es, dass Mitglieder der SED zum ersten Mal am 4. November 1989 an der Seite von Regimegegnern auf dem Alexanderplatz demonstrierten, deren Namen sie noch einige Wochen zuvor ignoriert hatten.

Gemeinsam forderten sie Reformen. Fünf Tage später wurde die Mauer geöffnet. Die Opposition innerhalb der Partei war größer geworden und zählte vor allem Intellektuelle, Dramatiker, Schriftsteller, Filmemacher und Wissenschaftler in ihren Reihen. In den 1950er Jahren konnte der Ausdruck einer Nichtübereinstimmung mit der Parteimeinung als Verrat eingestuft und mit Gefängnis bestraft werden. Später nahm die Unterdrückung ab, allerdings zugunsten einer sich immer weiter ausbreitenden Überwachung durch die Stasi.[17] Kritik war nun innerhalb der Partei und in anderen ihr nahestehenden Organisationen in Grenzen erlaubt, solange außerhalb die Regel des Schweigens akzeptiert blieb. Allerdings wurden die Grenzen immer wieder verschoben, was mitunter auch größere Handlungsspielräume eröffnete. Darin unterschied sich das Herrschaftssystem der DDR zum Beispiel von dem in Rumänien und in Albanien, wo der Personenkult und das System der persönlichen Macht mit Nicolae Ceaușescu und Enver Hoxha Formen annahmen, die es in der DDR niemals gab.

Diejenigen, die das Schweigen brachen und ihre Kritik im Westen verbreiteten, wie es der Physiker Robert Havemann und der Philosoph Rudolf Bahro taten, wurden ipso facto aus der Partei ausgeschlossen. Havemann erlebte den Ausschluss aus der Partei und der Akademie der Wissenschaften, Berufsverbot und Hausarrest.[18] Beide blieben Marxisten. Dennoch gehören sie zu einer anderen Kategorie als diejenigen Frauen und Männer, die die Partei von innen her reformieren wollten, die für die Loyalität optierten und in der Konsequenz das Schweigen wählten. Ein Verleger gab der Autobiographie des Wirtschaftswissenschaftlers Jürgen Kuczynski, der ein solcher kritischer Geist innerhalb der Partei war, den vielsagenden Titel *Ein linientreuer Dissident.*[19]

Das Attribut Dissident mag Historiker stören, die es eher mit jenen identifizieren, die offen und öffentlich ihre Kritik kundtaten und dafür einen hohen Preis bezahlten. Die Bezeichnung Dissident ist einem Soziologen möglicherweise zu literarisch, und es stimmt einfach, dass Kuczynski unter den Umständen und den Bedingungen, die Gegenstand dieses Buches sind, eher treu denn Dissident war.[20] Gleichwohl dient dieses Oxymoron der Analyse genau der Widersprüchlichkeit, die es enthält. Es verweist auf die Spannung, die durch die Nichtübereinstimmung von Überzeugung und Verhalten entsteht. Der amerikanische Psychosoziologe Leon Festinger bezeichnete das Resultat einer derartigen Nichtübereinstimmung als »kognitive Dissonanz«,[21] die letztlich die Handlung blockiere.

Wenn man auf charakteristische gemeinsame Merkmale von Georg Lukács und Jürgen Kuczynski blickt, zeichnet sich ein Idealtyp ab: Es handelt sich um Kommunisten, die Mitglieder der Partei sind oder ihr nahestehen, die sich durch Autonomie des Denkens auszeichnen. Finanzielle Einnahmen, zum Beispiel aus Autorenrechten oder Lehr- oder Forschungstätigkeit, machen sie von der Partei materiell unabhängig. Ihre Loyalität gründet auf intellektuellen Überzeugungen, die nicht mit Glauben gleichzusetzen sind. Und schließlich – und das ist nicht das Unwichtigste – formulieren sie niemals ihre Kritik außerhalb der Partei und der ihr verbundenen Organisationen. Obwohl Lukács und Kuczynski 20 Jahre trennten – Lukács ist 1885 geboren, Kuczynski 1904 –, gehörten beide einer Generation an, wenn man dem Begriffsverständnis von Karl Mannheim folgt. Sie erlebten die gleichen grundlegenden Ereignisse: die Oktoberrevolution, den Machtantritt der Nazis, die Säuberungen Stalins, den Zweiten Weltkrieg und den Wiederaufbau ihres Herkunftslandes. Beide wurden Marxisten, Intellektuelle *in* der Partei, im Gegensatz zu jenen, die Intellektuelle *der* Partei waren und ihr Denken den Bedürfnissen der Partei anpassten.

Weder der eine noch der andere wurde ein Parteifunktionär, ein Apparatschik, ein russischer Begriff, der Misstrauen und Missfallen erzeugt, ebenso wie das deutsche Wort Funktionär. Dieser Begriff kommt dem des Beamten nahe, über den sich Max Weber äußerte. Auch wenn der Apparatschik nicht an ein Angestelltenverhältnis in der Verwaltung gebunden ist, lassen beide, der Apparatschik und der Beamte, ihre Loyalität gegenüber ihrer Funktion erkennen, nicht gegenüber ihren Überzeugungen. Und wenn es solche gibt, dann »bleiben sie hinter dem anonymen Schleier der Funktionen verborgen«.[22]

Für beide, Lukács und Kuczynski, waren weder Karrierismus noch Opportunismus prägende Eigenschaften, und dies aus gutem Grund: Sie standen über den Dingen. Beide hatten bereits viel veröffentlicht und erfreuten sich einer gewissen Reputation. Wenn sie ihre abweichende Position kundtaten, dann stets innerhalb der Partei (und der ihr nahen wissenschaftlichen Institutionen), mündlich und niemals öffentlich, auch wenn man sie zwischen den Zeilen herauslesen konnte, eine Praxis, die weit verbreitet war. Sie vermieden den hölzernen Sprachjargon, der Ton ihrer Schriften war abwägend und stand im Kontrast zu dem Stil, den die meisten Mitglieder der Partei praktizierten.

Beide waren gebildet, vermochten in mehreren Sprachen zu lesen und kamen aus bürgerlichen, seit mehr als zwei Generationen assimilierten jüdischen Familien.

In der DDR gehörten diese kritischen Denker mehrheitlich der Kategorie der Westemigranten an. Wir werden aber sehen, dass auch deutsche Kommunisten, die ihr Exil in der UdSSR verbracht und die Stalinsche Schreckensherrschaft überlebt hatten, mitunter eine ähnlich kritische Haltung zeigten. Diese loyalen Kritiker waren durch gemeinsame Erfahrungen zusammengeschweißt – durch den Kampf gegen den Nationalsozialismus, erst recht durch die lebensbedrohliche Rassenverfolgung und durch die Entscheidung für die DDR.

Als sie nach dem Krieg nach Deutschland zurückkehrten, wurden sie von den Gründervätern des Regimes – Walter Ulbricht, Wilhelm Pieck, Johannes R. Becher – begrüßt, die mit der Roten Armee aus dem Exil in der Sowjetunion zurückgekehrt waren. Max Schroeder, Jürgen Kuczynski, die Schriftstellerin Anna Seghers, der Dramatiker Bertolt Brecht, der Philosoph Ernst Bloch und andere waren das intellektuelle Pfand der DDR. Aber die ideologischen Gründerväter des Regimes vermochten weit mehr. Auf versteckte Weise formten sie einen kritischen Geist der folgenden Generation, der Generation von Christa Wolf, Volker Braun und Heiner Müller. Somit praktizierten sie eine »loyale Subversion«[23] und spielten eine Rolle, die von der postkommunistischen Geschichtsschreibung bislang wenig untersucht worden ist.

Die Essayistin Daniela Dahn hat etwa zehn Jahre nach dem Fall der Mauer ein Institut für eine vergleichende Forschung der deutschen Geschichte seit dem Zweiten Weltkrieg[24] eingefordert, weil die Geschichtsschreibung zum deutschen Sozialismus weitgehend von einem antikommunistischen, eher kämpferischen als nachdenklichen Ton geprägt sei. Mehr als 30 Jahre nach dem Verschwinden des Landes haben diese Intellektuellen noch immer keinen Platz in der großen offiziellen Erzählung über die DDR gefunden. Zerstören sie etwa das (gewünschte) Bild, wenn man ihnen Rechnung tragen würde? Das Vorhaben Daniela Dahns ist bislang nicht umgesetzt.

Das öffentliche Wissen über ostdeutsche Erfahrungen wird nach wie vor stark von der Bundesstiftung zur Aufarbeitung der SED-Diktatur beeinflusst. Das gilt insbesondere, wenn jenes Wissen als Schaufenster nach außen und der Vorgabe des Tons dient, in dem über die DDR zu sprechen ist, wobei daran auch die Vergabe von finanziellen Mitteln für Forschungen oder Ausstellungen gebunden ist. Vergleichende Untersuchungen betreffen zumeist nicht die DDR und die Bundesrepublik Deutschland, sondern die DDR und den Nationalsozialismus, was nicht unproblematisch ist. Derartig eklatante Beispiele für eine Geschichtsschreibung durch die Sieger in solch kurzer Zeit sind selten. Sicherlich muss man in dieser Beziehung die wissenschaftliche Forschung von der breitenwirksamen Popularisierung von Wissen über die Geschichte unterscheiden, wie sie von entsprechenden Organisationen betrieben wird. Und gewiss gibt es auch in Bezug auf die Organisationen Unterschiede.

Man kann darüber hinaus auch kürzlich erschienene Arbeiten von jüngeren Historikern anführen, die für einen Paradigmenwechsel stehen; von Historikern, die ihre Arbeiten auch so verstanden wissen wollen. Zunächst sollte man aber eine Erzählung über die DDR, die über etwa 30 Jahre entwickelt wurde, in Frage stellen, in der diese auch von Historikern auf eine Diktatur reduziert worden ist, eine Erzählung, die noch dazu in den Medien sehr präsent ist. Das wäre auch die Gelegenheit zu fragen, inwiefern diese uniforme Erzählung dem Aufstieg des Rechtsradikalismus Vorschub geleistet hat. Es wäre nicht weniger wichtig gewesen, dass diejenigen, die von einem Tag auf den anderen ihre Arbeitsplätze verloren, durch reflektierendes Denken von *innen heraus,* nicht nur ihre Situation als Dominierte bzw. Beherrschte hätten verstehen müssen – wie es der französische Soziologe Pierre Bourdieu von ihnen verlangen würde[25] –, sondern auch die Herrschafts- und Unterdrückungsform des gescheiterten Regimes. Doch sie erlebten, wie ihre Institute aufgelöst und ihre Abschlüsse nicht anerkannt wurden. Von da an waren sie ihrer akademischen Legitimation beraubt oder durch das Etikett »Ostdeutsche« diskreditiert, und in der Folge verloren sie ihre Stimme, die bislang mit Autorität verbunden war.

Die neue Bundesrepublik Deutschland machte innerhalb eines Jahres Tabula rasa mit allen Institutionen und Betrieben der DDR. Wenn sie, die kritischen Denker, vor dem Fall des sozialistischen Regimes nicht gewagt hatten, öffentlich ihre Meinung zu äußern, so waren sie auch danach nicht in der Lage dazu, es sei denn an marginalen Orten. Andere, aus der alten Bundesrepublik kommend, die nicht die Erfahrungen der besagten Intellektuellen hatten, besetzten deren Stellen und erlangten damit die Autorität, das Leben in der DDR zu erklären und von den Traumata zu berichten, die sich aus dem Leben in der Diktatur ergeben hätten.[26] Und all das trotz der »einstweiligen Verfügung« eines berühmten westdeutschen Historikers, Jürgen Kocka, der gefordert hatte, solche Vokabeln wie »totalitäre Diktatur« weniger für politische als für erklärende Zwecke zu verwenden.[27]

Leider hat der Name des Philosophen Wolfgang Heise kaum Eingang in die Literatur über die DDR, die weitgehend aus westdeutscher Feder stammt, gefunden. So ist heute wenig bekannt, dass Heise Einführungen zu Karl Marx geschrieben hat, in denen er Marx eine aktuelle Bedeutung gab, dass Heise Einführungen in die Werke von Lukács, der Frankfurter Schule, von Jean-Paul Sartre und Michel Foucault verfasst hat, die eine ganze Generation im Widerstand gegen den Dogmatismus prägte.[28] Steht diese Ignoranz im Zusammenhang damit, dass Heise niemals daran gedacht hat, die Partei oder die DDR zu verlassen?

Als Wolfgang Heise 1987 im Alter von 61 Jahren starb, hat er keine Memoiren hinterlassen. Wenn man Autobiographien, Tagebücher, Briefwechsel seiner Zeitgenossen, die nach dem Mauerfall veröffentlicht wurden, liest und sie mit Archivmaterial über sie konfrontiert, sei es aus den Archiven der Verbände (der Schriftsteller und Künstler etc.), der Partei oder auch des Ministeriums für Staatssicherheit (MfS), so ergibt sich ein differenzierter Blick auf die Erfahrungen im »real existierenden Sozialismus«,[29] der allerdings nicht minder traurig ist. Mit Hilfe dieser Quellen kann man nachverfolgen, inwiefern sich zu DDR-Zeiten, in verschiedenen Instanzen wirkliche Konflikte abspielten und ein pluralistisches Denken zur Sprache kam. Darin besteht eine der wichtigsten Einsichten, die sich aus der Öffnung der Archive der DDR ergaben. Allerdings wurde diese Einsicht bislang kaum weiterverfolgt.

Die amerikanische Forscherin Catherine Epstein hat in einer Studie zu den »letzten revolutionären deutschen Kommunisten« aufgezeigt, wie die Öffnung der Archive die herrschende Vorstellung von der DDR in Frage gestellt hat. Auf Fragen zu ihrem Nichteinverständnis mit der Politik der Partei antworteten diese Kommunisten – so Epstein – dass sie in den Parteiversammlungen das Wort ergriffen, mit den verantwortlichen Stellen Stück für Stück diskutiert und ihnen zahlreiche Briefe geschickt hätten. Doch sie gestanden ein, nicht genügend getan zu haben.[30] Leserbriefe, die an das Zentralorgan der SED *Neues Deutschland* gerichtet wurden, bestätigen ihr Bestreben, kritische Äußerungen auch an die Öffentlichkeit zu bringen. Man antwortete ihnen meistens persönlich, aber druckte sie nicht ab.[31] »Ich dachte und ich denke immer noch, wenn alle Genossen den Mut gehabt hätten, ihre Kritik an der Parteipolitik zu äußern, hätte man viele Dinge verhindern können«, schreibt Herbert Crüger in seinen Erinnerungen[32]

Auch wir werden sehen, dass die Partei keineswegs ein homogener Block war, wie es gern glaubhaft gemacht wird.[33] Und wir werden ebenfalls erkennen, in welchem Maße die Genossen eher eine Ethik des Schweigens praktizierten als eine wirkliche Disziplin, denn die Disziplin war eher vereinbart als erlitten. Ohne den Einfluss dieser Intellektuellen, die zumeist charismatische Persönlichkeiten waren und als moralische Instanzen in der Gesellschaft galten, ist die beeindruckende Stabilität des Systems nicht zu verstehen, die für die DDR über so viele Jahre hinweg, bis zu ihrem letzten Atemzug, so charakteristisch war. Die Bücher dieser Intellektuellen hatten zwar nur geringe Auflagen, doch waren sie, kaum erschienen, immer schnell vergriffen.

Die Untersuchung dieser Akteure erhellt einen wichtigen, bislang wenig bekannten Bereich der DDR-Geschichte. Allerdings empfiehlt sich ein Analyseansatz, der von der Totalitarismusdoktrin Abstand nimmt, die sich von der mehr oder weniger direkt formulierten These einer Äquivalenz der beiden deutschen Diktaturen leiten lässt. Eine solche Gleichsetzung ist schon allein deshalb nicht gerechtfertigt, weil – wie der israelische Philosoph Avishai Margalit in seiner Studie[34] über »gute« und »schlechte« Kompromisse besonders betont –

diese Männer und Frauen aus moralischen Gründen Partei für den Kommunismus ergriffen haben, aus einer Motivation heraus, die für niemanden Anlass war, Anhänger des Nationalsozialismus zu werden. Margalit bemerkt auch: »Das bedeutet jedoch nicht, daß wir uns nicht mit der Frage beschweren sollten, warum es unter unseren Freunden keine ehemaligen Hitleristen, wohl aber ehemalige Stalinisten gibt und warum wir ihnen Zugeständnisse machen, die wir Hitleristen niemals zu machen wagen.«[35]

Eine Verbindung zwischen gestern und heute herzustellen ist vielmehr in dem Sinne angeraten, dass man danach fragen sollte, was sich vor 30 Jahren abgespielt hat, was sich nicht abspielen konnte und was heute geschieht. Die Tatsache, dass es Ostdeutsche gibt, die rechtsextrem wählen, auf deren angebliche Unreife und das Fehlen einer demokratischen Kultur in der DDR zurückzuführen, ist eine einseitige und partielle Sicht auf das Verhältnis von Staat und Gesellschaft in der DDR. Ihre Ziele konnte die Staatsmacht niemals wirklich erreichen. Dem Regime gelang es nicht, den Widerstand des berühmten »Eigensinns«[36] auf allen Ebenen – beginnend in den Reihen der Partei – zu brechen.

Man weiß vor allem, dass sich nach den Reprivatisierungen und den Modalitäten des Einigungsprozesses im Jahre 1990 bei vielen Ostdeutschen das Gefühl von Deklassierung und von Verletzungen, im Zeitalter von Globalisierung und Liberalismus, noch verstärkt hat. Ein solches Gefühl breitete sich in den entindustrialisierten Regionen aus, wo Westdeutsche in einer Rekordzeit alle Spitzenpositionen der Macht, von der Wirtschaft bis zur Universität, eroberten.[37] Da die intellektuelle Elite der DDR den Habitus der Ethik des Schweigens zu spät ablegte, verlor sie ihre Autorität. Der Aufruf »Für unser Land«, initiiert von Christa Wolf und von nahezu allen kritischen Geistern in der DDR unterzeichnet, kam zu spät. Er wurde auf einer Pressekonferenz am 28. November 1989 bekannt gemacht und sollte den Erhalt sozialistischer Werte in der DDR sichern, »nicht einer DDR, so wie sie war, sondern so, wie sie hätte werden sollen«. Der Aufruf wurde durch die schnell eröffnete Perspektive der Vereinigung hinweggefegt. Gewiss konnte diese Elite die schnelle und von Helmut Kohl mit Elan vorangetriebene Inkorporation nicht verhindern. Es war tatsächlich ein bedingungsloser Beitritt ohne Übergang, unter dem Deutschland – so kann man denken – bis heute leidet.

Hatte die Loyalität der ostdeutschen Marxisten ihre Niederlage zum Preis? Auch die Frage nach den Wurzeln dieser Loyalität ist zu stellen. Was war die Triebfeder für diese Loyalität für oder gegen alles? Welche Mechanismen gab es für eine Anhängerschaft, und welche Unterschiede lassen sich ausmachen? Zustimmung, gütliche Einigung und Unterwerfung lagen zwischen Hoffnung und einem langen Prozess der Entzauberung.

Um Antworten auf diese Fragen zu finden, muss man sich in die Zeit zurückversetzen, die dem »Tod der Ideologien« vorausging, das heißt, als die großen Ideologien noch lebendig waren und Überzeugungen das psychische Fundament der engagierten Intellektuellen bildeten. Dieser Kontext ist das »kurze 20. Jahrhundert«, wie es der kommunistische britische Historiker Eric Hobsbawm beschreibt. Er selbst ist als ein »linientreuer Dissident«[38] gegenüber der Partei zu bezeichnen, von dem wir dank der Akten des Geheimdienstes »Ihrer Majestät« wissen, dass er – genau wie die Protagonisten dieses Buches – in der Partei schlecht angesehen war, weil er nicht aufhörte, seine Kritik vorzutragen, von der er stets dachte, dass sie den Parteiausschluss zur Folge hätte.

TEIL I
Die Hoffnung

Die Rückkehr

Während es Max Schroeder gelang, aus den USA nach Deutschland zurückzukehren und Edith Anderson in Paris wartete, saß Bertolt Brecht, der ebenfalls aus Amerika kam, in Zürich fest, wo er für zwei Jahre bleiben sollte. Ermutigt durch Jürgen Kuczynski verließ Anna Seghers ihr Exilland Mexiko. Da sie einen mexikanischen Pass besaß, hatte sie weniger Schwierigkeiten als der staatenlose Bertolt Brecht. Der nationalsozialistische Staat hatte allen, die geflohen waren, die Staatsbürgerschaft aberkannt. Von ihrer Seite schickten die Sowjets sorgfältig ausgesuchte deutsche Antifaschisten in ihr Herkunftsland zurück, damit sie sich am Aufbau der künftigen »Volksdemokratien« in den Gebieten beteiligten, die dieser Siegermacht in Jalta zugesprochen worden waren. Die Rückkehr aus den westlichen Staaten in die Sowjetische Besatzungszone wurde über Prag organisiert, das noch von der Roten Armee besetzt war.

Zahlen, die Auskunft über die deutschsprachige Emigration geben, können nicht präzise angegeben werden. Man schätzt, dass annähernd 500 000 Menschen das Naziregime in Deutschland und Österreich verlassen hatten. Davon gelangten ungefähr 130 000 in die USA.[1] Weniger als die Hälfte, so einige Quellen, entschieden sich nach Kriegsende für die Rückkehr, nur vier Prozent davon waren Juden. Aber auch in dieser Hinsicht gibt es – wie für die Zahlen der Emigranten – keine offizielle Statistik. Historiker unterstreichen in beiden Fällen die Probleme der Quellen. Weder in der DDR noch in der Bundesrepublik existierten offizielle Stellen, die sich mit der Identifikation der Emigranten beziehungsweise der Remigranten beschäftigt hätten. Eines aber ist sicher: Anders als die Emigration war die Rückkehr kein massenhaftes Phänomen. Als das Ausmaß der Verbrechen der Nazis bekannt wurde, entschieden sich zahlreiche Flüchtlinge, in ihrem Aufnahmeland zu bleiben. Ein nicht unerheblicher, aber schwer zu quantifizierender Teil der Nazigegner beschloss, in keinen der beiden Teile Deutschlands zurückzukehren. Man weiß dies vor allem von jenen, die eine gewisse Bekanntheit erlangten. Dem Beispiel von Thomas Mann folgend, hatten sich viele in der Schweiz niedergelassen oder es war ihnen nicht gelungen, sich zu integrieren, weder in dem Land ihrer Zuflucht noch in Deutschland. Mitunter machten sie jedoch, wie beispielsweise Hans Sahl,[2] das Exil zu ihrer Heimat.

Die Entscheidung für die Rückkehr nach Deutschland hing von mehreren Faktoren ab: von dem Grad der Integration im Zufluchtsland, von ideologischen Überzeugungen und von dem politischen Klima diesseits und jenseits des Atlantik.

Länder wie Mexiko, in das Anna Seghers wie etwa 300 andere Mitbürger geflohen waren, oder wie die Türkei oder auch Shanghai boten weniger Möglichkeiten der Integration als Frankreich, Großbritannien, die Schweiz oder Argentinien und noch weniger als die Vereinigten Staaten. Aus Großbritannien kehrte eine weitestgehend fest zusammenhaltende Gruppe von 200 Familien zurück. Zu ihnen zählten junge Erwachsene, die als Waisen mit den Kindertransporten[3] kamen. Für sie war die kommunistische Jugendbewegung eine Ersatzfamilie geworden, und die hier geknüpften Verbindungen blieben meist bestehen.[4] Die Frage einer möglichen Rückkehr nach Deutschland stellte sich auf andere Weise für die etwa 80 000 deutschen, deutschsprachigen tschechischen und österreichischen Juden, die Palästina erreicht hatten. Viele waren Zionisten, für andere war Palästina ein erzwungener Zufluchtsort.[5] Die meisten stellten sich darauf ein, dort zu bleiben.

Von den Emigranten, die in die Vereinigten Staaten gekommen waren, beabsichtigte eine Mehrheit zu bleiben und sich zu integrieren.[6] Wissenschaftler wie Albert Einstein, der vom Institute for Advanced Study in Princeton eingeladen worden war, fanden dort – wie andere weniger Berühmte – zufriedenstellende Arbeitsbedingungen vor und nahmen wieder Positionen als Gelehrte ein. In New York bildete sich an der New School for Social Research eine Oase für zahlreiche Intellektuelle, denen man Visa ausstellte, um in die Vereinigten Staaten fliehen zu können. Auf dem Gebiet der Künste, insbesondere des Kinofilms, machten Fritz Lang und der aus Österreich stammende Billy Wilder ihren Weg in Hollywood, während Kurt Weill, Komponist der ersten Brecht-Opern, den Broadway bevorzugte, dessen musikalische Komödien seiner Vorstellung von einer Volksoper entgegenkamen.

Zusammenfassend lässt sich sagen: Nur die Kommunisten hatten bis 1947 nahezu komplett die Vereinigten Staaten verlassen, um in die sowjetisch besetzte Zone Deutschlands zu gehen.[7] Mit Sicherheit war diese Entscheidung ihrer politischen Überzeugung geschuldet, dennoch mögen sich Zweifel und Zögern eingestellt haben, denn der Kalte Krieg zog bereits am Horizont auf. Doch die heute oftmals verwendete Rede von einer »Falle«, in die sie geraten seien, entspringt einer teleologischen Sicht der Geschichte. Bis zum Ende der McCarthy-Ära gab es für deutsche Antifaschisten, die Sympathien für die Kommunisten hatten, reale Gründe, sich auf amerikanischem Boden in Gefahr zu sehen.

Die »communazis«

Ein Klima der Gefahr stellte sich nach der berühmten Rede Winston Churchills vom 5. März 1946 ein, in der er erklärt hatte, von Stettin an der Ostsee bis Triest an der Adria habe sich ein Eiserner Vorhang auf den europäischen Kontinent herabgesenkt. Diese Rede beflügelte die Paranoia und führte zu einer Intensivierung der Überwachung von Flüchtlingen. Kaum hatten sie ihren Fuß auf amerikanischen Boden gesetzt, wurden diejenigen unter ihnen, die als Sympathisanten des Kommunismus oder einfach nur als Linke bekannt waren, unter Beobachtung gestellt und abgehört, ihr Briefverkehr – unter Verletzung des Postgeheimnisses – kontrolliert, Papierkörbe inspiziert und Maßnahmen ergriffen, um ihre Psyche zu destabilisieren. Das Zurückhalten von Briefen, über das Edith Anderson im Falle von Max Schroeder berichtete, gehörte dazu.

Die Neigung des Federal Bureau of Investigation (FBI), in jeder Person mit einer Sensibilität für »links« einen Kommunisten oder einen Sympathisanten der Kommunisten zu sehen, trug dazu bei, dass sich in jener Zeit das Feld der Beobachtung ungemein erweiterte. So enthielt zum Beispiel allein die Akte des Komponisten Leonard Bernstein, der niemals auch nur im Entferntesten ein Freund oder Anhänger des Kommunismus war, 666 Seiten.[8] Nazigegner standen besonders im Visier, und die Agenten des FBI zögerten nicht, eine zweifelhafte Verkürzung zu kreieren und sie »communazis«[9] (Nazikommunisten) zu nennen. Die Akte von Thomas Mann und seiner Familie umfasste mehr als 1000 Seiten, die von Brecht nicht weniger als 400 Seiten. Auch Anna Seghers' Akte war mit 1500 Seiten sehr umfangreich. Ihr hatte man das Asyl in den Vereinigten Staaten verweigert, als sie 1941 aus Marseille ankam. Sie musste deshalb mit einem Schiff zurück nach Mexiko reisen. Das Office of Strategic Services (OSS), die Vorläuferorganisation der Central Intelligence Agency (CIA), stellte sie in Mexiko weiter unter Beobachtung.[10]

Das House Committee on Un-American Activities (HUAC) hatte 1938 noch vor dem FBI die Untersuchungskommission zu unamerikanischen Aktivitäten aufgebaut. Mit dem Ende des Krieges bestand die vordringliche Aufgabe dieses Ausschusses darin, die Rückkehr von Kommunisten nach Deutschland zu verhindern. Der Antikommunismus war die virulente offizielle Ideologie in den Vereinigten Staaten bis zum Sturz von Joseph McCarthy im Jahre 1954, als der Senator den Verdacht äußerte, Kommunisten und sowjetische Spione seien bis in die höchsten Sphären der amerikanischen Regierung vorgedrungen. Aber zwischenzeitlich hatte er Unterstützung durch Exkommunisten bekommen, die Hannah Arendt, die nach New York geflüchtet war, als Antikommunisten »von Berufs wegen« bezeichnete. Diese Besessenen, vor denen man sich in Acht nehmen solle, hätten im Kontext einer Mission gehandelt, die darin bestand, Amerika amerikanischer zu machen. Hannah Arendt prägte dafür die berühmt gewordene Wendung, es handele sich um »auf den Kopf gestellte Kommunisten«.[11] So meinte der Philosoph Sidney Hook, früher Marxist, dass ein Kommunist nicht an einer Universität lehren dürfe, weil er kein freier Denker sei, und forderte dessen Entlassung. Die Arbeit für das FBI war nach Meinung von Sidney Hook eine staatsbürgerliche Pflicht. In einigen Universitäten verlangte man sogar, einen patriotischen Eid zu leisten. Sicherlich gab es wenige Kommunisten unter den Universitätsangehörigen, hingegen zahlreiche Sympathisanten, die ebenso gefährdet waren. Diejenigen, die wegen einer Sympathie für Kommunisten verdächtigt wurden, mussten sich vor demütigenden Kommissionen des Kongresses verantworten, wo man eine »Denunziation für die richtige Sache« einforderte. In diesem Zusammenhang wurden 10 000 Menschen in den USA zu Befragungen vorgeladen, die zum Ziel hatten, sie auszubürgern. 12 000 Ausländer lebten in der Gefahr, wegen »subversiver Aktivitäten« ausgewiesen zu werden.[12]

Während die Autorin von *Elemente und Ursprünge totaler Herrschaft* beschloss, um jeden Preis in den USA zu bleiben, und laut ihrer Freundin Mary McCarthy niemals eine Rückkehr nach Deutschland ins Auge fasste, entschied sich Thomas Mann für die Ausreise, obgleich er wegen seiner Bekanntheit einem gewissen Schutz unterstand. Er war immerhin in Besitz der amerikanischen Staatsbürgerschaft. Nachdem Thomas Mann ein Glückwunschschreiben an den Präsidenten des Kulturbundes zur demokratischen Erneuerung Deutschlands Johannes R. Becher zu dessen Geburtstag geschickt hatte, bezichtigte ihn ein Kongressmitglied 1951 in den USA undankbar zu sein. Er war ein Symbol des Widerstands gegen den Nationalsozialismus und avancierte nun zu einem Inbegriff des Widerstands gegen das antikommunistische Regime von McCarthy. Bertolt Brecht befand sich auch im Visier von FBI-Präsident Edgar Hoover. Seine Werke wurden als extrem subversiv eingeschätzt. Das FBI verlangte von der New York Public Library, Brechts Ausleihanfragen zu übermitteln – eine Forderung, der man auch nachkam.[13] Als das FBI von Brechts Absicht, nach Europa zurückzukehren, informiert wurde, wollte es dies verhindern. Aber Brecht, der generell kein Risiko einging, kam ihnen zuvor. Als er sich zum Beispiel zeitgleich mit dem Reichstagsbrand 1933 wegen einer Blinddarmentzündung in einem Krankenhaus aufhalten musste, nahm er, kaum wiederhergestellt, den Zug nach Prag, ohne sich von jemandem verabschiedet zu haben. Das gleiche Verhalten zeigte er in Amerika: Einen Tag, nachdem er am 30. Oktober 1947 vor dem HUAC ausgesagt hatte, flog er nach Europa. Vor dem Ausschuss hatte er erklärt, kein Kommunist zu sein. Er sei niemals Mitglied der Partei gewesen und würde es auch nicht werden.

Brecht verstand die Kunst des Ausweichens. Als er zu seinem Stück *Die Maßnahme* befragt wurde, das er 1930 geschrieben hatte, in dem drei militante Genossen gezwungen sind, einen vierten mit dessen Einverständnis durch Selbstmord im Interesse der Sicherheit der Partei zu opfern, fand Brecht ein Gegenargument: Sein Werk sei schlecht übersetzt. Es sei einer japanischen Erzählung entnommen und beziehe sich auf die Praxis des Harakiri.[14] Hanns Eisler, Komponist der Opern Brechts, nachdem dieser mit Weill gebrochen hatte, sei mutiger gewesen, so sagt man. Er habe sich den Luxus erlaubt, sich über die Fragesteller lustig zu machen. Einige Monate später durfte er die USA verlassen.[15] Anders als sein Bruder Gerhart, der Edith Anderson geraten hatte, Zahnhygiene zu betreiben, um am Tag der Revolution fit zu sein, war er kein wirklicher Parteikader. Die Flucht von Gerhart Eisler vor den Augen des FBI schlug hohe Wellen und amüsierte die Presse. Die Agenten, die ihn beobachteten, wussten zwar, wie viele Zigaretten er am Tag rauchte, aber sie hatten nicht bemerkt, wie der unter Hausarrest Stehende das Haus verließ – vermutlich war er verkleidet. Ein bekennender Exkommunist beschrieb ihn als den am meisten beeindruckenden Agenten Moskaus in den USA. Letztlich hatte man ihm verboten, das Land zu verlassen. Nach einer unglaublichen Flucht gelang es ihm, auf einem britischen Schiff Großbritannien und von dort aus die Tschechoslowakei zu erreichen. Dann gelangte er in den sowjetisch besetzten Teil Berlins, womit er auf die Genehmigung der westlichen Alliierten verzichten konnte, die er ohnehin nicht erhalten hätte.

Schließlich verließen fast alle, die das FBI »communazis« genannt hatte, rechtzeitig das Land.

Bis zur Hinrichtung von Julius und Ethel Rosenberg im Juni 1953, denen man Spionage für die Sowjetunion vorgeworfen hatte, und noch bis zum Ende der McCarthy-Ära, fühlten sich Exilanten, Kommunisten und ihre Sympathisanten in Amerika stark unter Druck. Selbst wer die amerikanische Staatsbürgerschaft erhalten hatte, lebte in der Angst, diese wieder zu verlieren. Die Gefahr war real. Für sie bedeutete dies, zum zweiten Mal staatenlos zu werden. Weggehen, wenn es sein muss, aber wohin?

Von Max Schroeder ermutigt, verließen Irene Runges Eltern im Jahr 1947 New York. Die meisten ihrer Freunde, die zum Kreis der deutschen Antifaschisten gehörten, hatten die USA bereits verlassen. Das Klima der Hexenjagd machte ihnen mehr und mehr Angst.[16] Die Hinrichtung der Rosenbergs war auch für den Psychologen Alfred Katzenstein der Grund, die USA zu verlassen, obwohl er gut integriert war. Der Berliner, der in Amerika Mitarbeiter des Psychologen Bruno Bettelheim war und auf der Seite der Republikaner im Spanischen Bürgerkrieg gekämpft hatte, wählte für seine Rückkehr nach Deutschland den Ostteil, so wie die meisten ehemaligen Mitglieder der Internationalen Brigaden. Auf meine Frage, ob er über die Schauprozesse gegen kommunistische Führer in Prag, Sofia und Budapest oder über den offiziellen Antisemitismus in der UdSSR auf dem Laufenden gewesen sei, antwortete er, er habe geglaubt, es handle sich um antikommunistische Propaganda. Von der Hinrichtung der Rosenbergs hingegen sei er überzeugt gewesen, denn die habe er erlebt.[17] Wie er entschieden sich die Kommunisten und ihre Sympathisanten für den Ostteil Deutschlands. Sicherlich hatten sie noch dazu die Intuition, in Westdeutschland beziehungsweise der Bundesrepublik nicht willkommen zu sein.

Die Racheengel

Waren es Ressentiments oder Hass auf die Nazigegner oder gar ein schlechtes Gewissen – eines ist sicher, die deutsche Bevölkerung begegnete den Rückkehrern nicht wohlwollend. Die Alliierten scheinen sich dessen bewusst gewesen zu sein, denn in den Westzonen gab es keinen Plan für den Empfang der Exilierten. Anders als in der Sowjetischen Besatzungszone, wo man die Rückkehrer versuchte für sich zu gewinnen, lud der Westen die Exilanten nicht zur Rückkehr ein. Im Gegenteil. Eine Studie zur Rückkehr von Nazigegnern nach Hamburg belegt für das Jahr 1946, also ein Jahr nach Kriegsende, nur 18 Personen, die zurückkehren durften. Diese Zahl steht 1120 ehemaligen Soldaten der Wehrmacht gegenüber, die aus der Kriegsgefangenschaft befreit worden waren.[18]

Jede Rückkehr war eine Odyssee. Edith Anderson erzählt, wie ihr Mann Max Schroeder Stunden in den Fluren des Schöneberger Rathauses in Berlin verbrachte, um eine Aufenthaltsgenehmigung zu bekommen: »Die Macht der deutschen Beamten, zu verhindern um der Verhinderung willen, war monströs, wenn man bedenkt, daß sie angeblich besiegt waren.«[19]

Die deutsche Bevölkerung mochte die Rückkehrer nicht. Umgangssprachlich nannte man sie Racheengel. Schlimmer noch: Sie wurden als Verräter angesehen. Wir wissen: Der spätere Bürgermeister von Berlin und Bundeskanzler Willy Brandt war in einer norwegischen Uniform zurückgekommen, was ihm seine politischen Gegner, die Christdemokraten, lange Zeit immer wieder vorhielten.

So erging es den allermeisten Remigranten, ob es sich um die Juristen Robert Kempner und Fritz Bauer, um den Schriftsteller Alfred Döblin, den Autor des großen Romans der 1920er Jahre *Berlin Alexanderplatz,* handelte, um Hermann Kesten, Ludwig Marcuse, Oskar Maria Graf, Erich Fried oder um die Söhne von Thomas Mann, Golo und Klaus Mann. Letzterer nahm sich im Mai 1949 das Leben, nachdem er folgende Worte geschrieben hatte: »Es gibt keine Hoffnung. Ob wir Intellektuelle nun Verräter seien, oder Opfer, wir täten gut daran, die völlige Hoffnungslosigkeit unserer Lage zu erkennen. Warum sollen wir uns etwas vormachen? Wir sind geliefert! Wir sind geschlagen!«[20]

Die Rückkehr der kommunistischen Exilanten nach Deutschland und ihre Entscheidung für die Sowjetische Besatzungszone wirft also auch ein Licht auf die Einstellungen und Haltungen in der deutschen Bevölkerung, die ihre Ressentiments – vor allem im Westen – nicht verbarg. Die Rückkehr wurde nicht immer offenen Herzens begleitet. So berichtete Hilde Eisler, deren gesamte Familie im Konzentrationslager umgekommen war, die sich jedoch einverstanden erklärte, nach Deutschland zurückzukehren, weil sie ihren Mann Gerhart begleiten wollte: »Ich hatte Angst vor den Menschen, ich habe mich gezwungen, hier [in der DDR] zu leben.«[21] In diesem Teil Deutschlands war der Empfang etwas anders, vor allem weil Exilrückkehrer hier Einfluss und sogar die Macht hatten. Das bedeutete jedoch nicht, dass die Aufnahme sehr herzlich war.

Das Porträt, das Wolfgang Leonhard von Walter Ulbricht zeichnete, der den Inbegriff eines Apparatschiks verkörperte, lässt dies erahnen: Er sei ein Mann, »unbelastet von theoretischen Überlegungen und persönlichen Gefühlen«, seine Reden ohne jede Herzlichkeit ließen die Berliner Genossen, die gerade aus der Illegalität kamen und glücklich waren, einander wiederzufinden, erstarren.[22]

Die deutschen Kommunisten waren nicht die Einzigen, die beabsichtigten, in ihr Heimatland zurückzukehren. Dies war auch der Wille von Antifaschisten aus anderen, von Hitler annektierten oder eroberten Ländern. Der siegreiche Vormarsch der Roten Armee hatte eine solche Hoffnung in den befreiten Ländern genährt, so auch in Polen. Daran erinnerte Czesław Miłosz in seinem Vortrag vom 15. Mai 1951 in Paris, als er seinen Bruch mit dem kommunistischen Regime öffentlich machte.

Die Begeisterung und die Hoffnung der Bevölkerung, die sie mit dem Wiederaufbau ihres jeweiligen Landes verband, beruhigte die Remigranten, wurde von ihnen geteilt und veranlasste sie zurückzukehren. Der Heroismus von Stalingrad hatte den Hitler-Stalin-Pakt vom Sommer 1939 verblassen lassen. Als die Ära von McCarthy in Amerika triumphierte und sich das Klima des Kalten Krieges verschärfte, dominierte ein stark prosowjetisches Gefühl in Zentral- und Osteuropa. Heda Margolius Kovály, Überlebende eines Lagers der Nazis, stieß nach ihrer Befreiung zu Kommunisten in Prag, nachdem sie in den Lagern deren Solidarität erfahren hatte: »Unser Engagement für die Revolution hatte in den Konzentrationslagern begonnen. Zweifellos waren wir von dem Beispiel unserer Mitgefangenen, den Kommunisten, beeindruckt, die oft eine moralische Haltung zeigten. Ihr Idealismus und die Parteidisziplin gaben ihnen eine Stärke und eine Widerstandsfähigkeit, die weit größer war als bei uns anderen. Sie waren wie gut trainierte Soldaten unter Kindern.«[23]

Dieses Gefühl hatten auch andere Überlebende, so etwa Pavel Kohout, der in seiner Autobiographie beschreibt, in welchem Maße der Einmarsch der Roten Armee in Prag am 9. Mai 1945 die Angst vor dem Tod seiner Familie verdrängte. »Und noch während der Zeit seiner Moskauer Tätigkeit war Stalin für ihn das Synonym seiner persönlichen Befreiung vom Faschismus – und freilich auch von einem solchen Kapitalismus, wie er sich in den dreißiger Jahren der Zwischenkriegsgeneration wirtschaftlich und politisch dargeboten hatte.«[24]

Der Regisseur Ivan Klíma zeigte das gleiche Gefühl. Seine Familie jüdischer Herkunft war nach Theresienstadt deportiert worden. Die Atmosphäre gegen Ende des Krieges beschreibt er so: »Weder die

Traurigkeit derer, die die Ihren verloren hatten, weder die Wut derer, die auf Vergeltung hofften, weder die letzten Morde der SS auf der Flucht, weder die gewaltigen Explosionen, die von den sowjetischen Befreiern verursacht wurden, konnten die Aufregung angesichts der gewonnenen neuen Freiheit in den Schatten stellen.«[25]

Er erinnert sich, wie diese freudige Erregung auch die Ausschreitungen der sowjetischen Truppen vergessen machte. Eifrig beteiligte er sich an der Ernte, und trotz seines Studiums dachte er: »dreschen und die Ernte einholen sei wichtiger als sich über die Consecutio Temporum in lateinischen Sätzen zu ergehen«.[26]

1951, im Alter von 20 Jahren, gestand Klíma, dass ihn das Schicksal der Gefangenen und Verurteilten nicht interessiert hatte. Erst Isaac Deutscher, der Autor, den er später in London kennenlernte, öffnete ihm mit seinem Buch die Augen. Der Biograph Stalins und Trotzkis erklärte ihm, dass man trotz Stalin die Idee des Sozialismus bewahren müsse, denn sie sei die Hoffnung der Menschheit. Klíma war 14 Jahre lang Mitglied der Partei.

Seinerseits erzählte der ungarische Ökonom János Kornai noch im Jahr 1975: »Ich arbeitete in Schweden, musste jedoch zu einem Treffen nach New York reisen und bei der Botschaft der USA in Stockholm ein Visum beantragen. Ich sollte die Frage beantworten, ob ich Mitglied der Kommunistischen Partei gewesen sei, und als ich dies bejahte, wollte mir der Botschaftsmitarbeiter freundlich helfen und sagte, man hätte mich wohl damals gezwungen, Mitglied zu werden. Ich antwortete ihm: Nein, ich bin freiwillig Mitglied der Partei geworden; es war damals meine Überzeugung.«[27] Wenn er sämtliche Erzählungen über die Vergewaltigungen und den Missbrauch, von denen er gehört hatte, verdrängte, weil er ansonsten riskiert hätte, seinen Glauben an die Sowjetunion zu verlieren, dann ist dies ein perfektes Beispiel für die kognitive Dissonanz, wie sie Festinger analysiert hat.

»Berlin, eine Radierung Churchills nach einer Idee Hitlers«

In Berlin konnte es ein solches prosowjetisches Gefühl nicht in gleicher Weise geben wie es von Ivan Klíma berichtet wird; wer, außer den Nazigegnern, die überlebt hatten und nun aus ihren Verstecken kamen, hätte dieses entwickeln können? Die Umstände waren dafür nicht günstig. Filmemacher wie Billy Wilder mit seinem Film *Eine auswärtige Affäre* oder Roberto Rossellini mit *Deutschland im Jahre Null* – beide Filme sind 1948 erschienen – haben das in Ruinen liegende Deutschland gezeigt. Die Szenerie ihrer Filme mit allem, was sich darin abspielt, wurde zur Inspirationsquelle für deutsche Filmemacher. Das gilt für Rainer Werner Fassbinder mit *Der amerikanische Soldat* (1970) über *Deutschland, bleiche Mutter* (1980) von Helma Sanders-Brahms bis hin zu *Phoenix* (2014) von Christian Petzold, um nur einige zu nennen. Berlin, die Hauptstadt des Reiches, für die Brecht das treffende Wort von der »Radierung Churchills nach einer Idee Hitlers«[28] fand, war nicht mehr als ein Trümmerhaufen. Aber der psychische Schaden war noch größer.

Als Gershom Scholem, Berliner Herkunft und Spezialist für die Kabbala, im Jahr 1946 von der Zeitung *Haaretz* für eine Reportage aus Palästina nach Deutschland geschickt wurde, fand er dort »ein Volk von verstörten, depressiven und vereinzelten Menschen vor, die mit nichts anderem beschäftigt waren als zu überleben«.[29] Die Berliner fühlten sich nicht von den sowjetischen Soldaten befreit, und das nicht nur wegen des Verhaltens dieser Soldaten. Es reicht, einige Zeugnisse von Juden oder Nazigegnern, die überlebt hatten, anzusehen, um zu verstehen, bis zu welchem Grade die deutsche Zivilbevölkerung trotz oder gerade wegen der Bombardements ihrem Führer verbunden geblieben war. Zu den Zeugen gehören Victor Klemperer, der Philologe, der in der Zeit der Naziherrschaft den Einfluss der Ideologie auf die Sprache untersuchte[30] (als Jude hatte er dank seiner Ehe mit einer »Arierin« überlebt), aber auch die junge Marie Jalowicz Simon, der es gelang, sich vier Jahre lang in Berlin zu verstecken.

Beide berichteten über die Verwunderung der Menschen in ihrer Umgebung, als sie die Ankunft der sowjetischen Soldaten bejubelten. Das galt selbst für diejenigen, die den beiden geholfen hatten.[31]

Mehr als andernorts trugen in Berlin die materiellen Bedingungen dazu bei, dass sich das Gefühl der Demütigung, zu den Besiegten zu gehören, ausbreitete und nicht gerade ein Mitgefühl prädisponierte. Aber auch kein Unterscheidungsvermögen. Die Deutschen fühlten sich als Opfer. Dies beschrieb auch Mendel, der Verleger von Arnold Zweig, der nach Palästina geflohen war. Er antwortete dem Schriftsteller am 2. Juni 1947 auf dessen Ankündigung, nach Deutschland zurückkehren zu wollen: »Ihre Idee, hierher zurückzukommen, hat mich absolut verblüfft. [...] Die Juden, die hier 12 Jahre lang geblieben waren, wollen alle weggehen. Sie beschweren sich, daß man ihnen nicht hilft, und sie stoßen erneut auf Antisemitismus. Man muß sagen, daß sie natürlich sehr empfindlich sind nach all dem, was sie an Schrecklichem erlebt haben. Wer hier ist, der muß die Bürde des deutschen Volkes tragen.«[32]

Darauf antwortete Zweig: »Da wir auch hier in Palästina unter den gleichen Umständen leben und uns nicht von dem wilden Nationalismus[33] befreien können, sehe ich keinen Grund, warum wir nicht in unserem alten Land und in unserer Sprache arbeiten sollen.«[34]

Aufschlussreich ist auch der Briefwechsel des Orientalisten Gotthold Weil, der von Jerusalem aus Kontakt zu Kollegen in Deutschland aufnahm. Als ihm seine ehemalige Assistentin in der Preußischen Staatsbibliothek in Berlin Informationen über die Kataloge zukommen ließ, erzählte sie ihm auch, dass sie Hunger leide. Sie fragte ihn, ob er ihr ein »Care Paket« schicken könne. Vermutlich half Weil ihr, obwohl in Palästina große Armut herrschte, denn Fräulein N. schickte ihm einen Dankesbrief.[35] Auch in diesem Brief verlor sie – wie in den anderen Schreiben – kein Wort über den Krieg, die politische Lage, den Antisemitismus oder Hitler. Es scheint, als ob alle auf die gleiche Weise litten. Erinnert sei daran, dass mehr als tausend Berliner in dem extrem kalten Winter 1946/47 starben. Auch in Briefen, die der Orientalist von anderen ehemaligen Kollegen erhielt, finden sich kaum Bezüge zur Vergangenheit. Erst einige Jahre später, am 1. März 1949, als die Situation weniger dramatisch war, schrieb der Bibliothekar Emil Gratzl: »Ich weiss nicht, ob Sie selber in ihrer weiteren Familie Verluste zu beklagen haben, aber auch wenn das nicht der Fall ist, würde ich es verstehen, wenn Sie von Deutschland und von Deutschen nichts mehr wissen und hören wollten.«[36]

Der katholische Intellektuelle präzisierte, dass er nicht an die Kollektivschuld glaube, spielte auf das Buch des Philosophen Karl Jaspers *Die Schuldfrage. Ein Beitrag zur deutschen Frage* an, das 1946 erschienen war, um fortzufahren: »Ich nehme es keinem im Ausland Lebenden, am allerwenigsten einem Mann jüdischen Blutes, übel, wenn er uns alle in einen Topf wirft, wenn das nur natürlich auch nicht immer ganz leicht zu tragen ist.«[37]

Dann brach er ab, was er »psychologische Haarspalterei« nannte – und informierte ausführlich über die orientalistische Abteilung der Bibliothek.[38]

»Hier im Volk der kalten Herzen«

Im April 1947 traf Anna Seghers nach einer längeren Reise über New York, Schweden und schließlich Paris, wo sie ihre Kinder wiedergesehen hatte, in Berlin ein. Sie wurde von Vertretern der sowjetischen Militäradministration empfangen, die sie zunächst im Hotel Adlon mit Blick auf die Straße Unter den Linden und dann in einem Hotel am Wannsee unterbrachten. Der Ort gefiel ihr. Ob ihr wohl die Konferenz in den Sinn kam, in deren Folge ihre Mutter Hedwig Reiling im Alter von 62 Jahren deportiert worden war, von Mannheim in ein Lager nahe Lublin, das sie nicht überlebte? Aber was wusste man schon im Jahr 1945 von einer Konferenz am Wannsee, die im Januar 1942 stattgefunden hatte? Wie war ihr zumute unter diesen Menschen, die Hitler damals zujubelten? Sie zog es vor, nicht darüber zu sprechen. Aber in einem Brief vom Mai 1947 schrieb sie: »Wenn man mich jetzt nach der dritten Woche noch einmal fragen würde, wie finden Sie Berlin?, ich müsste mit noch tieferer Beschämung gestehen, dass ich es nicht sehr tief verändert finde, wie ich hoffte und fürchtete. [...] Ich finde die unversehrte Kraft in den alten Freunden wieder, die Konzentrationslagern und allen Verfolgungen entkommen sind. Den festen Willen alles zu tun, dass dieses unglückselige Land nicht noch einmal ein Schlachtfeld in Europa wird. Ich finde die Torheit wieder von Männern und Frauen, deren Möbel und Kleider von Bombardierungen verschont blieben und nicht aber nichts dazu gelernt haben.«[39]

In einem Brief an ihren Cousin Sally David Cramer, datiert vom 16. Juni desselben Jahres, wird sie noch deutlicher: »Nein, die Preussen haben mich auch jetzt noch nicht geschluckt, obwohl ich mitten unter ihnen bin. [...] Zuerst: Ich wohne erstaunlich schoen, so schoen, wie ich selten wohnte: in einem Hotel am Wannsee mit grossartigem Balkon, mit Sonne auf der Nase, mit dem Wannsee unter mir, der nicht an Wasser eingebuesst hat. [...] Die Stadt ist aussen und innen ganz und gar kaputt, das heisst, die Menschen sind es auch. Engel waren sie ja nicht und durch den grossen Hunger, den sie haben, werden sie erst recht keine. Was sie denken, was sie sagen, ist recht verworren [...] Dass es absolut ausgebrannte Haeuser und Strassen gibt, aus denen ploetzlich ein paar Kinder hervorkriechen, weil sie gerade in diesem Ruinenhof etwas besonders Attraktives zum Spielen fanden. Man sieht Jungen in die voellig zertruemmerte Schule gehen, in ein provisorisches Ruinenzimmer, sie haben nicht mehr als ein paar Stueckchen trockenes Schwarzbrot fuer den ganzen Tag. Es ist hier nicht die Rede von Mitleid, nicht von irgendwelchen guetigen Gefuehlen, es ist eben der Tatbestand. [...] Die grosse Mehrzahl ist womoeglich etwas duemmer und schlechter als die grosse Mehrzahl in vielen anderen Laendern. Du wirst aber etwas stiller, wenn Du auch wieder Menschen triffst, die jahrelang in Zuchthaeusern oder KZs sassen und dann durch den Einmarsch der Alliierten durch einen gluecklichen Zufall gerettet wurden oder bei einem Bombardement fliehen konnten, wenn das Zuchthaus verbrannte.«[40]

An Erika Friedländer schrieb sie: »Die meisten Menschen sind so stumpf, so verdummt, wie man sich das vorgestellt hat, manchmal eher schlimmer.«[41]

Und Clara, ihrer guten Freundin in Mexiko, vertraute sie an, dass sie in den Nächten von vielen Toten, auch Freunden, heimgesucht werde. Aber es ist vor allem die Feststellung, dass sich die Deutschen für nichts verantwortlich fühlten, die sich in den Briefen immer wieder findet. Selbst die Landschaft, von der sie im Exil geträumt hatte, verband sie nicht mehr mit ihrer Vergangenheit, wie sie an Lore Wolf am 1. November schrieb, denn »sie ist auch zu sehr an Grausamkeit gebunden, an die Vernichtungen der liebsten Menschen meiner Jugend«.[42]

An ihre Freundin Liza Zakowski-Triebel wandte sie sich am 16. Dezember 1947 mit den folgenden Worten: »Ich sehe die Lage vielleicht nicht genau wie Du, aber in einem kommt es mir vor, sehen wir sie aehnlich oder gleich: dass dieses Volk entsetzlich vom Faschismus zerstoert wurde, moralisch und intellektuell in allen seinen Faehigkeiten und Eigenschaften. Das ist ein Brief an Dich, verstehst Du? Ein Brief, der mir spontan kommt wie eine Aeusserung, gerade wenn ich aus einem anderen Volk komme.[43] Schlechte und Teuflische gibt es ueberall, aber eine so gleichmaessige Senkung nicht nur des moralischen, des politischen usw. Niveaus, sondern des gesamten Intellekts, ist wirklich ein Phaenomen.«[44]

Georg Lukács vertraute sie schließlich am 28. Juni 1948 ihren Wunsch an zurückzukehren: »Selbst wenn die Menschen und eigentlich alle um mich herum gut und freundlich sind, glaube ich, ich werde bald wieder weggehen. Ich habe das Gefuehl, in eine Eiszeit gefallen zu sein, alles erscheint mir so kalt hier.«[45] Wie man weiß, wird sie nicht weggehen.

Drei Jahre später war Berlin für den jungen Maik Hamburger ein Abenteuer. 1950 beschloss er, in die DDR zu gehen. Er war 19 Jahre alt, in Shanghai geboren und Sohn deutscher Kommunisten. Er wuchs in mehreren Ländern auf, wo seine Mutter für die Sowjetunion spionierte.[46] Als sie nach Ost-Berlin ging, blieb er zunächst in Aberdeen, wo er studierte. Er hatte dort Freunde und Verwandte. Doch ein gesellschaftliches Projekt wie der Aufbau eines kommunistischen Deutschlands reizte ihn. »In England fühlte ich mich immer anders. Meine Vergangenheit passte sich nicht in die Gegenwart ein. Dennoch, in Berlin war etwas los! Es gab nicht die Routine wie in England. Mit Beginn des Kalten Krieges beschloss ich eine Wahl zu treffen. Ich hatte Koestler und andere gelesen, aber ich dachte, sie würden übertreiben. Berlin, das war ein Abenteuer. Ich wollte nützlich sein.«[47]

Übrigens gab es damals die Mauer noch nicht, und er dachte, er könne das Land jederzeit wieder verlassen – was er übrigens nicht tat, weder vor noch nach der Errichtung der Grenze.

Während geflüchtete Nazigegner, Kommunisten und Sympathisanten aus den westlichen Ländern zurückkamen und einander in der Sowjetischen Besatzungszone wiedertrafen, mussten die meisten, die in der UdSSR ihren Zufluchtsort gefunden hatten, auf den Tod Stalins warten, ehe sie nach Deutschland zurückkehren durften.

Rückkehr aus dem Gulag

Noch vor der bedingungslosen Kapitulation Nazideutschlands kamen aus der Sowjetunion die ersten zehn Personen nach Deutschland zurück. Die Geschichtsschreibung hat ihnen den Namen Gruppe Ulbricht gegeben. 59 weitere Parteikader folgten im Mai 1945. Zwischen 1945 und 1948 wurden 692 Menschen nach Ostdeutschland geschickt, um die Verwaltung der Sowjetischen Besatzungszone zu sichern. Später erhielten sie Posten im Staatsapparat.[48] Unter ihnen befand sich nur eine sehr kleine Gruppe von Remigranten, die die Erlaubnis erhalten hatte, die Orte ihrer Verbannung zu verlassen, die ihnen während des Krieges zugewiesen worden waren. Die Verfolgung deutscher Flüchtlinge war in der Zeit der Stalinschen Säuberungsaktionen in den 1930er Jahren so bedeutend, dass der Historiker

Hermann Weber zu der Auffassung kam, die Überlebenschancen für deutsche Kommunisten seien in Nazideutschland größer gewesen als in der Sowjetunion.[49] (Natürlich unter der Bedingung, dass sie nicht auch noch Juden waren.) Für die meisten Überlebenden galt, dass sie erst nach Stalins Tod und nach den Verhandlungen der Regierung Adenauer in Moskau 1955 über die Heimkehr von Kriegsgefangenen nach Deutschland kommen konnten. Die politischen Häftlinge profitierten nicht ohne Weiteres davon.

Ein Jahrzehnt nach Kriegsende standen politische Emigranten, die Erfahrungen in den sowjetischen Lagern gemacht hatten, vor der Wahl, in welchen Teil Deutschlands sie gehen sollten. Das Abkommen von 1955 machte es schwer, nicht auch deutschen Antifaschisten die Rückkehr zu erlauben. Von diesen entschieden sich 90 Prozent für die DDR.[50] Auch Wolfgang Ruge und sein Bruder Walter, Söhne eines deutschen Kommunisten der ersten Stunde, der Opfer der »Säuberungen« geworden war, standen nach Stalins Tod vor dieser Frage. Sie zögerten. Schließlich waren die Prozesse gegen kommunistische Führer wie die gegen Trajtscho Kostow in Sofia und László Rajk in Budapest im Jahr 1949 sowie gegen Rudolf Slánský in Prag 1952 beunruhigend. Und würde man sie in der Bundesrepublik nicht als Verräter ansehen? Von der DDR aus war ihrer aus dem Exilland Mexiko kommenden Mutter, Charlotte, die Erlaubnis erteilt worden, 1955 in die Sowjetunion zu reisen. In Swerdlowsk traf sie ihren Sohn Wolfgang. Er berichtete ihr, was er über Stalin und seine Verbrechen wusste. Sie wollte es nicht hören und überredete ihn, mit in die DDR zu kommen. Das Leben war dort leichter als in der UdSSR. Wolfgang hatte Geschichte studiert, und die Mutter meinte, ihr Sohn würde in Ost-Berlin schnell Arbeit und eine Wohnung finden. Tatsächlich erhielt Wolfgang Ruge eine Stelle am Institut für Geschichte der Akademie der Wissenschaften.[51] Walter folgte ihm 1958 in die DDR.

Werner Eberlein, Sohn des KPD-Mitgründers Hugo Eberlein, war einer der wenigen, die bereits vor dem Tod Stalins nach Deutschland zurückgekehrt waren. Eine persönliche Intervention des zukünftigen

Präsidenten der DDR Wilhelm Pieck hatte dies ermöglicht. Werner Eberlein kam bereits 1948 wieder nach Deutschland, genauer gesagt in die Sowjetische Besatzungszone. Sein Vater war 1933 in die UdSSR geflüchtet; dort wurde er schließlich zum Tode verurteilt und 1941 hingerichtet. Doch weder dies noch die eigenen Erfahrungen der Verbannung nach Sibirien änderten die Überzeugungen Werner Eberleins. Kaum in der DDR angekommen, stellte er sich in den Dienst der Partei.[52]

Wilhelm Piecks Intervention für die Repatriierung von Deutschen, die in der UdSSR geblieben waren, wird in den meisten der nach dem Fall der Mauer geschriebenen Memoiren bezeugt. Im Unterschied zu Walter Ulbricht setzte Pieck alles in Bewegung, um den in die UdSSR geflohenen Antifaschisten die Rückkehr zu ermöglichen.[53] Solange die Existenz der Lager und der Stalinschen Repressionen offiziell nicht anerkannt waren, blieb jedoch jede Entlassung von Opfern riskant, denn man fürchtete, dass sie über ihre Erfahrungen berichten könnten. Das änderte sich mit den Enthüllungen der Stalin-Verbrechen in Chruschtschows Rede auf dem XX. Parteitag der KPdSU im Jahr 1956.

Obwohl sich die kommunistischen Flüchtlinge über das Ausmaß der Stalinschen Verbrechen bewusst waren, hielt sich bei vielen von ihnen die Hoffnung auf die Verwirklichung eines echten Sozialismus. Eine solche Hoffnung lässt sich auch bei kommunistischen Rückkehrern in andere Länder beobachten, etwa bei Polen, die in die UdSSR geflüchtet waren und nun in ihr Heimatland zurückkehrten.[54] Ein Beispiel ist der Schriftsteller Anatol Stern, der den Gulag überlebt hatte, dann befreit wurde, Palästina verließ, wohin er während des Krieges geflohen war, um nach Polen zurückzukehren. Ein ähnliches Beispiel ist der Historiker und Kommunist Ludwik Hass, der 17 Jahre im Gulag verbracht hatte, 1957 freigelassen wurde und wieder nach Polen ging, um erneut Mitglied der Partei zu werden. Mehr als ein Gulag-Überlebender jüdischer Herkunft entschied sich erst infolge der antisemitischen Politik am Ende der 1960er Jahre, Polen zu verlassen. Trotz des Pogroms von Kielce im Juli 1946 war Polen für sie eine Nation von Märtyrern. Mehr noch, eine, die Widerstand geleistet hatte.

In Deutschland war das anders, der Widerstand war schwach und die Anhängerschaft des Nazi-Regimes stark. Wie also lässt sich erklären, dass so viele, die Repressionserfahrungen in der UdSSR gemacht hatten, in die DDR gingen?

Nicht dorthin gehen, wo die Gehlen und Globkes sind!

Warum entschieden sie sich nach allem, was sie erlebt hatten, nicht anders? Walter Ruge begann als kritischer Kommunist ein neues Leben in einem Deutschland, das er nicht liebte, das er aber dem anderen vorzog. So hat er es selbst in seinen Memoiren beschrieben. Damit ist eigentlich alles gesagt. Man kann die Memoiren von Walter um die seines Bruders Wolfgang, der die gleiche Entscheidung traf, ergänzen. Das Gleiche gilt für den Roman des Neffen Eugen Ruge,[55] der über die Odyssee, die die Familie erlebte, berichtet. Es sind drei sehr unterschiedliche Quellen. Wenn Wolfgang, der Berufshistoriker, wie sein Bruder eine Autobiographie schreibt, so unterscheidet sich seine Darstellung doch in der Form. Eugen bettete die Familiengeschichte in einen Roman ein, um erzählerische Freiheit zu gewinnen. Nichtsdestotrotz sind die Personen identifizierbar, die historischen Fakten exakt und die vorgestellten Situationen glaubwürdig. Mit dieser Erzählung liegt ein historischer Roman vor, der einen gelungenen Beitrag zur Geschichtsschreibung von Experten darstellt.

Walter erhielt von seinem Vater als Kind die Abenteuererzählung von Fridtjof Nansen *Sibirien – ein Zukunftsland.* Selten konnten Eltern die Zukunft ihres Sohnes, der sich den Kommunisten zuwendet und später 18 Jahre Exil in der UdSSR erleben wird, in einem Buch zuvor »nachlesen«. Walter Ruge sollte zehn Jahre in diesem »Zukunftsland« verbringen. An den Ufern des Jenissej, der von Oktober bis Mai zugefroren ist, litt er noch mehr als die einheimische Bevölkerung unter der eisigen Kälte. Er schrieb, dass diese zudem nicht verstand, dass er genau wie sie den deutschen Faschismus hasste wie auch den preußischen Militarismus.[56]

Obwohl es sicherlich schwierig war, im Krieg als Deutscher im Gulag zwischen den »Feinden des Volkes« – gemeint sind politisch Verurteilte nach Artikel 58 wie Ruge – und den »Freunden des Volkes« – verstanden als Kriminelle – zu leben, enthielten doch alle derartigen Erzählungen ein Loblied auf das russische Volk. Dies gilt im Übrigen für die von ausländischen Flüchtlingen und Deportierten gleichermaßen. Walter Ruge ging so weit, kurz nach seiner Rehabilitierung 1955 die sowjetische Staatsbürgerschaft anzunehmen, eine sowjetische Frau zu heiraten und die UdSSR erst unter dem Druck seiner Mutter Charlotte und seines Bruders Wolfgang zu verlassen, die beide schon in der DDR waren. Von dem 1933 in die Sowjetunion emigrierten Vater Erwin war schon bald nicht mehr die Rede. Die Wahl bestand für Walter Ruge also zwischen der Sowjetunion, in der er hätte bleiben können, und der DDR. Keine andere Option kam in Betracht. Er entschied sich für die DDR, selbst wenn Deutschland – und auch die DDR – in seinen Augen immer »braun« geblieben war.[57] Walter Ruge brachte sich voll und ganz in dieses Deutschland ein, das vielleicht immer »braun« geblieben ist, aber in keiner Weise vergleichbar mit dem anderen Deutschland. Er war Fotograf und Schauspieler von stattlichem Aussehen und sehr sportlich; er drehte mit dem Regisseur Konrad Wolf und betreute einen Radsportverein.

Gabriele Stammberger kam 1954 aus der UdSSR zurück, wohin sie 1932 mit ihrem Mann gegangen war, um am Marx-Engels-Institut in Moskau zu arbeiten. Ihr Mann wurde Opfer der Säuberungen Stalins, sie selbst schickte man in die Verbannung nach Usbekistan, wo sie einem Verbot unterlag, das Gebiet zu verlassen. Erst nach Stalins Tod und mit Unterstützung von Anna Seghers durfte sie nach Deutschland zurückkehren. In Berlin wurde sie von einer Mitarbeiterin des Zentralkomitees der SED empfangen. Kurz nach ihrer Ankunft erfuhr sie, dass sie eine Opferrente als politische Emigrantin erhalten sollte. Sie fand sehr schnell im Verlagswesen eine Arbeit und trat erneut der Partei bei. Obwohl ihre Mutter im Westteil von Berlin wohnte, stand es für sie außer Frage, in den Westen zu fahren, insbesondere nachdem sie einen Rückkehrer aus der Sowjetunion geheiratet hatte, der ebenfalls zehn Jahre in einem Arbeitslager in Norilsk verbracht und danach die DDR gewählt hatte.[58]

Ruth Benario bestätigt: »Für mich war klar, dass eine Rückkehr nach Westdeutschland ausgeschlossen war, obwohl ich mich in der DDR niemals heimisch gefühlt habe.«[59] Zumindest riskierte sie dort weniger, einen ehemaligen Nazi zu treffen, im Gegensatz zu Teofila Reich-Ranicki. Die Ehefrau des späteren »Literaturpapstes« und Stars des westdeutschen Fernsehens Marcel Reich-Ranicki erklärte mehrfach, dass sie trotz der Berühmtheit ihres Mannes eine Unsicherheit spürte, die sie niemals verließ, weil der Kommissar des polnischen Ghettos, das sie überlebt hatte, nach Kriegsende unbehelligt als Rechtsanwalt in Düsseldorf tätig sein konnte.

Eine »schnelle und konsequente« Entnazifizierung im Osten

Die These von einer schnelleren und konsequenteren Entnazifizierung im Osten Deutschlands kommt aus der Feder des Historiker Wolfgang Benz, des ehemaligen Direktors des Zentrums für Antisemitismusforschung an der Technischen Universität Berlin.[60] Andere Historiker wie Klaus Bästlein, der sich auf Untersuchungen des niederländischen Juristen Christiaan Frederik Rüter stützt, bestätigen diese These.[61]

Oftmals wird unterschätzt, dass eine Motivation, in die DDR beziehungsweise in die Sowjetische Besatzungszone (SBZ) zu gehen, war, dass in diesem Teil Deutschlands – wie gesagt – die Entnazifizierung effektiver war als in den anderen Zonen. Das hatte mehrere Gründe: Ein gewichtiger Grund liegt darin, dass alle diejenigen, die mit dem Naziregime verbunden waren, in den Westen gingen, was nicht nur Demokraten betraf, die der Kommunismus abschreckte. Der zweite Grund war, dass man in der SBZ eine Rechnung zu begleichen hatte. Die Kommunisten, die aus der Sowjetunion zurückkehrten, die Antifaschisten, die die Konzentrationslager überlebt hatten, die ehemaligen Mitglieder der Internationalen Brigaden und im Allgemeinen die Remigranten, sie alle hatten einen Sieg über die Nazis davongetragen. Ihr Wille, möglichst schnell eine Entnazifizierung zu betreiben, ist sehr verständlich. Zudem wollten sie eine neue soziale Ordnung errichten, die sich gegen die Altnazis stellt. Es war deshalb dringlich geboten, sich ihrer zu entledigen. Die neue Macht wusste sich auf feindlichem Terrain.

Gemäß dem Potsdamer Abkommen vom August 1945 hatte jede Besatzungsmacht, in ihrer Zone die ehemaligen Verantwortlichen des »Dritten Reiches« aufzuspüren und festzustellen, inwieweit sie sich schuldig gemacht hatten. Die Sowjetische Besatzungszone erklärte im April 1948 die Entnazifizierung für abgeschlossen: 520 000 ehemalige Mitglieder der Nationalsozialistischen Deutschen Arbeiterpartei (NSDAP) (das waren 2,7 Prozent der Bevölkerung) wurden aus ihren Ämtern und Funktionen entfernt. 12 500 Personen verurteilte man wegen Kriegsverbrechen. 200 bis 300 ehemalige Nazis in verantwortlichen Positionen erhielten eine lebenslängliche Haft, etwa 100 wurden hingerichtet.[62]

Die letzte »Episode« des Entnazifizierungsprozesses im Osten fand 1950 statt, also nach der Gründung der DDR am 7. Oktober 1949, als die Sowjets die »Speziallager« übergaben, die auf den Territorien der ehemaligen Konzentrationslager wie Buchenwald und Sachsenhausen errichtet worden waren. In ihnen hatten die Sowjets seit Ende des Krieges bis 1949 Verantwortliche oder einfache Mitglieder der NSDAP interniert. In den Waldheimer Prozessen von April bis Juni 1950 behandelte die Justiz die Fälle von 3400 Gefangenen der Sowjets, die zuvor nicht zur Rechenschaft gezogen worden waren. Nur 300 Beschuldigte verurteilte man zu Gefängnisstrafen unter zehn Jahren. Mehr als 2000 Personen erhielten Strafen von mehr als zehn Jahren, 32 Personen wurden zum Tode verurteilt, 24 davon hingerichtet.[63]

Die Entnazifizierung erfuhr also eine Unterbrechung, nur die Vergangenheit von Angestellten, die in der Justiz, Polizei oder in den Sicherheitsorganen des Staates arbeiteten, unterzog man der Kontrolle. Hingegen profitierten in der DDR dringend benötigte Berufsgruppen – so vor allem Mediziner – von einer stillschweigenden Amnestie.

Im Westen eine Entnazifizierung an der Oberfläche

Unter den Bedingungen des Kalten Krieges waren die Alliierten auch im Westen mit der Notwendigkeit konfrontiert, eine politische Elite zu etablieren, auf die sie zählen konnten. Ehemalige Nazis, deren Rolle mehr oder weniger im Dunkeln geblieben war, bildeten einen Teil davon. Nach einer Reihe von Prozessen vor dem internationalen Militärgerichtshof in Nürnberg, die von November 1945 bis Oktober 1946 stattfanden, wo man die noch lebenden und gefassten Hauptschuldigen des Nazi-Regimes verurteilte, wurde der Entnazifizierungsprozess praktisch unterbrochen. In der Folge eines Amnestiegesetzes vom Dezember 1949 sprach man 3000 Personen, die der SS und der SA angehört und das Personal in Konzentrationslagern gestellt hatten, sowie 20 000 aktive Mitglieder der NSDAP frei.

Im Mai 1951 verabschiedete der Bundestag ein Gesetz zur Regelung der Rechtsverhältnisse der unter Artikel 131 des Grundgesetzes fallenden Personen, sodass 150 000 Beamte, Hochschullehrer, Richter und Berufssoldaten, die ihre Posten am Ende des Krieges im Zusammenhang mit der Entnazifizierung verloren hatten, wieder eingegliedert wurden und schließlich ihre entsprechenden Ruhestandsbezüge bekamen. Für das Jahr 1953 schätzt man, dass 40 Prozent des Personals im Außenministerium, 42 Prozent des Innenministeriums und 75 Prozent der Mitarbeiter des Ministeriums für Vertriebene, Flüchtlinge und Kriegsgeschädigte aktiv am Naziregime beteiligt waren.[64]

1953 avancierte Hans Globke, ehemaliger Ministerialrat und Referent für Staatsangehörigkeitsfragen im Reichsinnenministerium, zum Kabinettschef von Kanzler Adenauer, später bis 1963 zum Staatssekretär im Bundeskanzleramt.

1953 trat eine weitere Amnestie in Kraft, die zur Folge hatte, dass 1954 alle begnadigt wurden, die zu weniger als drei Jahren verurteilt worden waren.[65] Diese Zahlen stützen die These des Historikers Dominik Rigoll, dass es eine »massive Wiedereingliederung der Nazi-Elite in die föderale Verwaltung nach 1949«[66] gab. Als Beispiel zitiert er den Fall Alfred Dreggers, Vertreter des rechten Flügels der CDU, der seinen NSDAP-Mitgliedsausweis aus dem Aktenbestand namhafter Persönlichkeiten, der im Berlin Document Center aufbewahrt war, entnehmen und in den Panzerschrank desselben Centers legen ließ, wo er aufbewahrt blieb. (Waren Komplizen am Werk oder wollte man vielleicht die Vernichtung dieses belastenden Dokumentes verhindern?) Dreggers Engagement für die Nazis wurde erst nach dessen Tod bekannt. Der Zugang zur NSDAP-Mitgliedskartei war untersagt und erst nach der deutschen Vereinigung möglich. Ab 1994 erfolgte ihre Eingliederung in das Bundesarchiv in Koblenz; der Zugang ist nun, wenn auch nicht uneingeschränkt, möglich.

Lange Zeit trugen Archivare, die Hüter der Staatsgeheimnisse, dazu bei, den Prozess der Entnazifizierung zu verschleppen. Im Jahre 2010 legte eine Unabhängige Historikerkommission ihre Studie zur Rolle des Auswärtigen Dienstes während der NS-Diktatur und des Umgangs mit dieser Vergangenheit nach der Wiedergründung des Auswärtigen Amts 1951 vor. Sie stellte auch heraus, von den Archivaren des Auswärtigen Amtes in ihrer Arbeit nicht so unterstützt worden zu sein, wie man es hätte erwarten können.[67]

Die westlichen Alliierten zögerten nicht, ehemalige Nazi-Verantwortliche an wichtigen Positionen einzusetzen, um ein Land zu regieren, das ein Bollwerk gegen den Kommunismus werden sollte. Sie waren zahlreich in den westdeutschen, aber auch englischen und amerikanischen Geheimdiensten vertreten. Heute weiß man, dass der Bundesnachrichtendienst bei seiner Gründung zu 80 Prozent aus ehemaligen Nazis bestand.[68] Diese Erkenntnisse konnte man erst nach langen Jahren des Wartens auf Zugang zu diesen Archiven gewinnen.

Die Geschichte von Reinhard Gehlen ist bekannt: Der ehemalige Chef der Abteilung »Fremde Heere Ost« im Generalstab des Heeres, später Kriegsgefangener bei den Amerikanern, wurde auf geheimen Wegen nach Amerika gebracht. Im Gegenzug musste Gehlen Akten aus der Sowjetunion abgeben, derer er sich während seines Aufenthaltes an der Ostfront bemächtigt hatte. »Gehlen, eigentlich noch immer Gefangener der Amerikaner, wird nach Washington eingeflogen. Allen Dulles, Amerikas Topspion und Gründungsdirektor der CIA, mustert ihn eingehend und mag Gehlens Art. Gehlen wird hofiert und umschmeichelt, er besucht sogar ein Baseballmatch, aber er bewahrt sich jene wortkarge, distanzierte Haltung, die in der Welt der Spionage nur allzu schnell als Zeichen unergründlichen Tiefgangs gilt«, so John le Carré, der zu dieser Zeit in Bonn seinen Dienst tat, in seinen Memoiren.[69]

Der amerikanische Historiker ungarischer Herkunft István Deák hat ebenfalls an die Rolle der Vereinigten Staaten bei der Rettung von Naziverbrechern erinnert. Dabei führt er Beispiele von weniger bekannten Persönlichkeiten als Reinhard Gehlen oder Klaus Barbie an. Deák erwähnt den Fall von Otto Winkelmann, einem hoch dekorierten SS-Mann, der 1944 Höherer SS- und Polizeiführer in Ungarn war. Unter seiner Verantwortung erfolgte die Deportation etwa einer halben Million ungarischer Juden. Die Amerikaner nahmen ihn fest, um ihn wieder nach Ungarn zu schicken, wo er als Zeuge bei den Prozessen gegen ungarische Nazis aussagen sollte. Als er selbst in Ungarn vor Gericht gestellt werden sollte, gaben die Amerikaner dem Auslieferungsantrag nicht statt und ließen ihn 1948 in Deutschland frei. Hier lebte er bis 1977 als unbescholtener, wohlhabender Bürger dank einer Rente als Polizeioberst.

Man kann noch andere Beispiele anführen, wie das Wernher von Brauns, der als Technischer Direktor der Heeresversuchsanstalt Peenemünde die berühmte V2-Rakete entwickelt hatte. Diese war mit Hilfe von Zwangsarbeitern in Mittelbau-Dora und andernorts hergestellt worden. Von Braun entging nach dem Krieg jedem Prozess. Die amerikanische Rüstungsindustrie lud ihn zur Mitarbeit und Weitergabe seiner Kenntnisse und Fähigkeiten ein. Deák meint, dass diese Haltung der Amerikaner dadurch zu erklären sei, dass sie den ehemaligen Nazis »ein magisches Wissen« im Kampf gegen den Kommunismus zuschrieben.[70]

Die Zurückhaltung der Justiz im Westen, Prozesse gegen die ehemaligen Naziverbrecher einzuleiten, findet für Klaus Bästlein darin ihren Grund, dass von den 9000 Juristen, die die Bundesrepublik 1952 zählte, 66 Prozent bereits im »Dritten Reich« im Amt gewesen waren.

So ist es auch verständlich, dass der Rechtsanwalt Fritz Bauer 20 Jahre lang kämpfen musste, um die Aufseher von Auschwitz endlich vor Gericht zu stellen. Bauer sagte, dass er sich in Feindesland fühlte, wenn er aus seinem Haus ging oder das Gerichtsgebäude verließ. Am 1. Juli 1968 wurde er tot in seiner Badewanne aufgefunden. Der Prozess gegen die Aufseher von Auschwitz fand letztlich 1963 und 1965 in Frankfurt am Main statt.[71] Für Klaus Bästlein ist klar, dass diese Prozesse unter dem Druck der DDR zustande kamen, da man dort nicht aufgehört hatte, die Einsetzung Globkes in das Amt des Staatssekretärs der Adenauer-Regierung anzuprangern. Ebenso enthüllte die DDR die SA- und Nazivergangenheit von Erwin Schüle, der erster Direktor der Zentralen Stelle der Landesjustizverwaltungen zur Aufklärung nationalsozialistischer Verbrechen in Ludwigsburg war. »Die alten Parteigenossen« verurteilten sich gegenseitig.[72] Die massive Wiedereingliederung ehemaliger Nazis in die Verwaltung, höchste Ebenen eingeschlossen, ist heute ein viel beachtetes Forschungsfeld. Es sollte auch nicht vergessen werden, dass die Archive für Forscher und Bürger 70 Jahre lang geschlossen blieben. Es gibt eben vielfältige, auch »sanfte« Methoden, um die Geschichte aufzuarbeiten.

Die Nachsicht gegenüber ehemaligen Nazis, gepaart mit wenig Eifer der westdeutschen Behörden, Remigranten aufzunehmen, macht auch verständlich, warum Gegner des Nazi-Regimes zögerten, sich in der Bundesrepublik niederzulassen. Selbst Arnold Zweig, ein Linker, der aber niemals Kommunist und noch weniger ein Stalinist war, zeigte sich beunruhigt über das langsame Tempo des Entnazifizierungsprozesses im Westen, was ihn auch zu der Entscheidung veranlasste, sich in Ostdeutschland anzusiedeln.

Weil in der DDR die Entnazifizierung schnell vor sich gehen sollte, konnte sie nicht vollständig sein. Oft wird das Beispiel von Ernst Melsheimer zitiert, einem Juristen, der im »Dritten Reich« Karriere gemacht hatte und sie damit beendete, kritische Geister in der DDR der 1950er Jahre zu verurteilen und dabei den Generalstaatsanwalt Andrej Wyschinski aus den berüchtigten Schauprozessen von Moskau nachzuahmen. Auch wenn es weitere Beispiele in der DDR gibt, so ist allein die Anzahl ehemaliger Nazis in verantwortlichen Positionen in der DDR nicht vergleichbar mit der Zahl ehemaliger Nazis, die in Westdeutschland, trotz ihrer Vergangenheit, ihr Leben in solchen Funktionen unbehelligt beendeten.

Reiner Stenzel, Mitarbeiter der MfS-Untersuchungsabteilung zur Ermittlung von Nazi- und Kriegsverbrechen, gibt an, dass es auf diesem Gebiet zwischen den beiden deutschen Staaten kaum eine Zusammenarbeit gab.[73] Ein Grund, der im Westen geltend gemacht wurde, war der, dass ehemalige Nazis im Osten die Todesstrafe riskierten, während diese in der Bundesrepublik mit Inkrafttreten des Grundgesetzes im Mai 1949 nicht mehr existierte.

Ein anderer Teil der Entnazifizierungspolitik der DDR war die Hilfe für diejenigen, die man als »Opfer des Faschismus« anerkannte. Obwohl es sich um eine Praxis handelte, die in allen vier Besatzungszonen Anwendung fand, war die DDR der Ort, wo diese für die Remigranten reglementiert und angeordnet wurde, noch bevor dies in der Bundesrepublik der Fall sein sollte. Im Westen praktizierte man bei der

Beantwortung von Anfragen zur Wiedergutmachung eine Taktik, die Ursula Krechel treffend beschreibt als »Triumph der Kleinkrämerei, des Aufschiebens und der Gemeinheit in der Behandlung der Antworten, also Praktiken, die letztlich entmutigen sollten«.[74] Hinzu kommt, dass Rückkehrer gezwungen waren, die deutsche Staatsbürgerschaft zu beantragen. Der Dramatiker Carl Zuckmayer setzte sich dagegen zur Wehr: Da er selbst niemals verlangt hatte, die Staatsbürgerschaft abzugeben, lehnte er eine Wiedereinbürgerung ab.[75]

Im Osten gab es Wiedergutmachungen für die »Opfer des Faschismus«, insbesondere für Juden und diejenigen, die als »Kämpfer gegen den Faschismus« anerkannt wurden. Bedingung hierfür war, dass sie in der DDR lebten. Diese Hilfen, die für die Widerstandskämpfer höher ausfielen als für »einfache Opfer«, waren an den Lebenshaltungskosten in der DDR orientiert. Neben finanzieller Unterstützung gab es einen erleichterten Universitätszugang für die Kinder, verkürzte Wartezeiten für Autos, die Möglichkeit, einen Wartburg zu kaufen, der ein besseres Image als der berühmte Trabant genoss. Solche Zuwendungen konnten auch entzogen werden, insbesondere im Fall einer »Illoyalität« dem Regime gegenüber. In der Bundesrepublik sei dies ähnlich gewesen, schreibt Rudolf Schottlaender, der sich sowohl in dem einen als auch dem anderen Deutschland versuchte zu integrieren. Der Philosoph berichtet, wie ihm seine Stellungnahmen gegen den Kalten Krieg ein Berufsverbot in West-Berlin einbrachten, wo er unterrichtete. Im Jahr 1959 entzog ihm ein sozialdemokratischer Abgeordneter den Status eines »politisch und rassisch Verfolgten des Nationalsozialismus«,[76] was ihn veranlasste, in den Osten zu gehen.

Dieses Arsenal an Maßnahmen genügte in den Augen der ostdeutschen Führung, um sich nicht an der Politik der Wiedergutmachung zu beteiligen, die einige Jahre später von der Bundesrepublik gegenüber den Opfern des Genozids praktiziert wurde. Und hätte man überhaupt die Mittel gehabt, um an alle Anspruchsberechtigten zu zahlen? Die Sowjetunion forderte von der DDR Reparationen in

Form materieller Güter und Rohstoffe, die 1957 anscheinend mitverantwortlich für den Suizid des Sekretärs für Wirtschaft im Zentralkomitee der SED Gerhart Ziller waren.

Die Bundesrepublik blieb nicht lange etwas schuldig. Neben dem historischen Vertrag von 1952/53 zwischen Kanzler Adenauer und dem israelischen Premierminister David Ben-Gurion, der Reparationen für die Überlebenden der Shoah im Jahre 1956 zum Gegenstand hatte, billigte die Bundesrepublik den deutschen Juden, die in Westdeutschland lebten, eine Soforthilfe in Höhe von 6000 DM zu, eine erhebliche Summe in dieser Zeit.[77] Parallel dazu erhielten alte Nazis, die von der Sowjetunion verurteilt worden waren und nach Westdeutschland zurückkamen, eine Rente als »Opfer des Kommunismus«. Das galt zum Beispiel für Gustav Wegner, den Kommandanten der Wachmannschaften des KZ Sachsenhausen, der, nachdem er durch ein sowjetisches Militärtribunal zu 25 Jahren Arbeitslager verurteilt worden war, nach seiner Entlassung in die Bundesrepublik dort eine Entschädigung als »Opfer des Kommunismus« erhielt.[78]

Im Jahr 1946 schrieb Hannah Arendt in einem Brief an Karl Jaspers, sie träume von einer künftigen deutschen Republik, in deren Verfassung festgelegt sei, dass »jeder Jude, gleich wo er geboren ist, jederzeit, wenn er will, und allein auf Grund seiner jüdischen Nationalität gleichberechtigter Bürger dieser Republik werden kann, ohne darum aufzuhören, ein Jude zu sein«.[79]

Diesen Traum realisierte die DDR mehr oder weniger im letzten Jahr ihrer Existenz. Am 12. April 1990 votierte die Volkskammer mit 379 Stimmen bei null Gegenstimmen und 21 Enthaltungen für eine Resolution zur Verantwortung der Deutschen in der DDR für ihre Geschichte und ihre Zukunft, also für ihre Verantwortung für den Holocaust. Unmittelbar danach wurde allen Juden, die aus einem Land kamen, das ehemals zur UdSSR gehörte; Asyl garantiert; sie konnten die DDR-Staatsbürgerschaft erhalten, später, in Folge der Wiedervereinigung, die deutsche Staatsbürgerschaft.

Eine lohnende Kulturpolitik

Ernst Bloch nahm am 1. Mai 1948 von Cambridge, Massachusetts, aus seinen Kontakt mit Georg Lukács nach mehr als 30 Jahren wieder auf: »Lieber Djury, seit unserem letzten Briefwechsel ist viel Wasser unter den Brücken hindurch geflossen …« Im Lukács-Archiv Budapest ist belegt, dass die letzte Korrespondenz zwischen den beiden Philosophen vom 20. Juni 1917 datierte.[80] Bloch informierte Lukács, dass man ihm einen Lehrstuhl an der Universität Leipzig angeboten habe. Eine andere Möglichkeit wäre Berlin gewesen, aber er neigte eher Leipzig zu. Bloch freute sich, dass sie beide Kollegen würden, denn er wusste, dass Lukács einen Lehrstuhl in Budapest erhalten hatte. Im Übrigen plante der Aufbau-Verlag die Veröffentlichung seines Hegel-Buches, das 1951 unter dem Titel »Subjekt – Objekt« erscheinen sollte.[81] Für Bloch war das eine Renaissance. Während seines Exils in den USA hatte er keine Bekanntheit erlangt. Eine Aufsatzsammlung zur »Verantwortung der Intellektuellen«, die Lukács in der Sowjetunion geschrieben hatte, war bereits vor seiner Rückkehr nach Ungarn erschienen.[82]

Zu dieser Zeit war Anna Seghers, wie gesagt, bereits in Berlin. Bertolt Brecht, dem man die Verantwortung für ein Theater in Ost-Berlin, das zukünftige Berliner Ensemble, angetragen hatte, bereitete sich auf die Rückkehr vor. Von Heiner Müller wissen wir, dass der Vorschlag auf sowjetische Offiziere zurückging.[83] Brecht leitete Benno Besson, den vielversprechenden jungen Schweizer Regisseur, an. Jürgen Kuczynski hatte bereits sein eigenes Institut für Wirtschaftsgeschichte, und der Schriftsteller Alfred Kantorowicz, der 1946 aus den USA zurückkehrte, war Professor für Literatur an der Humboldt-Universität. Der Philologe Victor Klemperer hatte seinen Lehrstuhl an der Universität Dresden wieder eingenommen, von dem ihn die Nazis verjagt hatten. Dennoch blieb er in Deutschland. Sein Überleben verdankte er der Bombardierung Dresdens am 13. Februar 1945, da die Deportation der Juden genau auf diesen Tag festgelegt war und nunmehr verschoben werden musste.

Sowjetische Offiziere arbeiteten kurz nach Kriegsende ein Programm für die Sowjetische Besatzungszone aus, das die Kultureliten anziehen sollte. Ihnen ist auch das erste Nachkriegskonzert der Berliner Philharmoniker am 26. Mai 1945 zu verdanken. Es folgte die Wiedereröffnung des Deutschen Theaters am 7. September 1945 mit dem Stück *Nathan der Weise* von Lessing, ein starkes Zeichen. In Moskau hatte man kulturell Gebildete ausgesucht und zusammengeführt, die als sogenannte Kulturoffiziere in der SBZ ihre Aufgaben wahrnahmen, die Früchte trugen. Jürgen Kuczynski wie auch Hans-Georg Gadamer, der während der Naziherrschaft in Deutschland geblieben war, lobten sie mehrfach. Die Sowjets beauftragten Gadamer, die Leipziger Universität wieder aufzubauen. Er erinnert sich: »Im ganzen waren die russischen Behörden, die freilich unbeirrbar ihre politischen Aufträge ausführten, weit weniger eng und schulmeisterlich als die deutschen SED-Funktionäre.«[84] An anderer Stelle, als es um die Universität Leipzig geht, vermerkte er: »Aber sie waren natürlich keine Offiziere, sondern Professoren in Uniformen, mit denen einen vieles verband. Im Unterschied dazu waren die deutschen Stellen in der ersten Zeit – bevor der treffliche Dresdner Professor Simon (Chemiker) das Hochschulamt übernahm – engstirnige Doktrinäre, die vor Wichtigkeit und Wichtigtuerei förmlich platzten.«[85] Dies hinderte ihn allerdings nicht, 1947 in den Westteil Deutschlands zu gehen.

Hans Mayer hat in seinem Buch *Der Turm von Babel. Erinnerung an eine Deutsche Demokratische Republik* über die Kulturoffiziere in ebensolchen lobenden Tönen gesprochen. Der erste sowjetische Stadtkommandant von Berlin, Nikolai Bersarin, kam am 16. Juni 1945 bei einem Motorradunfall ums Leben. Die Majore Alexander Dymschitz, ein Literaturprofessor, und Sergej Tulpanow, die als Kulturoffiziere eingesetzt waren, setzten entscheidende Maßnahmen durch, etwa die Veröffentlichung von Victor Klemperers *LTI,* des Buches über die Sprache des »Dritten Reiches«.

Vonseiten der westlichen Besatzungsmächte befasste man sich vor allem mit der wirtschaftlichen Wiederherstellung Deutschlands. Und dies nicht etwa aus Barmherzigkeit, obgleich das Land in einem lamentablen Zustand war, sondern weil die Zeit drängte. Es ging darum, die Zone, die unter sowjetischem Einfluss stand, klein zu halten. Der 1947 verabschiedete Marshall-Plan ersetzte den Morgenthau-Plan von 1944. Letzterer sah die Umwandlung Deutschlands in einen Agrarstaat vor, man gab ihn auf, wobei man den Versailler Vertrag von 1919 mit seinen Konsequenzen vor Augen hatte. Der Marshall-Plan war die Grundlage für das »deutsche Wirtschaftswunder«, von dem der Westteil Deutschlands profitierte, während im Osten eher das Gegenteil der Fall war. Hier zögerte die sowjetische Besatzungsmacht nicht, die Ressourcen der von ihr besetzten Zone auszubeuten. Parallel dazu spielten die Sowjets auch die Karte der Kultur, wobei in den Reden, besonders am Anfang und im Unterschied zu dem, was im Westen passierte, die jüngste Vergangenheit nicht ausgespart blieb.

Schon am 4. Mai 1945 wandte sich Wilhelm Pieck, einer der ältesten deutschen Kommunisten, die aus der UdSSR zurückgekommen waren, in seiner ersten Radioansprache, mit diesen Worten an das deutsche Volk: »Ihr habt auf die Warnungen der Antifaschisten nicht gehört, seid ihren Aufrufen nicht gefolgt [...] Ihr ließet Euch blenden von den scheinbaren Erfolgen der Hitlermacht und nahmt in Euch das Nazigift der imperialistischen Raubideologie auf. Ihr wurdet zu Werkzeugen des Hitlerkrieges und habt damit eine große Mitschuld und Verantwortung auf Euch geladen.«[86]

Am 13. Juni 1945 sandte die KPD eine andere Botschaft aus: Im Wesentlichen sei der verräterische Angriff auf die Sowjetunion am 22. Juni 1941 Hitlers größtes Verbrechen gewesen.[87] Die Deutschen – so hörte man – sollten sich glücklich schätzen, dass ihre Verbrechen nicht mit gleicher Wucht durch diejenigen gerächt werden würden, die darunter leiden mussten. Die Verantwortung eines jeden Deutschen wurde erneut angesprochen, wenn es hieß, Hitler sei nicht der einzige Schuldige, sondern die zehn Millionen Deutschen, die in freien Wahlen für ihn stimmten, trügen einen Teil der Verantwortung mit. Die Kommunisten hörten nicht auf, vor Hitler zu warnen: »Wer Hitler wählt, wählt den Krieg!« In Anerkennung der Unfähigkeit, eine Einheit gegen Hitler herzustellen, versprach der Appell eine antifaschistische und demokratische Regierung, eine parlamentarische Republik zu errichten, in der alle Rechte und Freiheit garantiert seien.[88] Vor der Partei stellte Ulbricht am 25. Juni 1945 die Frage der Verantwortung ganz direkt: »Es wäre zum Schaden unserer eigenen Nation, wenn wir nicht den Mut aufbringen würden anzuerkennen, daß die deutsche Arbeiterklasse und das schaffende Volk geschichtlich versagt haben.«[89]

Der Diskurs sollte sich jedoch schnell ändern. Im Dezember 1945 verwandte Ulbricht in einer Broschüre mit dem Titel *Die Legende vom »deutschen Sozialismus«,* die im Januar 1947 in 300 000 Exemplaren neu aufgelegt wurde, den Begriff Nazismus nicht mehr, denn, so meinte er, im Nationalsozialismus sei nichts national oder sozialistisch gewesen. Er ging vielmehr zum Begriff Faschismus über, der dem Nazismus die Spezifik im Sinne eines Produktes der deutschen Geschichte und der deutschen Gesellschaft entzog. 300 Industrielle der Rüstungsindustrie und des Banksektors wurden ausfindig gemacht, die Hauptverantwortliche des Nazismus gewesen seien, und Ulbricht insistierte, dass der Sowjetunion der Status des größten Opfers und des Siegers über den Faschismus zukomme.

Im Januar 1946 verwies der Dichter und zukünftige Kulturminister der DDR Johannes R. Becher sehr klar auf den Genozid an den Juden: »Das, was den Juden angetan worden ist, wurde uns allen angetan. Die systematische Ausrottung unserer jüdischen Mitbürger ist eine beschämende Last, die wir noch tragen werden, wenn der Wind die Asche der verbrecherischen Nazis bereits weggetragen hat.«[90] Man kann in diesen Worten ein Korrektiv zu seiner »Rassentheorie des deutschen Faschismus«[91] sehen, einem Vortrag aus dem Jahre 1944, in dem kaum von der antisemitischen Dimension der Naziverbrechen die Rede war. Becher spricht aber auch eine andere Sprache als Ulbricht, bei dem die Juden (oder Sinti und Roma) keine Erwähnung fanden, hingegen die Vernichtung von Millionen von Zivilisten und Kriegsgefangenen in Polen und in den besetzten Gebieten. Ein wenig später, im Verlauf der Nürnberger Prozesse, betonte Wilhelm Pieck die Verantwortung des deutschen Volkes und dessen Aufgabe, Reparationen an die Sowjetunion zu leisten.

Es war Johannes R. Becher, dem die russischen Offiziere die praktische Umsetzung ihrer Kulturpolitik anvertrauten: Der Kulturbund für die demokratische Erneuerung Deutschlands wurde am 8. August 1945 ins Leben gerufen. Entsprechende Entscheidungen traf die Führung der Deutschen Kommunistischen Partei unter Beteiligung von Emigranten seit September 1944 in Moskau. Die Persönlichkeit von Johannes R. Becher, der vor dem Krieg ein berühmter Dichter in Deutschland war, trug dazu bei, dass der Kulturbund erfolgreich wirken konnte und im Februar 1947 bereits 100 000 Mitglieder zählte.[92]

In der Ost-Berliner Jägerstraße entstand ein Klubhaus für Vorträge, Lesungen und Filmaufführungen. *Die Mörder sind unter uns* von Wolfgang Staudte (1946) und *Ehe im Schatten* von Kurt Maetzig (1947) waren zwei große Filme der unmittelbaren Nachkriegszeit, die im Ostsektor produziert wurden. *Die Mörder sind unter uns* geht der Geschichte einer Überlebenden der Lager nach, die sich, zurück in Berlin, mit einem Arzt verbindet, der an der Ostfront am Krieg teilgenommen hatte. Am Ende erschießt dieser einen ehemaligen Nazi. Der zweite Film hat die wahre Geschichte des Schauspielers Joachim Gottschalk zur Vorlage, der sich weigerte, seine jüdische Frau zu verlassen. Als diese der Deportation nicht entkommen konnte, begehen beide Selbstmord und nehmen ihren kleinen Sohn mit in den Tod.

1946 entstand der Künstlerklub Die Möwe. Ein wenig später öffnete in Ahrenshoop, an der Ostsee, ein Erholungsheim für Künstler. Johannes R. Becher praktizierte hier die Freikörperkultur (FKK), selbst auf die Gefahr hin, vom Bürgermeister des Ortes verwiesen zu werden. Man las Gedichte von Rilke und hörte Alban Berg und Schönberg. Ab Sommer 1947 zog der Klub Schriftsteller an und bot ihnen die Möglichkeit, in den neu gegründeten Zeitschriften *Aufbau* und *Sonntag* zu publizieren. Gleichwohl erhielt er schnell den Ruf eines Ortes, der sich der Verbreitung sowjetischer Politik verschrieben habe. Auf dem ersten Schriftstellerkongress im Oktober 1947 in Berlin bestätigte sich der Eindruck einer Manipulation durch die Sowjets. Der Kulturbund wurde auf den Osten zurückgeworfen. Insgesamt blieb jedoch das intellektuelle und literarische Leben durch den sowjetischen Sektor dominiert.[93]

Die Intensivierung des Kalten Krieges zwang die kommunistischen Sympathisanten, in den Ostteil Deutschlands zu gehen. Das galt für mehrere antifaschistische Rückkehrer wie etwa Hans Mayer, Stefan Heym, Stephan Hermlin, die für Medien tätig waren, die in den Westzonen lagen. Ihnen »dankte« man für ihre Sympathie (für den Osten) oder einfach nur für ihre Weigerung, das Klima des Kalten Krieges weiter anzuheizen. Stephan Hermlin verließ den Radiosender in Frankfurt am Main, und Hans Mayer nahm einen Lehrstuhl in Leipzig an. Wenig später, 1953, folgte ihnen Stefan Heym in den Ostteil. Dies unterstreicht erneut, dass die Sowjets zwar nur diejenigen für sich gewinnen konnten, deren Vertrauen sie bereits besaßen, dass ihnen die Westmächte jedoch mit ihrer Politik durchaus Hilfestellung leisteten. Die Überzeugungsstrategie des Ostens trug bei den Intellektuellen Früchte. Bei den Politikern hingegen war sie gescheitert. Als die Sozialdemokraten Ernst Reuter und Willy Brandt aus dem Exil zurückkehrten, Ersterer aus der Türkei, Brandt aus Skandinavien, gingen sie in den Westen. Stalins berühmter Ausspruch »Wir haben gegen Hitler gekämpft, aber wir lieben immer noch Goethe«,[94] konnte Politiker nicht für die Sowjetunion einnehmen.

Der definitive Bruch zwischen Ost und West erfolgte im Jahr 1946, als der Rundfunk im amerikanischen Sektor (RIAS) auf Sendung ging. Es stellte sich heraus, dass dieser als ein gewaltiges Werkzeug des Kalten Krieges auch in den sowjetischen Sektor hineinreichte. Er verfügte über eine viel größere Reichweite als der Berliner Rundfunk, das Radio des Ostens. Mit einer Reichweite von bis zu 75 Kilometer außerhalb der Grenzen Berlins gewann die propagandistische und mehr und mehr antikommunistische Kampftruppe des RIAS den Medienkrieg.[95]

Was die Remigranten in die sowjetische Zone zog, waren insbesondere berufliche Aussichten – anders als im Westen, wo man ihnen kritisch begegnete. Im Westen gab es durch die Alliierten den Remigranten gegenüber keine Offerten, jene Stellen zurückzugeben, von denen sie verjagt worden waren. Darin bestand ein großer Unterschied zur sowjetischen Zone. Zwar hatte die Rektorenkonferenz, die in Göttingen am 26. und 27. September 1945 stattfand, ein Dekret verfügt, das die moralische Aufgabe beschrieb, den im »Dritten Reich« verfolgten Kollegen zu helfen und sie wieder in ihre Rechte einzusetzen. Aber dies blieb vor allem ein frommer Wunsch. Die Universitäten legten denjenigen, die zurückkehren wollten, eher Steine in den Weg. Vorzug erhielten die Heimatvertriebenen, also Deutsche per Abstammung, die aus Ostpreußen vertrieben worden waren, aus Gebieten, die seit Kriegsende zu Polen gehörten, oder Deutsche, die aus dem Sudetenland kamen.[96]

Ganz wie es die Stadt und die Universität Frankfurt am Main im Oktober 1946 bekundet hatten, nahm man dort die Wiedereröffnung des Instituts für Sozialforschung in Angriff, den Sitz der Frankfurter Schule, die in den USA ihr Exil gefunden hatte. Im Frühjahr 1949 zirkulierte eine Petition in diesem Sinne, die von Persönlichkeiten wie Raymond Aron, Eugen Kogon, Paul Lazarsfeld, Talcott Parsons und Paul Tillich unterschrieben worden war. Im Juli desselben Jahres kehrte Max Horkheimer auf seinen Lehrstuhl zurück wie auch Theodor W. Adorno nur wenige Zeit später.[97] Man kann gewiss auf weitere Ausnahmen verweisen wie auf den Juristen und marxistischen Politikwissenschaftler Ossip K. Flechtheim (1909 – 1998), der in amerikanischer

Uniform aus dem Exil zurückkehrte und im Westteil Berlins unterrichtete. Der linksorientierte Jude hatte 1931 eine Reise in die Sowjetunion unternommen, die ihm die Grenzen der Demokratie in diesem Land vor Augen führte. Auch wenn er niemals seine Überzeugungen aufgab, wählte er bei seiner Rückkehr doch den Westen und konnte in West-Berlin, dieser Insel inmitten Ostdeutschlands, Karriere machen.

Für Intellektuelle wie Ernst Bloch und Bertolt Brecht, die während ihres amerikanischen Exils niemals die gleiche öffentliche Anerkennung erfahren hatten wie im Deutschland der Vorkriegszeit, blieben die beruflichen Angebote im Ostteil Deutschlands entscheidend. Solche Offerten waren abhängig von dem Bekanntheitsgrad der Rückkehrer; nicht jeder konnte davon profitieren. Vielleicht hätten Brecht und Bloch auch derartige Angebote aus dem Westen angenommen, doch es gab sie nicht. Rückkehrer, die vor dem Exil kein Studium in Deutschland absolvieren konnten, erhielten in Ostdeutschland die Möglichkeit dazu. Die junge DDR benötigte schnell zuverlässige Kader in verschiedenen Bereichen, zum Beispiel auf dem Gebiet des (sozialistischen) Rechts, der marxistischen Philosophie (dialektischer und historischer Materialismus, kurz Diamat), die den sowjetischen Doxa zu entsprechen hatten, oder auch auf dem Gebiet des Journalismus. »Ich wollte immer Journalistin sein, hier konnte ich es werden«,[98] sagte Hilde Eisler, die nur nach Deutschland zurückgekehrt war, weil sie ihren Mann begleitet hatte. Eine solche Möglichkeit war ihr in New York verwehrt geblieben.

Im Westen hieß man die Schriftsteller unter den Remigranten am wenigsten willkommen. Hans Sahl, der sich niemals definitiv für einen bestimmten Teil Deutschlands entschied, erzählte, wie »altmodisch« westdeutsche Verleger seinen Stil fanden. Günther Anders musste erkennen, dass ihnen, den Schriftstellern, 17 Jahre fehlten, in denen sich die Sprache gewandelt hatte. Kaum bemerkt seien Ausdrücke der Nazis in die deutsche Sprache eingedrungen.[99] Sahl hörte, dass man sagte, das, worüber sie schrieben, interessiere das deutsche Publikum nicht. Jedoch liefen auch die Schubladen der in Deutschland verbliebenen Intellektuellen nicht gerade von Schriften über, die sie im »Dritten Reich« nicht hatten veröffentlichen können! Von William Shirer, einem amerikanischen Pressekorrespondenten, ist die Formulierung überliefert, die deutschen Intellektuellen hätten nach dem Krieg ebenso »leere Köpfe wie Schubladen« gehabt.[100]

Eine Kontroverse zwischen Thomas Mann und dem Schriftsteller Frank Thiess illustriert das Unverständnis zwischen Exilanten und jenen, die in Deutschland geblieben waren. Am Anfang stand der wenig zielführende Antwortbrief von Thomas Mann an den Schriftsteller Walter von Molo, der die exilierten Schriftsteller eingeladen hatte, sich das in Deutschland herrschende »unsagbare Leiden« zu vergegenwärtigen. Aus diesem Anlass veröffentlichte Thiess in der *Münchener Zeitung* vom 18. August 1945 das Konzept der »inneren Emigration«. In der Tat warf er dem Autor des *Zauberberg* vor, Deutschland verlassen zu haben, um alles aus der Entfernung beobachten zu können. Die Emigranten hätten von ihrer Loge aus die Tragödie beobachtet, während diejenigen, die geblieben waren, die »unbeschreibliche Hölle« erleben mussten. Das Konzept der »inneren Emigration«, erklärt der französische Historiker Bernard Genton, war eine existentielle Wahl – in Deutschland koste es, was es wolle, zu bleiben und eine literarische Haltung anzunehmen: Werke zu schaffen, mit versteckter Bedeutung, so wie Ernst Jünger mit *Auf den Marmorklippen.* Aber auch das Schweigen oder die Flucht in andere Aktivitäten seien Ausdruck einer solchen »inneren Emigration« gewesen.[101]

Auch die Schriftsteller, die sich zwei Jahre nach der erwähnten Polemik um Günter Grass und Hans Werner Richter in der Gruppe 47 zusammenschlossen, zeigten sich reserviert gegenüber den Exilschriftstellern. Ursula Krechel beschreibt in ihrem dokumentarischen Roman *Landgericht* die Situation der Remigranten wie folgt: »Später las er in einer Zeitung, daß sich die berühmte *pressure group* der Literatur, die Gruppe 47, auch gegen die Mitgliedschaft von Emigranten wehrte mit dem durchsichtigen Argument, diese sprächen und schrieben ein altmodisches Deutsch, jedenfalls nicht das Deutsch, das durch die Erfahrungen des Krieges, der Kriegsteilnahme und der Kriegsgefangenschaft gehärtet, gestählt worden sei. Mit anderen Worten: ein fremdes, altmodisches, zu wenig zugespitztes Deutsch, das den harten Tatsachen des Nachkriegs, der Assimilation von Kriegern in eine Nachkriegsgesellschaft nicht gewachsen war. Die Anpassungsleistungen, die die Emigranten schweigend, sich verneigend vor dem Los der Ausgebombten, Dezimierten leisten mußten, zählten nicht. Und die Vernichtung ihrer Existenz zählte auch nicht [...].«[102]

Die Kulturpolitik der Sowjets war nicht der einzige Vorteil für die Remigranten. Es gab auch materielle Anreize. Bei ihrer Ankunft in Berlin hatten sie sich zuerst dort niedergelassen, wo sie eine Wohnung bekamen. Die Währungsreform 1948 ging der Teilung Deutschlands in zwei Staaten voraus und zwang nicht wenige, sich in den sowjetischen Sektor zu begeben. Im Westen stiegen die Kosten für Mieten extrem an, vor allem im Verhältnis zu den Löhnen im Osten. Auch aus diesem Grund wählten viele den Osten und entschlossen sich, am Aufbau des neuen gesellschaftlichen Systems mitzuwirken. Hier konnten sie arbeiten und leben, die Preise der Waren und Mieten entsprachen ihren Einkünften – nicht unbedingt ihren Erwartungen –, weil der Staat sie subventionierte. Wohnungspolitik spielte für alle eine besondere Rolle, sei es für die Professoren, denen ein Lehrstuhl angetragen wurde, sei es für die Regisseure, denen man die Leitung eines Theaters offerierte, oder für all jene, die aufgrund des Exils kein Studium hatten aufnehmen können. Es war verheißungsvoll, in die sowjetische Zone zu gehen.

Seit Beginn der 1950er Jahre wurden in Ost-Berlin sogenannte Intelligenzsiedlungen gebaut, zum Beispiel in Pankow-Niederschönhausen, einem Ortsteil, der kaum durch Bombardements beschädigt war. Hier befindet sich auch das Schloss Schönhausen, wo der erste und einzige Präsident Wilhelm Pieck und bis 1964 die Regierung der DDR ihren Sitz hatten, was ihr den Namen Regierung von Pankow einbrachte. Im

Majakowskiring und der Straße 201 wohnte eine große Zahl wichtiger Vertreter der Remigranten, die hier besonders gute Wohnbedingungen nach dem Krieg vorfanden.

Grünau war und ist hingegen ein entlegenes Viertel. Dort, im Süden Berlins, baute man eigens Wohnungen, um Persönlichkeiten wie Max Schroeder unterzubringen. Später zogen hier auch Schriftsteller wie Stefan Heym oder der Musikwissenschaftler Georg Knepler ein, ab 1950 Direktor der Deutschen Hochschule für Musik, der späteren Musikhochschule »Hanns Eisler« in Berlin.

Ein solches Domizil, nahe der Spree, umgeben von großen Nadelbäumen, zu bewohnen, war geradezu beneidenswert. Grünau liegt zwar weit draußen, am Stadtrand, aber Max Schroeder hatte einen Chauffeur. Das war die Regel, wenn man »hohe« Funktionen ausübte. Seine Tochter Cornelia erinnert sich, dass die Kinder der Remigranten zusammen im nahe gelegenen Wald spielten. Wenn sie allein war, kam es vor, dass sie von anderen Kindern als »Tochter von Kommunisten« beschimpft wurde. In der Schule, wo noch Religionsunterricht erteilt wurde, hatte sie Probleme, von der Lehrerin akzeptiert zu werden. Cornelia blieb oft allein auf dem Schulhof. »Wie konnte die Lehrerin wissen«, frage ich sie, »dass du Jüdin bist?« Sie wusste es einfach. Wie auch die Mitschüler. »Ihre Eltern gaben an, für nichts verantwortlich zu sein, weder für den Krieg noch für Hitler. Aber sie hatten ihren Kindern jene Werte vermittelt, die Teil der Nazi-Ideologie waren.«[103] Cornelia erinnert sich auch, dass sie in Ost-Berlin dem ersten Menschen mit dunkler Hautfarbe begegnet war, der amerikanischen Sängerin Hope Foye, die mit Pete Seeger und Paul Robeson 1951 auftrat. Sie war Opfer einer Hexenjagd in der McCarthy-Ära geworden und lebte einige Zeit in der DDR.

Politische Gefangene, die aus den Gefängnissen oder Lagern entlassen worden waren, sollten bei der Verteilung von Wohnraum bevorzugt behandelt werden.[104] In der sowjetischen Besatzungszone war dies Teil der Politik, um Remigranten gezielt nach Deutschland zu holen. Ruth Benario erhielt eine Vierzimmerwohnung, als sie 1954, nach einem Aufenthalt in Sibirien, aus der Sowjetunion zurückkam. Anfangs ging sie hier erstaunt auf und ab: Für jedes Kind ein Zimmer! In Moskau lebte sie mit ihren Kindern sehr beengt in einer Gemeinschaftswohnung.[105]

Die Mächtigen verwöhnten die Remigranten, aber hielten sie gleichzeitig auf Distanz. Brecht und Bloch hätten sich eine größere Nähe zur politischen Führung gewünscht, dass man sie um Rat gefragt oder sich für ihre Meinung interessiert hätte. Doch dies geschah nicht. Bloch fühlte sich ignoriert. Mehrfach schlug er Treffen mit Ulbricht und Gespräche vor; aber sie fanden niemals statt. Bloch zeigte kein Verständnis für eine solche Distanz. Während ihres Exils waren sie alle »per Du« mit den kommunistischen Führern gewesen.[106] Doch in der DDR erfuhren die Mitglieder der Partei von Anfang an Disziplinierung und Gleichschaltung.

Während der Antifaschismus in die Gründungsideologie der DDR eingebrannt war, stellte die Bundesrepublik ihr den Aufbau der Demokratie als Dogma und Fundament gegenüber. Doch de facto blieben die Exilanten von diesem Projekt ausgeschlossen; ihre Rückkehr wurde gebremst und 1956 die KPD verboten.

Die DDR empfing hingegen die Remigranten mit offenen Armen. Zweifellos taten sich zwischen Erwartungen und Realität Gräben auf. Die Begeisterung, eine sozialistische Gesellschaft auf deutschem Boden aufzubauen, trübte sich oft durch die konkreten Bedingungen und die Politik der Machthaber ein. Deutschland, diese Erde der Nostalgie, wie Thomas Brasch sagte, dessen Eltern in Großbritannien ihr Exil erlebt hatten, hieß nicht alle willkommen.[107] Dennoch, die Möglichkeit Kurse zu besuchen, um alsbald einen Beruf ausüben zu können, oder die Mitgliedschaft im Verband der Schriftsteller und Künstler, waren starke Stimuli für die Rückkehr. Man konnte von den Autorenrechten leben und war sozialversichert. Allerdings bestand auch die Pflicht, irgendeine Arbeit zu finden, um nicht als asozial bzw. als Schmarotzer zu gelten, was strafbar war.

Nicht alle Remigranten waren so komfortabel untergebracht wie Anna Seghers oder Jürgen Kuczynski. So traf Professor Alfred Katzenstein, der deutschamerikanische Psychologe und Psychotherapeut, bei seiner Rückkehr aus den USA auf materielle und berufliche Schwierigkeiten. Er berichtete von fehlender Herzlichkeit der Genossen, die er im Exil idealisiert habe.[108] In jedem Fall ging es für Intellektuelle, Schriftsteller und Wissenschaftler um weit mehr als materielle Wohltaten: Sie fanden ihre Sprache wieder.

Die Sprache, in der man zählt und schwört

»Humour is the first of the gifts to perish in a foreign tongue.«

Im Oktober 1964 traf der Journalist Günter Gaus Hannah Arendt und interviewte sie für seine Sendung *Zur Person.* Die Philosophin lebte seit 23 Jahren in New York, wo sie Politikwissenschaft an der New School for Social Research lehrte. Wie andere hatte auch sie Deutschland 1933 aus politischen und rassischen Gründen verlassen.

Ob ihr das Europa der Vorhitlerzeit fehle, fragte Günter Gaus. »Was ist geblieben, und was ist unrettbar verloren?«

»Das Europa der Vorhitlerzeit«, antwortete Hannah Arendt, »ich habe keine Sehnsucht. Das kann ich nicht sagen. Was ist geblieben? Geblieben ist die Sprache.«

»Und das bedeutet viel für Sie?«

»Sehr viel. Und ich habe immer bewusst abgelehnt, die Muttersprache zu verlieren. Ich habe immer eine gewisse Distanz behalten sowohl zum Französischen, das ich damals sehr gut sprach, wie zum Englischen, das ich ja heute schreibe. [...] Die deutsche Sprache ist das Wesentliche, das geblieben ist und was ich auch bewußt immer gehalten habe [...] Es gibt keinen Ersatz für die Muttersprache.«[109]

Für Arendt bedeutete das Sprechen in einer anderen Sprache, dass ein Klischee das andere jagt; dass man vorgefertigte Formulierungen benutzt und in einer erworbenen Sprache nicht den gleichen Erfindungsreichtum hat. Ihr erster Mann, Günther Anders, der auch in Amerika im Exil war, schilderte noch eindrucksvoller das Drama, das der Verlust der Muttersprache darstellt: »Niemand kann sich über Jahre hinweg in einer Sprache entwickeln, die er nicht beherrscht oder die er, im besten Fall korrekt, aber stockend spricht, ohne unter der sprachlichen Unterlegenheit zu leiden. […] Seit dem Augenblick, als wir uns retteten und ins Exil gingen, liefen wir Gefahr, auf ein solch niedriges Sprachniveau zu fallen und Stotterer zu werden. Viele von uns sind wirklich Stotterer geworden, sogar Stotterer in zwei Sprachen.«[110]

Weder für Arendt noch für Anders kam jedoch eine Rückkehr nach Deutschland in Frage.[111] Anders entschloss sich 1950, nach Europa zu gehen, und ließ sich letztlich in Österreich nieder, nachdem er mehrere Stellen im einen wie im anderen Deutschland abgelehnt hatte. Arendt blieb noch radikaler. Sie hatte in New York nicht nur eine berufliche Identität und ein Publikum gefunden, sondern vor allem machte es ihr der Schock über die »Offenbarung von Auschwitz«, den sie 1943 erlebt hatte, unmöglich, Deutschland jemals wieder als ihre Heimat anzusehen. Die Autorin von *Elemente und Ursprünge totaler Herrschaft* wusste, was von dem sowjetischen Regime zu erwarten war, und befand sich in der gleichen Situation wie Hans Sahl. Wie er strebte Arendt danach, eine Fremdsprache zu beherrschen, die sie immer mit einem starken Akzent sprach.

Der Berliner Journalist Moritz Goldstein, der sich »aus seiner Sprache verbannt« sah, hatte Deutschland mit über 50 Jahren verlassen. Die von der amerikanischen Armee herausgegebene *Allgemeine Zeitung* veröffentlichte am 28. Oktober 1945 einen Beitrag, in dem Goldstein verschiedene Haltungen zur Idee der Rückkehr beschrieb: Während der Jüngste der Emigranten erklärte, niemals daran zu denken (»ich würde mich verachten, wenn ich dies täte«), gab ein Vertreter mittleren Alters zu, darüber nachgedacht, sich aber dagegen entschieden zu haben. Der Älteste bekräftigte den Wunsch, so schnell wie möglich wieder nach Deutschland zurückzukehren. Als sich Moritz Goldstein zur Rückkehr entschloss, spielten vor allem wirtschaftliche Gründe eine Rolle.[112] Nachdem der Bundestag deutsche Reparationen beschlossen hatte, konnte Goldstein davon ausgehen, dass ihm ein angemessenes Leben sicher war. 1958 kehrte er nach Berlin zurück. Wie er sagte, spielte bei der Entscheidung für oder gegen eine Rückkehr das Alter eine wichtige Rolle.

George Mosse, ein anderer emigrierter Intellektueller, der in Amerika blieb, hatte nicht die Probleme wie seine Elterngeneration. 1918 in Berlin geboren, war er 1933, mit 15 Jahren, nach Großbritannien emigriert. Seine schulische Ausbildung erfolgte englischsprachig, und er studierte Geschichte in Cambridge. Als er im Alter von 21 Jahren in die USA ging, war er zweisprachig. War es ein Zeichen des Widerstands gegen die Akkulturation oder eine leichte Legasthenie, dass er die Orthographie in keiner Sprache wirklich beherrschte, weder in der deutschen noch der französischen oder englischen? So erzählt er es in seiner Autobiographie und gibt vor, sich darüber lustig zu machen.[113] Das hinderte ihn jedoch nicht daran, eine Stelle als Universitätsprofessor in den Vereinigten Staaten anzutreten. In seiner Korrespondenz zwischen 1945 und 1955 findet sich nicht der geringste Wunsch, nach Deutschland zurückzukehren. Dieses Land fand keine Erwähnung.[114]

Etwas anders liegt der Fall des Historikers Peter Gay (ursprünglich Fröhlich), der Berlin im Alter von 16 Jahren verlassen hatte und 1941 mit 18 Jahren in den Vereinigten Staaten eintraf. Er äußerte zwar den Wunsch, nach Berlin zurückzukehren, nicht aber sich dort niederzulassen. Man kann auch den Fall des Berliner marxistischen Historikers Henry Pachter nennen, der sich entschlossen der englischen Sprache widmete und keinen Gedanken an die Idee einer Rückkehr verschwendete. Ein Grund hierfür mag sein, dass er, ein oppositioneller, nichtstalinistischer Linker, keine Entscheidung für das eine oder andere Deutschland treffen konnte.[115]

Nehmen wir noch das Beispiel von Franz Neumann, der als Autor von *Behemoth* bekannt wurde, und auch das Beispiel des »geistigen Vaters der 68er«, den Philosophen Herbert Marcuse. Beide blieben in den Vereinigten Staaten. Dennoch war für deutsche Intellektuelle die Sprache meist der wichtigste Grund, um nach Europa zurückzukehren. Wenn sie beide Teile Deutschlands ablehnten, gingen manche nach Zürich, wie etwa Thomas Mann oder Carl Zuckmayer. Das betraf auch den Graphiker und Freund der Bildhauerin Käthe Kollwitz Carl Meffert (bekannter unter seinem Pseudonym Clément Moreau), der sein Exilland Argentinien erst verließ, als sich dort die Militärdiktatur durchsetzte; er ging in die Schweiz. Sagte nicht auch er, dass das Exil seine Heimat war?[116]

Gewiss gingen diejenigen, die Mitglieder der kommunistischen Partei waren oder Sympathien für kommunistische Ideen hatten, in die DDR, aber die Sprache war mitunter wichtiger als politische Überzeugungen.

Für bildende Künstler spielte die Sprache eine geringere Rolle als für die, die vom Schreiben lebten. So ist die Zahl von Künstlern unter denen, die nicht zurückkehrten, größer. Der Maler George Grosz, der seit 1938 amerikanischer Staatsbürger war und an der Art Students League in New York unterrichtete, verließ Amerika erst 1959 (vermutlich auf Drängen seiner Frau), als ihn die Akademie der Künste in West-Berlin zu ihrem Mitglied wählte. Er starb zwei Wochen später, im Alter von nicht ganz 66 Jahren.

Kurt Weill verbot sich selbst, Deutsch zu sprechen, und dies seit dem Moment, als er amerikanischen Boden betrat. Musik war eine Sprache, wie auch die des Films, die Fritz Lang oder Billy Wilder in Hollywood weiter praktizieren konnten. Obwohl Paul Dessau sich entschied, nach Ostdeutschland zu gehen. Lang und Wilder zählte Günther Anders zu den Glücklichen, die über eine internationale Sprache verfügten. Im Gegensatz zu ihm selbst und auch zu Brecht, der es nicht ertragen konnte, dass er seinen Namen buchstabieren musste. Die Belästigungen des FBI, so real sie auch waren, bildeten nicht den wichtigsten Grund für Brechts Rückkehr nach Deutschland. Für ihn zählte mehr, seine Sprache und mit ihr seinen Beruf als Bühnenautor wieder zu erlangen. Er, der im Exil von seinem Publikum getrennt war und keine Anerkennung fand, betonte in Amerika immer wieder, dass er ein Exilant und kein Immigrant sei. Diese Unterscheidung barg für ihn die Hoffnung auf eine Rückkehr, während Hannah Arendt ihren Status als Immigrantin einforderte.

Arnold Zweig, der nach Palästina geflüchtete linksorientierte Schriftsteller und Zionist, ist ein besonderes Beispiel dafür, welche zentrale Rolle die Sprache für die Wahl der Rückkehr spielte.

Deutsch – die Sprache des Feindes in Palästina

Als die fünfte jüdische Einwanderungswelle (Alija) zwischen 1932 und 1939 in Palästina eintraf, lebten hier schon 230 000 Juden (neben 900 000 Arabern). Diese Alija umfasste 2000 deutsche Juden, von denen die meisten Universitätsangehörige, Mediziner und Architekten waren, die angeblich Disziplin, Pünktlichkeit und Ordnung einführten. In verschiedensten Berufen übten sie häufig Tätigkeiten unterhalb ihrer Qualifikation aus. Gemäß ihren in Deutschland erworbenen Titeln wollten viele Doktor genannt werden. Eine geläufige Anekdote gibt das anschaulich wieder: Wurde nach einem Doktor gerufen, erhoben sich gleich mehrere Personen, bis der Busfahrer sagte: »Arzt? Hier, das bin ich!«[117]

Sehr wenige der neuen Immigranten hatten eine Verbindung zum Judentum. Der Grad ihrer Assimilation war so hoch, dass man von einer deutsch-jüdischen Symbiose gesprochen hat, deren Existenz Gershom Scholem 1939 rigoros in Frage stellte. Aber Dominique Bourel zeigt, dass eine solche Symbiose auf Moses Mendelssohn, den jüdischen Philosophen der Aufklärung, zurückgeht.[118] Diese deutschen Juden waren ein Gespött der Jischuw,[119] denn trotz des Mittelmeerklimas wagten sie nicht, ihre Anzugsjacken abzulegen. Vermutlich geht der Spitzname Jeckes auf die Jacke im Deutschen zurück.

Der Schriftsteller Arnold Zweig, Autor des pazifistischen Bestsellers *Der Streit um den Sergeanten Grischa,* der im Jahre 1927 erschien, zählte zu jenen 90 000 Jeckes, die in der Zeit von 1933 bis 1939 nach Palästina kamen.[120] Während das Land für viele nur ein Sprungbrett sein sollte, repräsentierte Palästina für Zweig das Land seiner Wahl. Obwohl linksgerichtet, war Zweig unter dem Einfluss des Philosophen Martin Buber Zionist geworden. Zweig unterhielt über viele Jahre hinweg einen ausführlichen Briefwechsel mit Sigmund Freud.[121] Nur kurze Zeit nach seiner Ankunft in Palästina vertraute er Freud seine Enttäuschung an: In einem Brief vom 21. Januar 1934 gestand Zweig, dass er schwierige materielle Bedingungen vorgefunden habe und den Konflikt mit den Arabern jetzt besser verstehe.[122]

Arnold Zweig blieb 15 Jahre in Palästina. Während dieser Zeit plädierte er stets für einen Dialog mit den Arabern, aber auch für sein Recht, in deutscher Sprache zu schreiben und zu sprechen.[123] Arnold Zweig war zu alt, um Hebräisch zu lernen. Mit 46 Jahren hatte er starke Augenprobleme und hinzu kam, dass er sich in dieser Region zu deutsch fühlte und den Terrorismus ebenso verurteilte wie dessen Gegenwehr, was ihm nicht gerade die Sympathie der Jischuw einbrachte. Im Allgemeinen zeigten die deutschen Juden eine vielfach größere Toleranz gegenüber den Arabern, als die führenden Vertreter der Jischuw ertragen konnten. Außerdem kamen Letztere als Juden aus dem Osten (Russland und Polen) und fanden die deutschen Juden arrogant. Das Gefühl der Überlegenheit gegenüber den Ostjuden hätten diese gemeinsam mit ihren Vorfahren Ende des 19. Jahrhunderts, als viele Juden aus dem Osten nach Deutschland gekommen waren. In ihren Augen war Palästina eine Mischung aus Osteuropa und Orient.[124]

Ebenso wie Arnold Zweig schrieb auch die Dichterin Else Lasker-Schüler, die 1945 elend in Jerusalem starb, in deutscher Sprache, in jener Sprache, die man in ihrer Umgebung als Sprache der Nazis mit Verachtung belegte. Lasker-Schüler und Arnold Zweig waren nicht die Einzigen, die sich weigerten, eine andere Sprache zu lernen. Der israelische Regisseur Arnon Goldfinger beschreibt in seinem Dokumentarfilm *Die Wohnung*, wie er als Kind auf dem Weg zu seinen Großeltern ganz Tel Aviv durchquerte. Dort fühlte er sich in Berlin. Alles schien so, als ob sie Berlin niemals verlassen hätten: Sie sprachen deutsch (auch sie lehnten es ab, Hebräisch zu lernen), die Bücher der Bibliothek, aber auch die Möbel, die Handschuhe und der Silberfuchskragen seiner Großmutter.[125]

Der Journalist Schalom Ben-Chorin, geboren als Fritz Rosenthal in München, der 1935 emigrierte, schrieb den Satz: »Man kann aus einem Land emigrieren, aber nicht aus seiner Muttersprache.«[126] Vielleicht handelte es sich hierbei um ein Echo auf den berühmten Satz des portugiesischen Dichters Fernando Pessoa »Die Heimat ist die Sprache«, obwohl Pessoa leicht die Sprachen wechseln konnte. Schalom Ben-Chorin zitierte seinerseits den Dichter Ernst Lissauer, als er gestand, »die Sprache des Feindes« zu lieben. Auch der Schriftsteller Max Brod, ein Freund Franz Kafkas, der wie dieser in deutscher Sprache schrieb, setzte diese Praxis fort, nachdem er 1939 emigriert war, obwohl er als Theaterregisseur im Habimah in Tel Aviv arbeitete. Martin Buber, der 1938 in Palästina eintraf, der die Bibel ins Deutsche übersetzte und das Hebräische ausgezeichnet beherrschte, sprach vor seinem Tod nur noch Deutsch, als ob sich, wie Schalom Ben-Chorin vermutet, »der Schmerz und der Abschied nur in der Muttersprache ausdrücken könnten«.[127]

Ben-Chorin ist sich auch sicher, dass die Sprache für Arnold Zweig der wichtigste Grund war, nach Deutschland zurückzukehren, »die sprachliche Isolation trieb ihn nach Deutschland, in die alte, ihm fremdgewordene Heimat«.[128] Die Jeckes und selbst deren Nachkommen lebten in Palästina in einer inneren Emigration, meint auch Yoav Gelber. Dieser kulturelle Separatismus stand im Gegensatz zu den Bemühungen der Jischuw um Integration, die ihrerseits gegen das Jiddische vorgingen.

Zweig bezahlte den Preis für den Sprachstreit zwischen dem Hebräischen und dem Deutschen: Die Druckerei der deutschsprachigen

Zeitschrift *Orient*, die er 1942 gegründet hatte, wurde ein Jahr später, im Januar 1943, in die Luft gesprengt. Im *Orient* wehrte sich Arnold Zweig gegen die Gleichsetzung des Deutschen mit dem Nazi-Regime. Die Schriftsteller, die ihre Texte in deutscher Sprache verfassten, bildeten den Angriffspunkt der rechten zionistischen Bewegung Betar. Ihre Treffen wurden regelmäßig unterbrochen und boykottiert.[129] Als der Psychoanalytiker Max Eitingon, mit dem Zweig befreundet war, im Juli 1943 starb, fühlte sich der Schriftsteller noch einsamer. Öffentliche Lesungen an den unwahrscheinlichsten Orten wie Keller und Hinterzimmer vermochten nicht den Verlust seiner Anhängerschaft auszugleichen.[130] Zweig näherte sich anderen deutschsprachigen Exilanten an, so dem tschechischen Journalisten und Dichter Louis Fürnberg, der Jude und Kommunist war. Doch der andauernde Bürgerkrieg in Palästina belastete ihn. Er unterstützte vollauf den Friedensappell und den Aufruf zur Brüderlichkeit zwischen Juden und Arabern, den Martin Buber anlässlich seines 70. Geburtstages 1948 formulierte.

Arnold Zweig sehnte sich in Palästina nach seinem Haus in der Berliner Siedlung Eichkamp, wo er »neun der fruchtbarsten Jahre seines schriftstellerischen Lebens« verbracht hatte, wie sein Biograph feststellt. In einem Rundbrief an seine Freunde erklärte Zweig die Gründe für seine Abfahrt und drückte sein Unwohlsein aus: »[…] man muß irgendwo einen Schreibtisch aufstellen können, um ein halbfertiges Buch zu beenden. Irgendwo muss man in einem Raum, so bescheiden er auch sein mag, einen Ort finden, an dem man schöpferische Ruhe finden kann. Man darf nicht gezwungen sein, an gefährdete Freunde zu denken, anstatt sich der Arbeit zu widmen […] und dann muss ein Schriftsteller auch Post erhalten können … An einem Ort militärischer Operationen kann man kein Buch für den Druck vorbereiten.«[131]

Am Vorabend der Gründung des Staates Israel, dem 14. Mai 1948, verließ Arnold Zweig Palästina. Louis Fürnberg hatte sicherlich Anteil an seiner Entscheidung, in den Osten Deutschlands zu gehen. Er half ihm, in die Sowjetische Besatzungszone zu gelangen. Zweig hatte ein

Visum für England beantragt, das man ihm verwehrte. Fürnberg war bereits in Prag und ging damit den einfachsten Weg, um in den Ostteil der ehemaligen Reichshauptstadt zu gelangen.

Fürnberg verfügte über gefestigtere politische Überzeugungen als Zweig, und im Gegensatz zu Zweig war Fürnberg niemals Zionist. Das Palästina, in das er 1941 floh, stellte für Fürnberg tatsächlich nur einen Rettungsanker dar. Er stand der Politik der Jischuw genauso kritisch gegenüber wie der Politik der Engländer, die das Mandat über Palästina bis zur Gründung des Staates Israel ausübten. So erwartete Fürnberg seine Rückkehr in die Tschechoslowakei voller Ungeduld, doch die Situation dort beunruhigte ihn. Mit 37 Jahren war er 1946 einer der jüngsten Dichter und noch dazu ein Dichter deutscher Sprache in der Tschechoslowakei. Er ahnte wohl die Ausweisung der Sudetendeutschen. Für den Fall, dass er nicht in seiner Heimat bleiben konnte, zog er in Betracht, nach Deutschland zu gehen und klagte: »Ich hasse den Gedanken, in Deutschland zu leben, aber wenn es für mich keine andere Möglichkeit gibt, in meiner Heimat zu bleiben, muß ich gehen.«[132]

Die deutschen antifaschistischen Schriftsteller, mit denen Fürnberg vor dem Krieg in Prag für die *Arbeiter Illustrierte Zeitung (AIZ)* gearbeitet hatte, schienen ihm sehr preußisch zu sein. Er erinnerte sich mit Schrecken an sie: »Und – unter uns – mit meinen Original-Deutschen-Schriftsteller-Kollegen zusammenzuarbeiten, freut mich kein bisschen. Sie sind alle Preussen. Ich erinnere mich immer mit Schrecken an diese Zeit, als ich in Prag mit diesen Leuten in der deutschen antifaschistischen Wochenzeitschrift ›Arbeiter-Illustrierte-Zeitung‹ arbeitete … Daran zu denken, wieder mit ihnen zusammenzuarbeiten – wie schade! Aber nun genug. Wenn es unsere Pflicht ist, bei der Erziehung des barbarischen deutschen Volkes zu helfen, es zu lehren, menschlich zu sein und die Rechte des Menschen zu verstehen und die Bestie in Menschen zu vernichten!«[133]

Später, am 9. September 1946 in Prag, hatten sich seine Gefühle etwas verändert. Er kam aus Berlin von einer halboffiziellen Reise zurück, war wenig erfreut von den Deutschen, aber von den sowjetischen Offizieren hingerissen wie auch von der Pädagogik der Sowjetunion, »die psychologischer vorgeht als die Psychologen selbst, die sowjetischen Besatzungstruppen verhalten sich sehr gut, nicht wie die Engländer und Amerikaner, die so tun, als ob sie den Bürgersteig kehrten«.

Zweifellos hatte er Kulturoffiziere getroffen und mit ihnen die Stelle des Kulturattachés der Tschechoslowakei in der DDR ausgehandelt, eine Stelle, die er von Dezember 1949 bis 1952 innehatte. Fürnberg wurde Mitglied der Akademie der Künste und Mitbegründer und -herausgeber der Literaturzeitschrift *Weimarer Beiträge*. Der Dichter, dem man das »Lied der Partei« (»Die Partei hat immer recht«) nie verzieh, starb 1957 in Weimar im Alter von 48 Jahren an einem Infarkt.[134] Wenn er die DDR zu seiner neuen Heimat machte, dann nur aus Liebe zur deutschen Sprache, die er mit Arnold Zweig teilte, wenn auch auf verschiedene Weise.

»Arnold Zweig, ein Mann des Widerspruchs und der Zerrissenheit, Zionist, der der deutschen Kultur verbunden blieb«, wie sein Biograph Manuel Wiznitzer schreibt, ignorierte die Vorbehalte seiner Frau Beatrice, die Haifa nachtrauerte. Er gesellte sich zu seinen geistigen Freunden, die auch in Palästina waren und sich bereits für die DDR entschieden hatten bzw. entscheiden werden: Stephan Hermlin, Hans Mottek, Heinz Kamnitzer, Rudolf Hirsch, Kurt Goldstein, Hans Simon, Lea Grundig. Zurück ließen sie Gershom Scholem, der 1923 im Alter von 26 Jahren nach Palästina kam, Martin Buber, der älter war, aber schon bekannt und die hebräische Sprache beherrschte, Ben-Chorin, der seit 1935, seinem 22. Lebensjahr, dort lebte, sowie Max Brod, den Freund Kafkas, der mit 55 Jahren ins Exil gegangen war, aber mehr Integrationsanstrengungen unternommen hatte als Zweig. Dieser Liste müsste Wiznitzer noch die Namen Werner Kraft und Max Zweig hinzufügen, die in Palästina blieben. Beide folgte ihrem Verlangen, sich in deutscher Sprache auszudrücken; allerdings mit einem Gefühl, so Kraft, »ins Leere« zu schreiben.[135]

(Nicht nur) Symbolische Stimuli und Genugtuungen

Kaum war Arnold Zweig in Berlin angekommen, gab er am 18. Oktober 1948 Interviews für die Presse über seine Rückkehr. Am Bahnhof ehrte ihn Johannes R. Becher, der spätere Kulturminister der DDR, mit seinem Empfang. Dieser bot Zweig bald die Präsidentschaft der Akademie der Künste an, die zuvor Heinrich Mann, der im kalifornischen Exil in prekären Zuständen lebte, zwar angenommen hatte, dann aber 1950 einer Herzattacke erlag. Der Empfang, der Arnold Zweig in Berlin zuteilwurde, bestärkte ihn, sich hier wieder niederzulassen. Vermutlich erinnerte er sich an seine Ankunft in Palästina 15 Jahre zuvor, die in der Presse nur wenig beachtet und auf der letzten Seite der Tageszeitung *Haaretz* mit einer Kurznotiz vermerkt worden war. In Berlin bezog er wieder sein Atelier in Eichkamp, nach dem er sich so sehr gesehnt hatte. Später wies man ihm ein Haus im Osten Berlins, in der Intelligenzsiedlung in Berlin-Niederschönhausen, zu.

Obgleich Beatrice Zweig viel Verständnis für die Situation ihres Mannes hatte, war sie recht hoffnungslos. Am 18. Juni 1949 vertraute sie sich in einem pathetisch formulierten Brief Nahum Goldmann an: »Ich sterbe hier langsam zwischen dem Volk von Theresienstadt und Auschwitz. A. [Arnold] ist hier hochgeehrt, hat ganz gute Einnahmen und behauptet, ein deutscher Schriftsteller zu sein. [...] wären niemals fortgegangen, wenn die Not uns nicht gezwungen hätte, und die Engländer voriges Jahr ganze Gruppen in 24 Stunden aus ihren Wohnungen geschmissen hätten. Wir können schaffen und unserem Volk noch lange nützen, wenn wir wieder auf den Carmel (Haifa) zurück können, genug Einkommen haben und A. genügend Ehre, wie hier, wo er ein grosser Mann ist. [...] Wir ziehen bald nach dem Osten, wo schon die Eindrücke tödlich sind u. Lebensmittel knapp, teuer in der ganzen Stadt. [...] Das Klima hier macht mir dauernd Schwindel u. Schwäche, in Eretz [Palästina] war ich 14 Jahre gesund. (...) Thomas und Heinrich Mann, Feuchtwanger schreiben auch deutsch u. leben nicht hier, zwischen Trümmern u. entsprechenden Menschen ohne Reue u. Einsicht. [...] Ich muss schnellstens zurück, obwohl es auch dort sehr schwer ist. […] Hier ist nicht zu leben, nur zu verdienen, zu vegetieren, sich zu quälen u. zu sterben. Ich muss als Jude unter Juden leben.«[136]

Arnold Zweig kannte diesen Brief vermutlich nicht. Beatrice hatte den Adressaten ihres Briefes um Stillschweigen gebeten. Zweig wusste, dass seine Frau depressiv war, sie schien es hier noch mehr zu sein als in Palästina, wo sie die Konflikte besser als ihr Mann ertragen hatte. In der DDR erhielt Zweig zahlreiche Ehrungen; so viele wie nie zuvor in seinem Leben. Man verlieh ihm Preise und ehrenvolle Titel: den Nationalpreis der DDR 1. Klasse (1950), der erst ein Jahr zuvor eingeführt worden war, dann die Ehrendoktorwürde der Universität Leipzig (1952), um die bedeutendsten zu nennen, nicht zu vergessen den Lenin-Friedenspreis, den er 1958 in Moskau erhielt. Vor dem Krieg hatte er 1915 »nur« den Kleist-Preis bekommen.

Symbolische oder/und materielle Vergütungen waren Bestandteile jenes Arsenals von Zuwendungen, das das Regime in der gesamten Zeit seiner Herrschaft anwandte, um das Verhältnis zur Intelligenz »auszuhandeln«. Der Nationalpreis der DDR[137] wurde im Gründungsjahr der DDR geschaffen und fiel mit dem 200. Geburtstag Goethes zusammen. Auf der Medaille (anfangs aus Gold), die aus diesem Anlass verliehen wurde, war das Porträt des Nationaldichters eingraviert. Der Preis wurde an insgesamt 5100 Personen verliehen, die das *Who's who* der wissenschaftlichen und künstlerischen Elite darstellten.[138] Er konnte an einzelne Personen oder an mehrere vergeben werden, Letzteres zum Beispiel für ein Kollektivwerk wie einen Film oder ein Theaterstück.

Der Nationalpreis umfasste in drei Klassen mehrere Stufen der Anerkennung und war für Wissenschaftler (einschließlich Gesellschaftswissenschaftler), Künstler und Schriftsteller bestimmt. Politische Funktionsträger waren ausgeschlossen. Der Preis konnte mehrfach verliehen werden und war neben einer symbolischen Ehrung mit einem adäquaten Preisgeld verbunden. Zwischen 1949 und 1959 gab es 802 Preisträger, zwischen 1960 und 1969 waren es 930 Personen, zwischen 1970 und 1979 sogar 1710 Personen und im letzten Jahrzehnt der DDR ehrte man 2084 Menschen mit diesem Preis. Er erfreute sich eines solchen Prestiges, dass die Geehrten ihrem Namen das Kürzel NPT (Nationalpreisträger) anfügten.[139] Immer dann, wenn sich Widerstand innerhalb der Partei, aber auch außerhalb verstärkte, wurde der Preis häufiger verliehen.

Fast alle Remigranten ehrte man mit irgendeinem Preis. In den ersten Jahren erhielten viele von ihnen den Nationalpreis: der Dichter Johannes R. Becher, der Arzt und Schriftsteller Friedrich Wolf,[140] der Filmregisseur Kurt Maetzig, der Schriftsteller Erich Weinert, die Schauspielerin und Begleiterin Brechts Helene Weigel, der Schauspieler und Sänger Ernst Busch (er erhielt den Preis dreimal: 1956, 1966 und 1979), der Schauspieler und Regisseur Wolfgang Langhoff sowie der Schauspieler, Regisseur und Dramaturg Gustav von Wangenheim, der, aus dem Moskauer Exil kommend, die erste Theateraufführung nach dem Krieg, *Nathan der Weise*[141] im Deutschen Theater, inszenierte. Der Schriftsteller Stephan Hermlin, der 1947 nach Berlin gekommen war, erhielt ihn 1950, 1954 und 1975. Der Komponist Hanns Eisler, der an der Musikhochschule arbeitete, bekam den Nationalpreis 1950 für die Komposition der Nationalhymne der DDR gemeinsam mit Becher, der den Text verfasst hatte, außerdem 1958. Anna Seghers nahm ihn ebenfalls dreimal entgegen: 1951, 1959 und 1971, immer 1. Klasse. Der Schriftsteller Erich Arendt, der 1950 aus dem lateinamerikanischen Exil zurückgekehrt war, erhielt ihn zwei Jahre später. Zu den Preisträgern 1952 gehörten ebenso Kurt und Jeanne Stern wie auch der Maler Max Lingner, die alle drei aus Frankreich zurückgekehrt waren. Zum Kreis der 1952er Preisträger zählte auch Victor Klemperer, der zwar nicht zu den Remigranten gehörte, der aber 1945 nach Dresden zurückkam und sich für die DDR entschied. Paul Dessau und der Historiker Alfred Meusel waren erstmals 1953 an der Reihe, Bodo Uhse 1954, Ernst Bloch und Hans Mayer 1955.

Brecht habe, so Vladimir Pozner, mit einem Lächeln auf den Lippen vertraulich festgestellt: »Jetzt, wo ich den Lenin-Preis bekommen habe, können sie mir nichts mehr anhaben.« Der Nationalpreis sei in der Hierarchie der Ehrungen ein Preis »zweiten Ranges« nach dem Lenin-Friedenspreis gewesen, der Brecht dennoch nicht gleichgültig gewesen sei.[142] Laut dem Literatur- und Theaterwissenschaftler Werner Mittenzwei habe Brecht, dem man gemeinsam mit Helene Weigel, Paul Bildt und anderen für das Kollektivwerk *Mutter Courage und ihre Kinder* im Berliner Ensemble den Nationalpreis 2. Klasse verleihen wollte, Helene Weigel beauftragt, von der Jury zu verlangen, seinen Namen zu streichen. So erhielt er den Preis 1951 allein und 1. Klasse. Helene Weigel musste sich zweimal, 1949 und 1953, mit der 2. Klasse zufriedengeben, bevor sie 1960, vier Jahre nach Brechts Tod, den Nationalpreis 1. Klasse erhielt.

Haben ihn einige auch abgelehnt? Bekannt ist der Fall des Schriftstellers Günter de Bruyn im Herbst 1989, als das Regime seine letzten Tage erlebte. Der Preis wurde sodann an die Schriftstellerin und Mathematikerin Helga Königsdorf verliehen. In ihrer Autobiographie gesteht sie, dass sie den Preis akzeptiert hatte, weil sie sich ein Auto kaufen wollte. »Das [eine Ablehnung] konnte ich mir nicht leisten, weil ich ein neues Auto brauchte. Wie man sich auch verhielt, es war immer dumm. Außerdem sagte mir mein Gefühl, daß ich den Preis verdient hatte.«[143]

Helga Königsdorf verließ die Partei drei Monate nach dem Fall der Mauer, Ende Januar 1990. »Ich hätte nie gedacht, daß meine emotionale Bindung [an die Partei] so stark gewesen ist. Aber man hatte dort Kämpfe ausgefochten und ein Gemeinschaftsgefühl gehabt, auch wenn es ein Gefühl von gemeinsam erlittenen Unsinnigkeiten war. Und genau dieses Gemeinschaftsgefühl hatten uns die anderen im Institut geneidet und übelgenommen.«[144]

Der oppositionelle Liedermacher Wolf Biermann, dem 1976 nach einem Konzert in Köln die Staatbürgerschaft der DDR entzogen worden war, sang in der »Populärballade«: »[…] Ein Kuß von Eurem

Munde / Macht den Geküßten todeskrank / – so küßt mich doch, Ihr Hunde! / Küßt mich! Bestecht mich! Liebt mich heiß / Greift tief in Eure Tasche / Gebt mir den Nationalpreis – und / Versteht sich: Erster Klasse [...]«.[145]

Heiner Müller, der 1986 den Nationalpreis 1. Klasse erhielt, sagte etwas prosaischer: »Zum Thema Nationalpreis gibt es den berühmten Ausspruch eines Kameramanns von der DEFA: ›Das Geld ist ja ganz schön, aber die Schande!‹«[146] Heiner Müller machte indes generell kaum Zugeständnisse.

TEIL II
Die Entzauberung

Die Ethik des Schweigens

Das berühmte Foto am Anfang dieses Buches zeigt Georg Lukács, der Anna Seghers, die einen Blumenstrauß in ihren Händen hält, auf dem Flughafen in Budapest empfängt. Es entstand im Februar des Jahres 1952. Fast 20 Jahre waren vergangen, seit sich die beiden Freunde das letzte Mal gesehen hatten. Lukács musste aus Budapest fliehen, weil dort in der Zeit zwischen den Weltkriegen Kommunisten verfolgt wurden. Er kam nach Berlin und lernte Anna Seghers kennen. Die Schriftstellerin hatte den ungarischen Kommunisten László Radványi geheiratet. Dann trennten sich die Wege der Freunde: Lukács ging in die Sowjetunion, während Anna Seghers und ihr Ehemann im Jahr 1941 das mexikanische Exil erreichten, nachdem man ihnen in New York eine Aufenthaltserlaubnis verweigerte und sie Europa mit Hilfe von Varian Fry[1] per Schiff ab Marseille verlassen hatten.

Auf demselben Fluchtschiff befand sich der Schriftsteller Victor Serge, eines der wenigen Stalin-Opfer, die dem Gulag lebend entkamen. Wenn Serge nicht schon 1947 gestorben wäre, dann hätte er als sich Lukács und Seghers in Budapest wiedertrafen, ein Nachwort zu seinem Roman *S'il est minuit dans le siècle*[2] schreiben können. Die Szene hätte dann nicht in der UdSSR der 1930er Jahre gespielt, sondern in Osteuropa, wo es nunmehr unter sowjetischer Herrschaft wieder Nacht geworden war.

In der Hochzeit des Kalten Krieges war Paranoia auf beiden Seiten eine weit verbreitete Krankheit. Sie hatte nicht nur Joseph McCarthy und Edgar Hoover erfasst, sondern einmal mehr auch Stalin und seine Anhänger. Vor dem Hintergrund des Kampfes gegen den Titoismus – ein Begriff, der von dem Namen des jugoslawischen Staatschefs Josip Broz Tito abgeleitet und gegen den Kosmopolitismus gerichtet war, der in weiten Teilen synonym für Antisemitismus stand – waren führende Vertreter der »Volksdemokratien« abgeurteilt und aus höchsten Staatsfunktionen entfernt worden. László Rajk wurde 1949 in Budapest hingerichtet – also drei Jahre vor dem Treffen von Seghers und Lukács –, und im Februar des Jahres 1952 war Rudolf Slánský in Prag verhaftet worden.

Haben die beiden Freunde ihre Befürchtungen, die diese Vorgänge ausgelöst haben müssen, ausgetauscht? Erinnerten sie sich an den Komplott der »Weißkittel«, jener Mediziner, mehrheitlich Juden, die man in Moskau verdächtigt hatte, die Ermordung Stalins zu planen? In unmittelbarer Folge waren Persönlichkeiten jüdischer Herkunft von ihren Funktionen entlassen worden. Derartige Verdächtigungen richteten sich gegen alle Remigranten aus dem Westen und gegen Antifaschisten, die die Lager der Nazis überlebt hatten. Wenn beide, Seghers und Lukács, in dieser Frage eine kritische Einstellung hatten, so drang davon nichts nach außen. Man muss bedenken, dass sie sich mit öffentlichen Bekundungen in Gefahr gebracht hätten.

Schweigen war die Grundlage für den Aufbau der sozialistischen Gesellschaften Osteuropas: Schweigen zur Unterdrückung der Gegner Stalins und zu den Stalinschen »Säuberungen« in der UdSSR, Schweigen zum Hitler-Stalin-Pakt vom August 1939, der zum Einmarsch der UdSSR in Polen und in die baltischen Staaten führte, Schweigen zu den Deportationen und den Transporten von Menschen nach Osten und nach Sibirien, die danach folgten, Schweigen zu dem Massaker an polnischen Offizieren im Frühjahr 1940 in Katyn, Schweigen zum Verschwinden kommunistischer Flüchtlinge in der UdSSR vor und während des Krieges, Schweigen zu der antisemitischen Welle der Nachkriegszeit, die von der UdSSR initiiert wurde, Schweigen zu den Schauprozessen in Budapest, Sofia und Prag, Schweigen zu den Repressionen der ehemaligen Spanienkämpfer und der Westemigranten in den Satellitenstaaten der UdSSR. Schweigen schließlich zu den geheimen Prozessen gegen deutsche Kommunisten, die die Konzentrationslager der Nazis überlebt hatten. Das Schweigen wurde organisiert, angeleitet, akzeptiert und verinnerlicht.

Geheimhaltung einzufordern war gleichbedeutend mit einem gewaltigen Kontrollmechanismus. Die kommunistischen Kader, die aus der Sowjetunion zurückkamen, hatten sich diesen stalinistischen Habitus angeeignet, der ein konstitutives Misstrauen mit einer bedingungslosen Zugehörigkeit zur beschlossenen Linie Moskaus verband und dabei vor allem Schweigen einforderte. Da man das Schweigen mit der Rettung kommunistischer Ideale rechtfertigte, war es kein Akt des Gehorsams. Schweigen war vielmehr zur zweiten Natur geworden, eine erworbene Disposition, die man nicht mehr in Frage stellte oder die im Falle von Zweifeln schnell die Oberhand gewann.

Nach dem XX. Parteitag der KPdSU im Winter 1956 gab es diskret vollzogene Rehabilitierungen in allen Volksdemokratien. In der DDR führten sie nicht, wie in Polen oder in Ungarn, zu öffentlichen Diskussionen. Sie waren auch nicht von öffentlichen oder halböffentlichen Debatten über die Repressionen und erst recht nicht über die Frage nach dem Wesen der sozialistischen Gesellschaft und ihrer möglichen Entartung begleitet.

Für einige brach jedoch nach dem Bericht Chruschtschows die Welt zusammen: So erkrankte der polnische Führer Bolesław Bierut und starb zwei Wochen später; Alexander Fadejew, der sowjetische Schriftsteller, Autor des Romans *Die junge Garde*, 1946 mit dem Stalinpreis dekoriert, nahm sich zwei Monate nach dem Parteitag das Leben, und schließlich erblindete Harry Pollitt, der Sekretär der britischen kommunistischen Partei, nur einige Tage nach Chruschtschows Bericht. Dieser Bericht löste für alle einen Schock aus, die mehr an Stalin als an Marx geglaubt hatten. Aber im Gegensatz zu dem Erdbeben, das der Bericht bei den Kommunisten im Westen hervorrief, die in der Folge massenhaft die kommunistischen Parteien verließen, wurde im Osten das Schweigen kaum gebrochen.

Gewiss, es gab Hoffnung auf Tauwetter, um den Titel des Romans des sowjetischen Schriftstellers Ilja Ehrenburg zu zitieren, eine Hoffnung, die die Literatur eine Zeit lang von den Zwängen befreite. Aber sie war nicht von langer Dauer. Dieser kurzen Periode ist jedoch die Veröffentlichung der wichtigen Novelle Alexander Solschenizyns, *Ein Tag im Leben des Iwan Denissowitsch,* zu verdanken. Stephen Cohen, der Biograph Nikolai Bucharins, der in den 1970er Jahren Gespräche mit ehemaligen Gefangenen des Gulag (den Zeks) geführt hat, gab Gründe für das Ende des Tauwetters an. Im Jahr 1959 erklärten Chruschtschow und seine Anhängerschaft die Arbeit der Rehabilitierungskommissionen, in deren Folge praktisch alle politischen Gefangenen befreit wurden, für beendet. Man fürchtete, dass eine weitere Offenlegung der Leiden von Opfern das Regime destabilisieren könnte. Im Gegenzug zu ihrer Rehabilitierung erhielten die ehemaligen Zeks die Auflage zu schweigen. Einige trafen von sich aus diese Entscheidung und traten wieder in die Partei ein.[3]

»Ich hatte Glück«

Die Diskretion osteuropäischer Kommunisten über ihr Exil in der UdSSR war eine allgemeine Regel. Die Art und Weise, wie Lukács vermied, darüber zu sprechen, entsprach der Haltung der meisten von ihnen. »Ich hatte Glück« – diese Formel wiederholte er immer dann, wenn er zu seinem Exil in der Sowjetunion befragt wurde. Wie war er in Moskau, in der Zeit der Säuberungen, den Fängen des Netzes entkommen? Im Juni 1941 hatte man ihn verhaftet, jedoch zwei Monate später wieder freigelassen. Er erklärte das mit folgendem Scherz: »Meine Wohnung reizte niemanden aus dem Kreis des NKWD.«[4] Habgier mag tatsächlich ein Grund für seine Verhaftung gewesen sein. Er führte noch einen anderen Grund an, der wahrscheinlicher ist: seine Vorsicht. So hatte sich Lukács von Bucharin ferngehalten, den er zudem für einen schlechten Marxisten hielt. Aber das rechtfertigte noch lange nicht dessen Hinrichtung, gestand Lukács zu.[5]

Die Akte Lukács im sowjetischen Archiv belegt dessen Verhaftung am 28. Juni 1941 und seine Freilassung am 23. August desselben Jahres.[6] Seine Befragungen jedoch wurden fortgesetzt. Man verdächtigte ihn, ein Provokateur, sogar ein Spion zu sein und Kontakte zu einem Trotzkisten namens István Timár zu unterhalten, der schließlich hingerichtet wurde. Lukács leugnete alles, gestand allerdings theoretische Irrtümer in seinen Schriften ein wie auch Kontakte zu »bürgerlichen Elementen«, vor allem zu seinem ehemaligen Genossen an der Universität Heidelberg Joseph Schumpeter, der 1919 für kurze Zeit das Amt des österreichischen Finanzministers innehatte.

László Rudas, Lukács' theoretischer Gegenspieler in Ungarn, wurde zur selben Zeit wie Lukács verhaftet und zu diesem befragt. Rudas bestätigte dessen bürgerliche Herkunft (Sohn eines Bankiers) wie auch Lukács' Kontakte zur Wiener Bourgeoisie. Ganz anders als Rudas ließ Lukács kein einziges Wort fallen, das irgendjemandem hätte Schaden zufügen können. Seine Akte schließt mit dem Vermerk, dass es keinen Anlass gebe, ihn zu beschuldigen. Bei seiner Freilassung musste er lediglich den Verlust eines Manuskriptes über Goethe beklagen, an dem er während seiner Haft gearbeitet hatte. Es war verbrannt worden.[7]

Lukács' Entlassungsdokument ist auf den 28. August 1941 datiert. Rudas überlebte die Säuberungen ebenfalls, wurde nach Ungarn zurückgeschickt, wo man ihn zum Direktor der Parteihochschule machte. Der Biograph von Lukács, Árpád Kadarkay, äußert die These, dass Lukács' Freilassung auf eine Intervention des Komintern-Chefs zurückzuführen sei. Georgi Dimitroff habe Lukács persönlich gekannt und geschätzt.[8] Die Antwort auf die Frage, welchen Grund es für die schnelle Entlassung gab, die Lukács selbst – wenig überzeugend – mit seiner nicht attraktiven Wohnung verband, sollte jede weitere Frage unterbinden. Und es ist unwahrscheinlich, dass es sein Widerstand gegenüber den Befragungen während des Verhörs war, der zu seiner Entlassung führte. Das Verhör führte niemand anderes als Wsewolod Merkulow, die rechte Hand des Geheimchefs Lawrenti Beria. Beide wurden 1953 hingerichtet.

Wenn es um den Aufenthalt in der Lubjanka ging, muss Lukács Zweifel an der Schuld der Gefangenen gehabt haben. Später schrieb István Eörsi, der Lukács' Texte ins Ungarische übersetzte – Lukács schrieb deutsch – und ihn sehr bewunderte, dass er ihm sein Schweigen nicht verzeihen könne. Wollte er sich damit aufspielen? Lukács blieb dabei, dass seine Jahre in der Sowjetunion die glücklichsten seines Lebens waren. Der New Yorker Literaturwissenschaftler Irving Howe vermutet, dass die Bewunderung, die Lukács für Solschenizyn in seiner letzten literaturkritischen Arbeit bekundete, auf dessen Mut zurückging. Da Lukács einen solchen Mut selbst nicht aufgebracht habe, könne dies als ein verspätetes Schuldbekenntnis interpretiert werden.[9]

Das Schweigen bildete die Grundlage aller osteuropäischen sozialistischen Gesellschaften; es war jedoch in der DDR besonders verbreitet, wo man selbst ein Küchengeflüster vermied, wie es zum Beispiel die Literaturnobelpreisträgerin Swetlana Alexijewitsch in ihrem Buch *Secondhand-Zeit. Leben auf den Trümmern des Sozialismus* beschreibt. Denn es gab viel zu verbergen: angefangen mit dem Verschwinden von Antifaschisten während ihres Exils in der UdSSR: Wie sollte man erklären, dass Antifaschisten nach dem Hitler-Stalin-Pakt an Deutschland ausgeliefert wurden, dass mindestens 1136 von ihnen verurteilt und einige erschossen oder in den Gulag verbannt wurden? Dies sind Befunde, die erste Untersuchungen nach dem Zugang zu den Quellen in der Perestroika-Periode zutage förderten.[10]

Nachdem die Überlebenden des Stalin-Terrors befreit worden waren und in die DDR kamen, hatten sie keine andere Wahl als zu schweigen. »Dröhnendes Schweigen« über die Vergangenheit begleitete ihre Rückkehr, wie es Inge von Wangenheim beschrieb, die selbst nach Usbekistan verbannt worden war.[11] Nicht nur die Repatriierung blieb schwierig, oftmals brauchte man die Intervention der Familien, die in der DDR lebten und von der Partei oder von bedeutenden Persönlichkeiten als loyal beurteilt wurden. Noch dazu hieß man sie im Kreis ihrer Mitstreiter nicht willkommen, die wiederum schweigende Zeugen der Repressionen gewesen waren und nunmehr in der DDR die Macht ausübten. Walter Ulbricht, so sagt man, sei sogar gegen ihre Rückkehr gewesen. Für ihn war es zweifellos unangenehm, jenen zu begegnen, die weniger Glück gehabt hatten als er.[12]

Alle Zeitzeugnisse stimmen in einem Punkt überein: Wenn die Überlebenden des Stalin-Terrors es wünschten – und dies war bei der Mehrheit der Fall –, dann konnten sie auf diskrete Weise wieder in die Partei eingegliedert werden. Es schien, als ob sie diese niemals verlassen hätten. Zudem erhielten sie eine Rente als »Opfer des Faschismus« – was sie tatsächlich auch waren, bevor sie Opfer des Stalinismus wurden. Im Gegenzug versprachen sie zu schweigen. Dazu musste man ihnen nicht einmal eine schriftliche Erklärung abverlangen.

Wolfgang Ruge und sein Bruder Walter bildeten keine Ausnahme von dieser Regel. Walter, der 42 Jahre alt war, als er 1957 nach Berlin zurückkehrte, hatte zehn Jahre im Gulag verbracht. Er nahm den Posten des Parteisekretärs in einer Abteilung der DEFA, der staatlich geführten Gesellschaft für Filmproduktion, an, wo er schnell eine Arbeit gefunden hatte. Aber er blieb auch allem treu, was sowjetisch war: In seiner Familie las man vor allem die sowjetische Presse, und im Haus der Offiziere schaute man sowjetische Filme. Seine Tochter erfuhr erst mit 18 Jahren, welches Schicksal ihrem Vater in Sibirien widerfahren war. Das Schweigen begann am Familientisch.

Als Walter Ruge – wie viele Mitglieder der kommunistischen Parteien – aufgefordert wurde, seine Biographie zu schreiben, ließ er jedoch die erfahrenen Leiden nicht aus. Niemand stellte seine Erzählung in Frage. In der Öffentlichkeit aber sprach er erst nach dem Mauerfall darüber. Die Geschichte war bekannt, und er war nicht der erste, der sie erzählte. Mehr oder weniger hatte er reagiert wie alle und seine Leiden in den Hintergrund gestellt, ohne sie völlig zu verschweigen. Als das *Neue Deutschland* am 21. Dezember 1979 jedoch den 100. Geburtstag Stalins feierte (auch wenn zugleich theoretische und praktische Fehler eingestanden wurden, welche aber nicht die Sowjetunion in Frage stellten), konnte sich Ruge nicht enthalten, einen Protestbrief zu schreiben. Die Zeitung veröffentlichte ihn nicht, auch nicht als Leserbrief.

Der junge Architekt Rudolf Hamburger, während der 1930er Jahre sowjetischer Agent in China und Polen, gehörte ebenfalls zu den Opfern der Stalinschen »Säuberungen« und durchlitt zehn Jahre Verbannung; er wurde 1955 freigelassen und ließ sich in Dresden nieder. Hier nahm er seine Arbeit als Architekt wieder auf und beteiligte sich am Bau einer neuen, sozialistischen Stadt: Hoyerswerda. Hamburger trat wieder in die Partei ein. Im Nachwort zu seinen Memoiren kommentiert sein Sohn Maik nüchtern: »Er trat aus Überzeugung in die SED ein«,[13] als ob sich dies von selbst verstehen würde. Er verriet nichts über seinen Aufenthalt in der UdSSR, und dies war nicht nur der auferlegten Schweigepflicht geschuldet, wie sein Sohn bemerkt. Der Grund lag vielmehr auch in der Angst »bei überzeugten Kommunisten, [der] Scham über die Deformation eines trotz allem immer noch angestrebten Ideals; oder [es war] einfach der Unwille, dem Gegner noch mehr Munition zu liefern; oder auch ein Elitegefühl, das dem Nichtkommunisten die Reife zu einem Urteil über solche Erscheinungen abspricht; oder die Scham über erlittene Ächtung, der auch der unschuldig Bestrafte anheimfallen kann.«[14]

Antisemitismus – von der Sowjetunion angeregt

Einer ganz ähnlichen Schweigepflicht waren die Remigranten aus dem Westen unterworfen. Die meisten von ihnen standen unter dem Verdacht, mit dem amerikanischen Diplomaten Noël Field, einem

Sympathisanten der kommunistischen Bewegung, in Verbindung gestanden zu haben. Man verdächtigte ihn der Spionage und/oder des Zionismus. Das andere große Tabu betraf die Auswirkungen des von der Sowjetunion angeregten Antisemitismus. In den Slánský-Prozessen in Prag hatten elf der Angeklagten eine jüdische Herkunft. Im Dezember 1952, im selben Monat, in dem Rudolf Slánský in Prag hingerichtet wurde, verkündete Stalin – drei Monate vor seinem Tod – vor dem Zentralkomitee der KPdSU, dass jeder Jude ein von den USA bezahlter potenzieller Feind sei. Erneut sahen sich Juden auf deutschem Boden in Gefahr. Paul Merker, Mitglied der Partei, der sein Exil in Mexiko verbracht und sich für die Rückgabe jüdischen Eigentums eingesetzt hatte, wurde verhaftet. Offiziell hieß es, er habe Kontakte zu dem Spion Noël Field unterhalten.

Paul Merker war jemand, der nicht zögerte zu sagen, was er dachte. Anlässlich der zehnjährigen Wiederkehr der Kristallnacht hatte er am 10. November 1948 einen Artikel veröffentlicht, in dem er den Antisemitismus als Hauptprinzip der Nazi-Ideologie bezeichnete, und somit eine These vertreten, die der Parteilinie widersprach. Der Partei zufolge handelte es sich beim Antisemitismus nur um einen Nebeneffekt.[15] Am 14. Januar 1953 verkündete die *Prawda* die Verhaftung von Ärzten in Moskau, die mehrheitlich Juden waren. Angst verbreitete sich auch in Berlin. In nur wenigen Tagen verließen mehr als 500 Juden die Stadt. Als Gegenreaktion schloss die DDR alle jüdischen Institutionen. Die Büros jüdischer Gemeinden wurden durchsucht und Unterlagen beschlagnahmt.

Persönlichkeiten wie die Schriftsteller Anna Seghers und Arnold Zweig, Stephan Hermlin und Stefan Heym sowie Universitätsprofessoren wie Ernst Bloch, Hans Mayer und Victor Klemperer blieben verschont. Jürgen Kuczynski hatte man bereits 1950 seiner Funktion als Präsident der Gesellschaft für Deutsch-Sowjetische Freundschaft, 1947 gegründet als Gesellschaft zum Studium der Kultur der Sowjetunion, enthoben. Die Disziplin, die Schweigen verlangte, setzte sich erneut durch.

Wenn mehrere Kommunisten jüdischer Herkunft – Hermann Axen, Gerhart Eisler, Albert Norden und Klaus Gysi – auf ihren führenden Positionen des Staates verblieben, so maskierte dies lediglich die Realität des Antisemitismus, der seinen Ursprung in der UdSSR fand. Jedoch lässt sich daraus nicht auf ein Wiedererwachen des Antisemitismus in den höheren Rängen der SED schließen. Das Unbehagen führender Genossen ist in zahlreichen Memoiren dokumentiert. Jürgen Kuczynski erinnerte sich der Verlegenheit von Wilhelm Pieck und Walter Ulbricht angesichts der von den Sowjets angeordneten Maßnahmen. In dieser Zeit scheint die DDR alles getan zu haben, um Moskau zu befriedigen und den Schaden zu begrenzen, was sporadische und individuelle antisemitische Auftritte nicht völlig ausschloss. Nach dem Tod Stalins ergriff die SED-Führung Maßnahmen, die nahelegen, dass die Parteiführung das Vorgehen gegen jüdisches Leben etwas kompensieren wollte: die Übergabe der Synagoge in der Rykestraße in Berlin an die jüdische Gemeinde, das Anbringen einer Erinnerungstafel an Juden im Konzentrationslager Buchenwald im Jahr 1954 und am 9. November 1956 eine Veranstaltung im Friedrichstadtpalast, die der Erinnerung an die Kristallnacht gewidmet war.[16]

In einigen Fällen diente die DDR auch als Zufluchtsort. Wäre Louis Fürnberg in Prag geblieben, hätte er sehr wahrscheinlich zu den Angeklagten im Umkreis von Slánský gehört. Seine Emigration nach Palästina hatte ihn als Zionisten ausgewiesen. Nun rettete ihn seine Funktion als Kulturattaché der Tschechoslowakei in der DDR. Ahnte er, dass er bald in Gefahr geraten würde, als er nach Prag zurückkehrte? Konnte er die Atmosphäre nicht mehr ertragen, die sich nach den Slánský-Prozessen ausbreitete? War diese maßgeblich für seine Entscheidung, die Tschechoslowakei zu verlassen und definitiv in dieses Deutschland zu emigrieren, das er nicht liebte? Er war der Weimarer Einrichtung zugetan, der man die Pflege des klassischen deutschen Erbes in Auftrag gab, und widmete sich der Literaturzeitschrift *Weimarer Beiträge.* Es handelte sich um eine ehrenvolle Stelle, weit weg von Prag und von Berlin, fern von den Orten der Macht und der unmittelbaren Gefahr. Sein »Lied der Partei« ist vielleicht der Preis, den er dafür hat zahlen müssen. Dieses traurige Gedicht wird sicher auf immer mit der Erinnerung an Louis Fürnberg verbunden bleiben. Alfred Kantorowicz, der ohne Zögern in das Deutschland der sowjetischen Zone zurückkehrte, hatte auch eine Ode an Stalin verfasst. Sie erschien am 21. Dezember 1950 in der *Täglichen Rundschau*. Hat man diese Hommage vergessen, weil er sieben Jahre später die DDR verließ?

Heiner Müller bediente das gleiche Genre. Eines Tages, so berichtete er, habe ihn der Komponist Paul Dessau aufgesucht und gesagt: »Lenin hat Geburtstag. Schreib mir einen Text.« »Bei Paul Dessau hatte ich Schulden. Da habe ich ihm also einen Text über Lenin verfasst. Vor dem Text sträuben sich mir heute noch die Haare. Ich dachte, wenn es von Paul Dessau komponiert wird, versteht man den Text sowieso nicht. Das war leichtsinnig: Er wurde im ›Neuen Deutschland‹ abgedruckt.«[17]

Man ging über diese Texte hinweg, während der von Louis Fürnberg, dem kommunistischen Dichter, der im Alter von 48 Jahren starb, in Erinnerung geblieben ist, sogar so stark, dass man vergaß, dass er nicht nur der Autor des »Liedes der Partei« war.

Der Schriftsteller F. C. Weiskopf, ebenfalls deutschsprachiger Tscheche und Jude, verließ Prag und emigrierte 1953 in die DDR. Rettete sie ihn ebenfalls? Er hatte einen Teil seines Exils in den USA verbracht.

Paul Merker fand 1956 seine Freiheit wieder, kurz vor dem XX. Parteitag der KPdSU. Er wurde rehabilitiert. Dies galt auch für diejenigen, die wegen ihrer Verbindungen zu Noël Field verurteilt worden waren. Alles geschah auf diskrete Weise, so wie zuvor auch die Ausschlüsse aus der Partei und die Verurteilungen. Merker willigte sogar ein, die Präsidentschaft der Gesellschaft für Deutsch-Sowjetische Freundschaft zu übernehmen. »Paul hatte die Haft nicht ohne Schaden überstanden, physisch und psychisch«. Bis zu seinem Tod.[18] Er starb 1969.

Noël Field »verschwand« 1949 in Prag und wurde erst 1954 aus dem Gefängnis entlassen. Er ließ sich in Budapest nieder und schwieg – wie es verlangt war. In die USA zurückzukehren stand nicht zur Debatte, weil man ihn dort für einen Spion hielt, diesmal für einen sowjetischen. Als er einwilligte, der amerikanischen Zeitschrift *Mainstream* im Januar 1961 ein Interview zu geben, und damit das Schweigen brach, betonte er, er sei von denen verhaftet worden, deren Ideale er teilte. Man ist geneigt, vom »Stockholm-Syndrom« zu sprechen, aber in diesem Fall ist die Identifikation mit den Peinigern umso nachvollziehbarer, als sie und das Opfer gleiche Anschauungen besaßen.

Es gab noch weitere Prozesse in der DDR. Diese erforderten ein noch rigoroseres Schweigen. Es betraf die offiziellen Helden, die aus den Konzentrationslagern der Nazis befreiten Antifaschisten.

Moskauer Prozesse in Ost-Berlin

Die führenden Kräfte in Ost-Berlin, die aus dem Exil in der Sowjetunion zurückgekehrt waren, verdächtigten die Westemigranten, Spione imperialistischer Kräfte zu sein, und hatten keine bessere Meinung von ihren Genossen, die nach der Befreiung aus den Lagern der Nazis kamen. Die Überlebenden von Buchenwald, Sachsenhausen und Dachau sah man als die Vertreter des »guten Deutschlands« an. Auf ihren Widerstand und Kampf hatte die DDR ihre Legitimation aufgebaut. Nichts von den Verdächtigungen und Anschuldigungen drang nach außen, auch nicht in den Westen. Selbst der westdeutsche Journalist Karl Wilhelm Fricke, der mehrere Standardwerke über Widerstand und Opposition in der DDR verfasst hat, ignorierte diesen Aspekt der ostdeutschen Geschichte.

Die Protokolle der Befragungen und Prozesse, denen die Überlebenden im Jahr 1952 ausgesetzt waren, konnten erst ab Anfang der 1990er Jahre eingesehen werden, als die Archive der Staatssicherheit und der SED zugänglich gemacht wurden. Offiziell fragte man nach dem Verhalten der politischen Gefangenen in den Konzentrationslagern, denen die SS die interne Verwaltung zugewiesen hatte. De facto waren sie Helfer der SS geworden. Die »Kapos«, sogenannte Funktionshäftlinge, mussten das Leben im Lager organisieren und auf die Einhaltung der Disziplin achten sowie die Häftlinge auf verschiedene Arbeitskommandos und Einsatzorte verteilen. Es war notwendig, Insassen in die Verwaltung des Lagers einzubeziehen, weil die SS nicht ausreichend Personal hatte, um die Aufgaben angesichts des exponentiellen Wachstums der Konzentrationslager zu bewältigen. Zunächst wurden solche Tätigkeiten nichtpolitischen Strafgefangenen zugewiesen. Aber dann, als es darum ging, die Arbeitskraft von Gefangenen für die Kriegsproduktion zu nutzen, ließ die Lagerleitung diese Aufgaben von politischen Gefangenen erledigen. Schließlich waren sie auf dem Gebiet der Organisation kompetenter und konnten zugleich gegen die »Asozialen« eingesetzt werden. Auch wenn die »Kapos« in keiner Weise unter dem Schutz der SS standen, befanden sie sich in einer gewissen Machtposition gegenüber den anderen Gefangenen.

Kaum hatte Churchill am 5. März 1946 in seiner Rede den berühmten Satz formuliert »Von Stettin an der Ostsee bis Triest an der Adria hat sich ein Eiserner Vorhang über den europäischen Kontinent gesenkt«, wurden auch die kommunistischen »Gräueltaten in Buchenwald« angeprangert.[19]

Widersprüchliche Aussagen zum Verhalten der Kapos waren bereits bekannt geworden. Doch der Kalte Krieg begünstigte die Verbreitung einer öffentlichen Kampagne über deren »Gräueltaten«.[20]

Dieses Beispiel einer Vereinfachung der Geschichte hatte eine politische Funktion: Die Anschuldigungen dienten der SED in der Anfangszeit als Vorwand, um die ehemaligen Häftlinge von Buchenwald nicht in wichtige Funktionen einzusetzen. Sie waren sowohl im Kampf als auch durch die Internierung im Lager und im Gefängnis geprägt und schienen deshalb weniger geneigt zu sein, der Linie Moskaus zu folgen, als diejenigen, die von dort kamen.

1951 entschied ein sowjetisches Gericht über das Schicksal von zwei Hauptangeklagten: Ernst Busse und Erich Reschke. Die UdSSR Stalins entschied, dass sie auf Kosten sowjetischer Kriegsgefangener überlebt hatten, die ebenfalls in Buchenwald interniert waren. Sicher hatten sie sehr wohl auch Leben gerettet, wie es David Rousset, der große Zeuge des *KZ-Universums,*[21] auch in seinem Roman *Les jours de notre mort*[22] beschrieb. Aber es ging in diesen Prozessen nicht um die Wahrheit. Die Angeklagten wurden wegen Absprachen mit den Nazis und wegen schlechter Behandlung sowjetischer Gefangener verurteilt und in den Gulag geschickt. Ernst Busse starb dort, Erich Reschke überlebte und kehrte in die DDR zurück. Beide rehabilitierte man diskret, Busse posthum. Reschke durfte erneut Mitglied der Partei werden, und man wies ihm einen untergeordneten Posten zu.

Derartige Erniedrigungen von Kommunisten, die den Nationalsozialismus überlebt hatten, blieben bis zum Ende des Regimes ein Tabu. Diese Kommunisten waren diszipliniert und nahmen an Gedenkfeiern für jene teil, die die Ehre des deutschen Volkes gerettet hatten. Die Ehemaligen von Buchenwald hielten die Regel des Schweigens ein. Ihre Befragungen, ihre Ausgrenzung und die Prozesse sind eine der wichtigsten Erkenntnisse über die DDR, die nach der Öffnung der Archive zutage traten. Mit ihrer Hilfe wurde die Geschichte des deutschen Antifaschismus neu geschrieben, was bis zur Infragestellung des Kampfes der deutschen Nazigegner reichte.

»Streitet, doch tut es hier …«[23]

Januar 1958. Der Verleger Max Schroeder starb infolge einer langen Krankheit bei der Arbeit. Zwei Jahre später beschloss Edith Anderson, nach New York zurückzukehren. Ihre Entscheidung war ein Tagesordnungspunkt der Versammlung des Berliner Schriftstellerverbandes am 16. Dezember 1960. Es gab einen großen Aufschrei, denn ihre Ausreise galt als Verrat. Einige sagten: »Sie muss bleiben!« Die Geister erhitzten sich, und man forderte Sanktionen, bis Anna

Seghers eingriff. Edith Anderson an ihrer Rückkehr nach New York zu hindern, nachdem ihr Mann gestorben war, sei eine Absurdität. Natürlich habe sie »das Recht auf Rückkehr in ihre Heimat«.[24] Die Anwesenden beruhigten sich.

Anna Seghers war eine Autorität. Sie griff selten ein und sie mäßigte ihr Wort. Einige Monate zuvor hatte sie sich allerdings am selben Ort für das Schweigen entschieden. Von ihr hatte man am Ende des Regimes, als man offen die Meinung sagen konnte, zunächst dieses Schweigen in Erinnerung, bevor sie als Romanschriftstellerin wiederentdeckt wurde.

Die Diskussion am 14. April 1958 im Schriftstellerverband hatte eine ganz andere Bedeutung als die Sitzung vom Dezember zuvor. 60 Schriftsteller nahmen teil, 25 fehlten entschuldigt und sechs ohne Grund. Im Juli 1957 war der Verleger Walter Janka zu fünf Jahren Haft wegen Bildung einer »konterrevolutionären Gruppe« verurteilt worden. Von dieser Verurteilung redete man nicht. Vielmehr sprach man über die Spanienkämpfer und die XI. Internationale Brigade, die in die Kritik geraten war. Janka hatte zu ihr gehört. Ohne seinen Namen zu erwähnen, verteidigte Stephan Hermlin die Brigade. Direkter ergriff Jeanne Stern Partei, eine französische Kommunistin, verheiratet mit dem Schriftsteller und Spanienkämpfer Kurt Stern: »In dem, was Janka vorgeworfen wird, sehe ich keine Handlung, die man von Rechts wegen zu verurteilen hat.«[25] Man versuchte sie davon zu überzeugen, dass sie irre.

Anna Seghers schwieg. So wie sie auch während des Janka-Prozesses geschwiegen hatte. Jedoch gehörte sie von Beginn an zu den Unterstützern des Versuchs, Georg Lukács nach der Invasion sowjetischer Panzer im November 1956 aus Budapest in die DDR zu holen. Dafür war die logistische Hilfe von Walter Janka, dem Verleger von Lukács, erforderlich. Wir werden sehen, dass Janka später aus diesem desaströsen Abenteuer eine außerordentliche Geschichte machen wird.[26]

Außer Anna Seghers und ihrem Mann hatte Lukács zahlreiche Freunde in der DDR. Hier wurden seine Bücher verlegt, war sein Werk bekannt und wurde an den Universitäten gelehrt. Hier hatte er einen Teil des Sommers 1956 verbracht und an dem Begräbnis von Bertolt Brecht teilgenommen. Brecht war in seinem Landhaus in Buckow, wo er die berühmten *Elegien* geschrieben hatte, unerwartet gestorben.

Lukács informierte seine Freunde über die Lage in Ungarn. Seit dem XX. Parteitag der KPdSU und Chruschtschows geheimem Bericht über die Stalin-Verbrechen konnten die Menschen mit »verführtem Denken« (Czesław Miłosz) wieder aufrecht gehen. In einem hoch symbolischen Akt forderte die Witwe von László Rajk, dem kommunistischen Führer, der am 15. Oktober 1949 hingerichtet worden war, die Rehabilitierung ihres Mannes. Die Regierung von Rákosi wurde aufgelöst. In dieser Zeit reiste Lukács viel und hielt Vorträge in ganz Europa. Zurück in Budapest, schloss er sich dem Petőfi-Kreis an, wo reformfreundliche Intellektuelle zusammenkamen.

Am 25. Oktober 1956 trug die neue Regierung von Imre Nagy Lukács den Posten des Kulturministers an. Diese Stelle bekleidete er bereits 1919 in der kurzen Regierungszeit von Béla Kun. In der DDR stellte sich die Situation im Vergleich zu Polen weniger berauschend dar. In Polen hatte der Protest Władysław Gomułka an die Macht gebracht, der einige Jahre zuvor in Ungnade gefallen war. Die Lage in der DDR unterschied sich auch von der in der Tschechoslowakei, einem Land, das »seine Entstalinisierung versäumt hatte«,[27] in dem die Hoffnung auf eine Verbesserung des Systems aber manifest blieb. 1956 begann der lange Prozess der Entzauberung. Seither konnte die Partei nicht mehr auf die bedingungslose Unterstützung ihrer Mitglieder zählen, wie noch in der Zeit der ersten Krise des Regimes, um den 17. Juni 1953.

Der 17. Juni 1953, das »Kronstadt« der SED

Remigranten wie auch andere Intellektuelle, die Mitglieder der Partei waren, zeigten in der Regel gegenüber dem Arbeiteraufstand von 1953, der damit begann, dass sich Bauarbeiter der Stalinallee gegen

Normerhöhungen zur Wehr setzten, Zurückhaltung. Dies brachte ihre Zwiespältigkeit in Fragen spontaner Volksbewegungen ans Licht. Noch traumatisiert von dem Führer zujubelnden Menschenmengen im »Dritten Reich«, schien es, als seien diese nun durch die Manifestationen der Arbeiter, die für ihre Rechte eintraten, ersetzt worden. Weniger als zehn Jahre nach dem Ende des »Dritten Reiches« legten die Antifaschisten, die sich für die Rückkehr in die DDR entschieden hatten, eine abwartende Haltung an den Tag.

Wir haben schon gesehen, dass Edith Anderson festgestellt hatte, dass die Geschäfte leer waren. Sie wusste auch, dass die Bauarbeiter der Stalinallee die Rücknahme der Normerhöhungen und den Rücktritt der Regierung forderten, während die Agitatoren, die der Westen geschickt hatte, »Hängt sie!« riefen. Diese Erinnerung teilten viele, die nach 1989 ihre Memoiren veröffentlichten. Der RIAS, das Radio des Westens, spielte eine nicht unwesentliche Rolle bei der Ermutigung zur Rebellion.

Herbert Crüger, der sein Exil in der Schweiz verbrachte und seit 1951 in der DDR lebte, lehrte damals im Herzen von Berlin an der Humboldt-Universität: »Die Demonstrationen hatten einen feindlichen und aggressiven Charakter angenommen. Wir Genossen wurden aufgefordert, mit den demonstrierenden Arbeitern zu sprechen und ihnen die Bedeutung der Beschlüsse der Partei und der Regierung vom 9. Juni [1953] zu erläutern.«[28]

Intellektuelle Genossen gingen also auf die Straßen, versuchten mit den Demonstranten zu sprechen und ihnen zu sagen, dass die Partei ihre Fehler erkannt hatte. Aber nichts änderte sich. Eine Partei und eine Regierung, die Fehler begingen, sollten zurücktreten. Punkt.

Auch der Physiker und spätere Dissident Robert Havemann suchte das Gespräch mit den Demonstranten und wurde Zeuge, wie sich Fritz Selbmann, Minister für Schwerindustrie, der als einziger Regierungsvertreter gekommen war, den Demonstranten stellte.[29] Der ehemalige Arbeiter war einer der mutigsten Politiker. Plötzlich, so schilderte es Crüger, »schreit ein Mann auf dem Marx-Engels-Platz:

die Regierung ist gestürzt! Und schon hörte man das Geräusch der Panzer, die vom Alexanderplatz heranrollten.« Panik breitete sich aus. Die Sowjets, präzisierte Crüger, wollten nicht zu viele Opfer riskieren.

Davon war auch der Dramatiker Heiner Müller überzeugt: »Als die Panzer auftauchten, merktest du bei den Russen deutlich das Zögern und daß sie eigentlich damit gar nichts zu tun haben wollten; die standen einfach da, und wenn da was passiert ist, dann war es ein Unfall. Da bin ich ganz sicher, die hatten offenbar keinen eindeutigen Befehl, die DDR-Polizei hatte sowieso Schießverbot von Ulbricht, und die Russen haben das auch nicht gern gemacht. Von Brutalität war da keine Rede. Es ging zunächst nur um Stilllegung, der Terror kam erst danach, die Verhaftungen, die Prozesse, aber die Sache selbst war eher ein klinischer Vorgang.«[30]

Doch der Mann, den Crüger beobachtet hatte, der gerufen hatte »Die Regierung ist gestürzt!«, wurde »auf der Stelle erschossen«. Am nächsten Tag rief die Partei zu einer Demonstration auf, die zum Ziel hatte, Unterstützung für die Sowjetarmee zu bekunden. Es hatten sich nur 30 000 bis 40 000 Personen eingefunden. Die Kommunisten und ihre Anhänger waren gewiss an der Seite der Partei, aber nicht ohne Unbehagen. Crüger zog es vor, einen Schlussstrich zu ziehen. Die 1950er Jahre waren eine anregende Zeit an der Universität gewesen. Man hatte es dort mit sehr motivierten Studierenden zu tun, viele von ihnen kamen aus Arbeiter- oder Bauernfamilien. Gelehrt wurde Marxismus-Leninismus, nicht zu vergessen Stalin, versteht sich.[31]

Die Remigranten und die Intellektuellen waren die aktivste Stütze des Regimes in »Pankow«. Auf dem Höhepunkt des Kalten Krieges zeigte sich in der Aussprache Pankoff, die in den westlichen Medien bevorzugt wurde, für alle hörbar die Unterwerfung der DDR unter die Sowjets. Anna Seghers war in diesen »verrückten Tagen«, wie sie an ihren russischen Übersetzer schrieb, in Budapest, wo sie am Weltfriedenskongress teilnahm.[32] Außer dem bekannten Spruch von Bertolt Brecht: »Wäre es da / Nicht doch einfacher, die Regierung / Löste das Volk auf und / Wählte ein anderes?«,[33] gab es im Juni 1953 keine öffentliche Parteinahme für die Demonstranten aus der Welt der Gelehrten, auch nicht von Brecht.

Vladimir Pozner erinnert sich: »Man darf nicht glauben, daß Brecht an allen politischen Kampagnen teilnahm, alle Aufrufe unterzeichnete, alle Entscheidungen oder alle offiziellen Schritte billigte. Seine Disziplin war freiwillig, und er gewährte sie nicht jedermann. Um seine Zustimmung zu erhalten, mußte man ihn zunächst überzeugen, und er war weit davon entfernt, von allem überzeugt zu sein, was um ihn herum geschah. Aber während er Einzelheiten kritisierte, blieb er dem Wesentlichen treu. Das konnte man an jenem berühmten 17. Juni 1953 sehen, als der Abschaum von Westberlin, nachdem die Bauarbeiter von Ostberlin begonnen hatten zu streiken, die Demarkationslinie überschritt, sich durch die Straßen ergoß, Kioske plünderte und Bücher und Zeitungen verbrannte. Durch Zufall war ich einen Tag nach dem Ereignis gekommen. Die Berichte von Freunden, von Brecht im besonderen, waren noch ganz frisch. Die meisten Parteimitglieder waren unter Hitler aufgewachsen und hatten noch nie einen Streik gesehen; alles, was sie davon wußten, hatten sie aus Büchern, und die Bücher nahmen für die Streikenden Stellung. Man kann sich die Verwirrung dieser Menschen vorstellen. Die älteren, die Überlebenden der Emigration und der Konzentrationslager, konnten die Aufgabe nicht bewältigen. Die Intellektuellen hatten für das Regime keine besondere Sympathie. Im Berliner Ensemble war es wie überall sonst. Gegen Mittag versammelte Brecht die Theatergruppe. Er versuchte nicht, die begangenen Irrtümer und Fehler zu leugnen und eine Wirklichkeit in Rosa zu malen, die nicht immer schön anzusehen war. Das wußte er besser als wer auch immer. Aber er wußte auch, was der Sieg der Leute auf der andern Seite bedeutet hätte, was er bedeutet hätte für die Zukunft Deutschlands und des Weltfriedens. Er sprach kurz, und als er geendet hatte, erhob sich keine Stimme, um ihm zu entgegnen.«[34]

Als sich Vertreter des Schriftstellerverbandes fünf Tage später in Berlin versammelten, beschloss man, dass Schriftsteller in die Fabriken gehen sollten. Paul Wiens kritisierte, wie die Zeitungen im Osten die Ereignisse behandelten, nämlich schlecht. Elisabeth Hauptmann vom Berliner Ensemble forderte, man müsse dagegen protestieren, dass sich der Rundfunk geweigert hatte, an diesen kritischen Tagen sein Programm zu ändern und die Berichterstattung anzupassen. Stefan Heym forderte eine größere Präsenz der Schriftsteller in der Presse und im Rundfunk, um der hölzernen Sprache der Journalisten etwas entgegenzusetzen. Er meinte, die bekanntesten Schriftsteller, Arnold Zweig, Johannes R. Becher, Anna Seghers, Stephan Hermlin, Bertolt Brecht etc., sollten über das Radio im Osten wie im Westen erklären, was sie gesehen und gehört hatten. Im Protokoll dieser Versammlung vom 22. Juni 1953 kann man lesen: »Es folgte eine heftige Debatte über die Fehler der Regierung und der Gewerkschaft.«[35]

Die Versammlung endete mit dem Vorschlag, Geld zu sammeln, um die Schäden an Kulturstätten zu beseitigen, die am 17. Juni verursacht worden waren.[36]

Die Ironie des Brecht-Gedichts richtete sich übrigens, wie Hans Mayer später erinnern wird, an den Sekretär des Schriftstellerverbandes Kurt Barthel, genannt KuBa, der nach dem 17. Juni »den Undank des Volkes« beklagt hatte.[37] Dass es sich um ein Bonmot auf Kosten des orthodoxen Kommunisten KuBa handelte, ändert nichts an seiner Relevanz. Aber es machte aus Bertolt Brecht auch keinen Sympathisanten der Demonstrierenden der Stalinallee. Man muss zugeben: Im Jahr 1953 war das Volk unpopulär in der DDR. Die Akten der Staatssicherheit dokumentieren nicht nur das Unbehagen derer, die überwacht wurden, sondern auch die Angst – weniger vor dem Regime –, dass der Westen das Regime kippen könnte.

Stefan Heym machte später die Ambivalenz der Gefühle angesichts des Arbeiteraufstands zum Gegenstand seines Romans *5 Tage im Juni*.[38] In einem Betrieb stehen sich zwei Protagonisten gegenüber: ein Gewerkschafter, der den Arbeitern zuhört, und der Parteisekretär, der auf der Normerhöhung beharrt. Obwohl beide das Interesse des Regimes im Auge haben und die Haltung des Westens dazu beitrug, die Arbeiter aufzurühren, hatte das Buch einen Anteil daran, dass Stefan Heym bei den Autoritäten des Regimes in Verdacht geriet. Es war Anlass für den »30jährigen Krieg« zwischen Autor und Herrschenden. In der Bundesrepublik wurde der Roman 1974 veröffentlicht, wo man ihn als prokommunistisch einstufte, während die SED ihn für antikommunistisch hielt. Auch nach dem Fall der Mauer sollte sich bewahrheiten, dass Stefan Heym zeit seines Lebens »zwischen den Stühlen« saß.[39]

Der 17. Juni 1953 kann als »Kronstadt« der ostdeutschen Partei angesehen werden.[40] Seine Niederschlagung mit Hilfe sowjetischer Panzer habe, so Lutz Niethammer, im Vergleich zu der weit blutigeren Unterdrückung des Matrosenaufstands in Kronstadt im Jahre 1921, die Grenzen der Regimegegnerschaft gezeigt und die Errichtung einer Herrschaft verdeutlicht, die das kritische Wort verbot. Die Haltung an und zu diesen Tagen wurde fortan bei jedem überprüft, der in die Partei aufgenommen werden wollte. Dennoch blieb dieses Datum, anders als im Osten, vorzugweise im Gedächtnis der Bundesrepublik, wo man den 17. Juni als Nationalfeiertag etablierte.

In Memoiren, die nach der Wiedervereinigung erschienen; legen die Autoren im Allgemeinen den Akzent auf die Angst der politischen Führung der DDR, die von den kritischen Mitgliedern der Partei geteilt wurde. Kurt Hager, Chefideologe im Politbüro des Zentralkomitees der SED, erinnert sich in seiner Autobiographie an das Klima der Verdächtigungen Anfang der 1950er Jahre: »Durch die Prozesse und die anderen Repressalien, die Agentenfurcht und die ständigen Aufrufe zur Wachsamkeit ist ein giftiger Virus in die SED und die Gesellschaft eingeimpft worden, der nicht wieder entfernt werden konnte und der im Laufe der Zeit den ganzen Organismus schwächte.«[41]

Drei Jahre später, 1956, erschütterte der geheime Bericht von Chruschtschow auf dem XX. Parteitag der KPdSU vor allem die Remigranten. In privaten Kreisen sprach man von den Verbrechen Stalins und begann zu verstehen, dass es sich um Verbrechen des gesamten Systems handelte. Die Kommunisten, die ihr Exil in der

UdSSR verbracht hatten, wie zum Beispiel Lukács, wussten, dass sie es mehr oder weniger dem Zufall verdankten, den Repressionen entkommen zu sein.

Das galt auch für den ersten Kulturminister der DDR, Johannes R. Becher, dessen literarisches Werk heute weitgehend vergessen ist, damals hochgelobt wurde, auch in der westlichen Welt. Doch die Episode, die im Folgenden zu lesen ist, blieb in Erinnerung.

Der Versuch, Georg Lukács zu »entführen«[42]

Im Herbst 1956 avancierte der Aufbau-Verlag, in dem Max Schroeder arbeitete, wo auch die Kulturzeitschrift *Sonntag* veröffentlicht wurde, zum Austragungsort von Diskussionen.[43] An der Spitze der Treffen stand Walter Janka, ein langjähriger Kommunist und Spanienkämpfer. Ehemals Facharbeiter, war Janka nunmehr der Verleger von Thomas Mann, Bertolt Brecht, Ernst Bloch und Georg Lukács. Johannes R. Becher nahm gern an den Debatten teil, wie auch Anna Seghers, was diesen informellen Treffen einen gewissen offiziellen Charakter verlieh.

Becher, der die Zeit des »Dritten Reiches« in der UdSSR verbracht hatte, muss über die Stalin-Repressionen informiert gewesen sein. Wahrscheinlich war Anna Seghers in ihrem Elfenbeinturm und im fernen Mexiko weniger auf dem Laufenden, obwohl sich die Verfolgung der Stalin-Gegner auf die Exilländer ausweitete, insbesondere auf Mexiko.[44] Wurde Trotzki nicht dort umgebracht? Auch wenn die »Enthüllungen« des Geheimberichts von Chruschtschow für die meisten Remigranten nur zur Hälfte wirklich neu waren, spürten alle, was Herbert Crüger so ausdrückte: »Auch für mich war die Auflistung der Verbrechen erschütternd, aber zugleich wirkte Chruschtschows Bericht auf mich befreiend. Vieles, was ich irgendwie geahnt, aber immer verdrängt hatte, wurde mit dem Bericht brutale Wahrheit.«[45]

Für Bodo Uhse, Chefredakteur der Zeitschrift *Aufbau*, war Chruschtschows Bericht eine wirkliche Enthüllung. Sein Schwiegersohn, Joel Agee, berichtet, dass Uhse unmittelbar danach in eine seiner schlimmsten Depressionen verfallen sei: »Ich erinnere, dass Bodo schluchzend, nach seinem achten oder zehnten Bier, in zweifacher Hinsicht überwältigt, sagte, dass sein Leben zerstört sei, dass er sein Talent verschwendet und seine Seele an Stalin, den Schweinehund, verschenkt habe.«[46]

Walter Janka führt in seinen Erinnerungen die zögerliche Haltung von Anna Seghers im Herbst 1956 an, als es darum ging, den Fall der ungarischen Regierung Rákosi zu rechtfertigen. Mátyás Rákosi flüchtete in die UdSSR, nachdem er von seinen Funktionen entbunden worden war. Seghers hatte ihm gerade eine Veröffentlichung gewidmet. Nun sagte sie, dass sie vor allem schockiert sei über ein Ereignis, das seine Brutalität zutage gefördert habe: Ein kleiner Junge sei über den Zaun des Parks geklettert, in dem sich der Wohnsitz Rákosis befand, um einen Ball zu holen, den der Junge versehentlich über den Zaun geworfen hatte. Die Wachleute hätten sofort geschossen. Der Junge sei sofort tot gewesen. Obwohl sie niemals öffentlich über diesen Vorfall sprach, verschwand die Widmung aus den neuen Auflagen des Buches.[47]

Im Aufbau-Verlag wurde über das Konzept der »sozialistischen Demokratie« diskutiert, welches die »Diktatur des Proletariats« ersetzen sollte. Das kritische Denken, das sich in den Diskussionen äußerte, zielte auf eine Verbesserung, nicht auf die Abschaffung des Systems, genau wie es später mehrheitlich in den Wünschen der Dissidenten in der DDR formuliert sein wird. Johannes R. Becher begrüßte die »konstruktive« Atmosphäre, die im Verlagshaus herrschte, und ermutigte die Teilnehmer, ohne Furcht zu sprechen: »Ihr könnt ganz frei und offen sprechen. Ich versichere Ihnen, daß hier kein Angehöriger der Staatssicherheit zugegen ist, der euch wegen heikler Fragen Schwierigkeiten bereiten könnte.«[48] Ebenso wie Janka, der gerade das Werk von Lukács herausgab, war Becher um das Schicksal des Autors von *Geschichte und Klassenbewusstsein* besorgt. Er hatte Lukács in den 1930er Jahren persönlich kennengelernt.[49]

Am Morgen des Tages, als die Panzer in Budapest einrollten, versuchte Janka mit Lukács in Kontakt zu treten. Als Vorwand diente, dass man ihm die Druckfahnen seines Buches über den Realismus in Kunst und Literatur zukommen lassen wolle. Der Aufbau-Verlag war umso mehr unter Zeitdruck, als Lukács hierin neue Thesen vorstellte und man befürchtete, dass die Zensur noch eingreifen könnte. Doch nun waren alle Kommunikationswege zwischen Berlin und Budapest unterbrochen, selbst die der DDR-Botschaft in Ungarn. Um sich ein Bild von der Situation zu machen, blieben die Medien: Im Osten sprach man von Konterrevolution, Einmischung der Westmächte und vom Verrat der Intelligenz. Im Westen war die Rede von Generalstreik, Verwüstungen und Brandstiftung in den Partei- und Regierungssitzen sowie von Lynchjustiz an Kommunisten. Das bedeutete, dass Lukács von allen Seiten Gefahr drohte: Bei den Konservativen galt er als intellektueller Verräter und bei den Aufständischen als Kommunist und bei gewissen Leuten – als Jude.

Am selben Tag, als Janka versuchte, seinen Autor zu erreichen, erhielt er einen Anruf von Anna Seghers. Sie wollte ihn unverzüglich sehen. Becher und sie selbst hatten einen Plan entwickelt, wie sie Lukács aus Budapest holen und in Berlin in Sicherheit bringen könnten. Janka sollte sich um die ganze Mission kümmern, während Becher für die Logistik der »Entführung« verantwortlich war: So schnell wie möglich musste ein Ausreisevisum beschafft werden und Visa, die eine Einreise nach Österreich und nach Jugoslawien ermöglichten, denn diese beiden Länder sollten zur Durchreise dienen. Becher stellte Janka sein Auto und seinen Chauffeur zur Verfügung. In Wien sollte Ernst Fischer, ein Kommunist, der mit Becher seit dem Exil in der UdSSR in Kontakt war, als Verbindungsmann den Weg zur Grenze zeigen. Kein Detail wurde bei der Vorbereitung übersehen, nicht einmal die mögliche Überweisung eines Lösegelds in Dollar für den Fall, dass Lukács durch »Konterrevolutionäre«, die mit Sicherheit »korrupt« waren, festgehalten würde. Die Aktion duldete keinen Aufschub: Becher gab Janka noch in derselben Nacht letzte Hinweise, und das Treffen mit dem Fahrer wurde auf 10 Uhr im Verlagshaus festgelegt, wohin sich Janka begab, »Schlafanzug und Zahnbürste genügten«.[50] Janka berichtet in seinen Erinnerungen, wie der nächste Tag ablief:

Am Morgen rief Becher etwas vor dem besprochenen Zeitpunkt an: »›Alles geregelt?‹ fragte er.

›Ja, alles‹, antwortete ich. ›Gegen 10 können wir fahren.‹

›Gut so. Aber warte mit der Abreise, bis ich wieder angerufen habe. Ich muß noch mit Ulbricht sprechen. Ich treffe ihn in der Volkskammer.‹

[...] Nach 11 Uhr rief Becher wieder an: ›Ihr müßt noch warten. Habe Ulbricht noch nicht gesprochen.‹ Dann meldete er sich nach 12 Uhr wieder. Ärgerlich sagte er: ›Tut mir leid. Ihr könnt nicht fahren. Ulbricht hat die Reise untersagt. Es sei Sache der sowjetischen Genossen, zu handeln. Die wären in Ungarn präsent und wüßten allein, was zu tun ist. Einmischung unserseits kommt nicht in Frage.‹«[51]

Janka erinnert sich, wie enttäuscht Becher war: »Bechers Stimme klang demoralisiert.«[52] Aber wie gewohnt, hatte er gehorcht.

Von diesem Plan sollte nie wieder die Rede sein. Weder Becher noch Seghers machten öffentlich Andeutungen. Die Ereignisse überschlugen sich: Während sowjetische Panzer den Aufstand in Ungarn niederschlugen, entschied Walter Ulbricht in der DDR, den jungen Philosophen und Reformbefürworter Wolfgang Harich zu verhaften. Beschlossen wurde die systematische Beobachtung der Intelligenz durch die Stasi, beginnend mit ihrem bedeutendsten Vertreter, dem Philosophen und Remigranten Ernst Bloch. Als die Stasi im November 1956 eine Akte mit seinem Namen anlegte, notierte sie die Worte, die der Autor von *Das Prinzip Hoffnung* über Becher fallen gelassen haben soll: »ein Dreckskerl, der Lukács nicht aus Budapest holen wollte«.[53] Der Stasi-Offizier, der mit der Entschlüsselung des aufgenommenen Gesprächs bei den Blochs betraut war, unterstrich das Wort »Dreckskerl« rot.

Weniger als ein Jahr später, im Sommer 1957, wurde Walter Janka Opfer der »Schauprozesse«, wie man diese Gerichtsverfahren nannte. Wichtigstes Ziel der Prozesse war es, die Menschen, die gezwungenermaßen als Zeugen auftraten, einzuschüchtern. Neben anderen Anschuldigungen, darunter Verbindungen zu dem jungen Reformphilosophen Harich zu unterhalten, der bereits verurteilt und im Gefängnis war, kam die Episode um den Versuch der »Entführung« von Lukács zur Sprache, der bei den ungarischen Autoritäten als »geistiger Vater der Konterrevolution« in Ungarn galt.

Generalstaatsanwalt Ernst Melsheimer, der dem Chef der Moskauer Prozesse Andrej Wyschinski in Ost-Berlin nacheiferte, klagte Lukács vor seinen Freunden Johannes R. Becher und Anna Seghers an: »Und diesen Verräter Lukács, der schon immer ein verkappter Agent des Imperialismus in den Reihen der internationalen Arbeiterbewegung war, wollte der hier auf der Anklagebank sitzende Verräter und Feind des Ersten Deutschen Arbeiter- und Bauernstaates namens Janka, der sich wie Lukács als Kommunist tarnte, nach Berlin holen und zum geistigen Inspirator der Konterrevolution in der DDR machen.«[54]

Nach der Forderung des Angeklagten, zu diesem Punkt Johannes R. Becher und Anna Seghers, die Auftraggeber der »Entführung«, als Zeugen zu hören, schäumte Melsheimer vor Wut: Es zu wagen, einen Kulturminister und eine weltweit anerkannte Schriftstellerin, noch dazu mit dem Stalin-Preis geehrt, anzuhören, war das nicht Grund genug, den Angeklagten als Provokateur einzustufen? Der Minister und die Schriftstellerin wollten sich nicht äußern und schwiegen.

Janka erinnerte sich, wie Anna Seghers den Blick nach unten auf ihre Füße gerichtet hielt. Was Becher betraf, so habe sich dieser am Tag von Jankas Verurteilung zu fünf Jahren Gefängnis heftig betrunken. Ernst Bloch verzieh Becher die Abtrünnigkeit nie; er hatte sich Lukács beim Begräbnis von Brecht wieder angenähert. Becher starb kurze Zeit danach, im Jahre 1958, zermürbt von der »Krankheit

Lukács«, wie Ernst Bloch ironisch feststellte, was die Stasi in seiner Akte vermerkte. Wahrscheinlich trug Bechers schlechtes Gewissen zu seinem Tod bei. Öffentlich hat Becher jedoch niemals Reue geäußert. Die Bechers schickten den Kindern von Janka Weihnachtsgeschenke, nachdem ihr Vater ins Gefängnis gekommen war.

»Es ist euch also gelungen, unsere Idee ganz zu verhunzen«

Anna Seghers hielt an ihrem Schweigen in dieser Sache fest, aber man findet Hinweise auf diese Episode in ihrer Korrespondenz und besonders in einer Novelle, die lange Zeit in ihrer Schublade verblieb. Erst nach dem Ende des Regimes, im Herbst des Jahres 1990, erschien »Der gerechte Richter« in *Sinn und Form,* der Zeitschrift der Akademie der Künste, deren Präsidentin sie lange war. Der Richter Jan muss einen ihm bekannten Genossen, Viktor Gasko, der wegen Spionageverdachts angeklagt ist, vernehmen. Sie kennen sich aus den Internationalen Brigaden in Spanien. Wie Jan selbst ist Gasko ein überzeugter Kommunist; während des »Dritten Reiches« hatte er mehrere Jahre im Lager und Gefängnis verbracht. Jan denkt sofort, dass die Anklage ein Irrtum ist. Er vertraut sich seinem Mentor an, was sich als großer Fehler erweist. Nun wird auch er des Verrats beschuldigt und wegen seiner Westkontakte verurteilt. Im Lager lernt er die Feindseligkeit der Strafgefangenen und des Gefängnispersonals kennen. Während Letztere sich über den Verräter empören, freuen sich die anderen, einen Richter in Gefangenschaft zu sehen. Eines Tages trifft Jan Gasko auf der Krankenstation. Doch der weigert sich, mit ihm zu sprechen. Er sagt nur: »Es ist euch also gelungen, unsere Idee ganz zu verhunzen, endgültig.«[55]

Jahre vergehen. Beide kommen frei. Eines Tages ziehen sie gemeinsam Bilanz. Weder der eine noch der andere hat das Vertrauen in den Kommunismus verloren und sie sind glücklich, dass sie ihre Ideen nicht aufgegeben haben.

Die Novelle ist direkt durch die Janka-Affäre inspiriert; Seghers muss sie Ende der 1950er Jahre geschrieben haben. An ihr wird deutlich, welche Qualen Anna Seghers durchlitten hat. In ihrer Stasi-Akte, die am 23. Januar 1957 angelegt wurde, ist notiert, dass sie sofort nach Jankas Festnahme dessen Frau besucht habe. Sie sah auch Walter Janka nach seiner Freilassung und arbeitete sogar mit ihm zusammen. Janka übermittelte, dass niemals über die Vergangenheit gesprochen worden sei. Aber in seinem Briefwechsel mit Lukács, den er nach seiner vorzeitigen Freilassung im Jahr 1962 wieder aufnahm, kam er immer wieder auf das Schweigen von Anna Seghers zu sprechen.

Jahre später, am 11. November 1967, als Janka erfuhr, dass Lukács wieder in die Partei aufgenommen worden war, gratulierte er ihm und bezog sich erneut auf den Prozess, insbesondere auf Melsheimers Plädoyer gegen ihn, Janka: »Und diesen Mann […] [Lukács] wollte der hier auf der Anklagebank sitzende Janka in die Deutsche Demokratische Republik holen und zum geistigen Oberhaupt der Konterrevolution im ersten Arbeiter-und-Bauern-Staat machen …«[56]

Janka fuhr fort: »Daß sich keiner der hier vertretenen Freunde von Lukács dazu aufschwang, gegen die unwahren Behauptungen zu protestieren, war die schlimmste Enttäuschung für Janka während des ganzen Prozesses. Anna Seghers, die Janka aufgefordert hatte, ›den bedeutendsten Autor des Verlages zu suchen, ihm wenn möglich zu helfen […]‹, blieb stumm.«[57]

In einem Stasi-Bericht über Anna Seghers, der mit dem 5. September 1958 datiert ist, heißt es: »Sie hat eine Krise durchlebt, die durch die Janka-Affäre verstärkt worden ist. Jedenfalls hat sie während der Ungarn-Ereignisse keine Schwäche gezeigt. Das erklärt sich dadurch, daß ihr Mann Ungar ist und einen guten Einfluss auf sie hat.«[58]

Jürgen Kuczynski, der wie Lukács den dogmatischen Radványi, den Mann von Anna Seghers, nicht mochte und sogar den Kontakt zu ihm abgebrochen hatte, erinnert, dass Egon Erwin Kisch Radványi »das achte Kreuz von Anna«[59] nannte, in Referenz auf den Roman *Das siebte Kreuz,* den Roman über Hitler-Deutschland, der Anna Seghers berühmt gemacht hat.

Anna Seghers' Sorge um Lukács war aufrichtig: Am 9. November 1956 erhielten der Philosoph und seine Frau Gertrud ein Telegramm: »Ich bitte von ganzem Herzen uns wissen zu lassen, wie es Euch persönlich geht. Ich umarme Euch, Anna.«[60]

Lukács war zu dieser Zeit bereits mit 42 weiteren Personen in die jugoslawische Botschaft in Budapest geflohen, von wo aus er, wie er später humorvoll sagte, mit einem »tanxi« (eine Zusammenziehung aus dem englischen *tank* für Panzer und Taxi) von sowjetischen Diensten entführt und in Snagov, einem Dorf für die rumänische Nomenklatura, in der Nähe von Bukarest, unter Aufsicht gestellt wurde. Im April 1957 ließ man Lukács dank einer Intervention von Bertrand Russell frei. Dieser hatte mit seiner Amtsniederlegung als Präsident des Weltfriedensrates[61] gedroht, wenn man Lukács weiter festhalte.

Damals begab sich Lukács in ein »inneres Exil«. Die Hinrichtung von Imre Nagy und Miklós Gimes 1958 im Ergebnis eines Prozesses, an dem er abgelehnt hatte teilzunehmen, berührte Lukács sehr. Dokumenten in seinem Nachlass zufolge war dies auch das Ende seiner Freundschaft mit Anna Seghers. Sie schrieben sich nur noch selten. In der DDR veröffentlichte man von Lukács nichts mehr, und seine Bücher wurden aus den Bibliotheken und Buchläden entfernt. Selbst seinen Beitrag für eine Festschrift anlässlich des 70. Geburtstages von Arnold Zweig hatte man gestrichen. Er erfuhr dies aus einem Brief von Zweig, der mit einem ironischen Satz beginnt: »Lieber Georg Lukács! Da Sie ein erprobtes Mitglied unserer sozialistischen Parteien sind, werden Sie sich vielleicht nicht wundern zu erfahren, daß ich erst aus Ihrem prachtvollen Brief vom 2. 3. davon unterrichtet wurde, daß Sie zu der Festschrift beigetragen hatten, welche die Akademie und der Aufbau-Verlag zu meinem Siebzigsten herausbrachten. Ich mobilisierte sofort die Sektion der Akademie. Ihr Assistent, Herr Dietzel, entschuldigte sich am Telefon: Ihr Beitrag sei richtig angekommen, aber nicht mitveröffentlicht worden. Er befinde sich noch unter Verschluß im Sekretariat der Sektion Dichtkunst und Sprachpflege. Ihm, Ulrich Dietzel, habe es die ganze Zeit auf dem Gewissen gelegen, daß man mir die Tatsache verheimlichte und auch den Text noch immer nicht überreicht habe.«[62]

Der Sekretär der Sektion, Bodo Uhse, habe es sich selbst vorbehalten, Zweig über dieses Faktum zu unterrichten. Er sei jedoch zur Zeit nicht in Berlin.

In bitterem Ton schrieb Arnold Zweig weiter: »Nun, lieber Georg Lukács: an meinem fünfundsechzigsten Geburtstage, der im Antifaschistischen Deutschen Club in Jerusalem von Louis Fürnberg auf damals allein mögliche, bescheidene Weise gefeiert wurde, sprach als Gast auch Martin Buber. Er, mit dem ich seit 1910 zusammengearbeitet hatte, rühmte mich als einen wirklich freien Schriftsteller, der ich immer gewesen und geblieben sei. Als solcher liege ich nun jetzt auf meiner Couch und überlege mir, wie ich mich anläßlich meines Siebzigsten verhalten müsse, wenn ein Schriftsteller wie Bodo Uhse, mit dem ich in verschiedenen Organisationen eng zusammenarbeite und eigentlich befreundet war, sich zu einer solchen Handlungsweise mir gegenüber versteigt. Vielleicht liegt alles daran, daß ich niemals in eine Partei einzuordnen war und als Einzelgänger und Vorausläufer meinen eigenen Weg aufzuspüren und durchzuhalten wußte.«[63]

Die Ungnade, in die Lukács in der DDR fiel, dauerte fast zehn Jahre. Man verlegte ihn hier erst wieder in den 1980er Jahren. Bis dahin blieb er, wie es Dieter Schiller formuliert, ein »abwesender Lehrer«, still bewundert, dessen Werk jedoch weiter in der Lehre präsent blieb.[64]

Erst später erfuhr man, dass Anna Seghers unter Nutzung ihrer persönlichen Verbindungen direkt zu Walter Ulbricht Kontakt aufgenommen hatte, um Janka zu helfen; aber vergeblich.[65] Zugegebenermaßen blieb Becher standhaft, allerdings nur bis zu einem gewissen Punkt. In verschiedenen großen Parteiversammlungen hatte er sich immer wieder für Meinungsfreiheit auf dem Gebiet der Kultur eingesetzt. Besonders stark machte er sich in diesem Sinne auf der 28. Tagung des ZK der SED Ende Juli 1956, also nach dem XX. Parteitag der KPdSU. Noch während einer Pressekonferenz am 20. Februar 1957 versuchte er Lukács zu retten, indem er dessen Werk als das eines »außergewöhnlichen Gelehrten« von seiner Rolle als »Konterrevolutionär« während des Ungarn-Aufstandes zu trennen versuchte. Acht Monate später kapitulierte er jedoch: Auf der 33. ZK-Tagung im Oktober 1957 äußerte Becher Selbstkritik: wegen Nachlässigkeit in seinem Amt des Kulturministers, wegen Machtmissbrauchs gegenüber seinen Mitarbeitern, fehlender Achtsamkeit und Abwesenheit. Er blieb dennoch Minister bis zu seinem Tod, ein Jahr später, am 11. Oktober 1958, obwohl er, schwer krank, mehrfach um Entbindung von seinen Funktionen ersucht hatte.[66]

Nach dem Janka-Prozess verliefen die Parteiversammlungen des Schriftstellerverbandes in Berlin stürmisch. Man sprach nicht mehr von der Affäre, aber die Atmosphäre war von gedämpftem Protest geprägt. Stephan Hermlin forderte das Recht auf Meinungsvielfalt ein: Gewiss folgten die Schriftsteller der Parteilinie, aber man müsse, unterstrich er, auch die respektieren, die anders denken. Während derselben Versammlung am 14. Januar 1957 verteidigte Hermlin Jean-Paul Sartre.[67] Letztlich war Johannes R. Becher als Figur tragischer als Anna Seghers. Seine Fragilität war schon in der Jugend deutlich geworden, denn er versuchte sich wiederholt das Leben zu nehmen. In einem seiner Gedichte schrieb er: »Wer je die Zeit vergißt, wird selbst vergessen sein.«[68]

Welch vorausschauender Vers! Wer erinnert sich schon heute an Johannes R. Becher, den deutschen Dichter, der von den Nazis vertrieben und von Thomas Mann so sehr bewundert worden war?

Heiner Müller, der »Beckett des Ostens«

In der Stasi-Akte von Stefan Heym findet sich das Echo auf eine Versammlung des Schriftstellerverbandes vom März 1961. Ein Manuskript des Schriftstellers mache Probleme, so der Vermerk, wie auch die Mitteilung, dass Anna Seghers während der Veranstaltung manchmal – ein Lächeln auf den Lippen – den Raum verlassen habe ... Später hielt der Informant fest, dass Anna Seghers weiterhin von Stefan Heym als einem Freund spreche.

Im Gegensatz dazu schien die Versammlung am 14. August, einen Tag nach dem Mauerbau, euphorisch verlaufen zu sein. Sie endete mit dem gemeinsamen Gesang der *Internationale*. Erneut wurden die Schriftsteller eins mit dem Staat. Im Ganzen seien die Arbeiter einverstanden mit dem Mauerbau, während die jungen Leute etwas desorientiert wirkten. In jedem Fall, so dachte man, kann die Lage allein gelöst werden, im Gegensatz zum 17. Juni 1953, wo die demütigende Hilfe der Russen notwendig gewesen sei.

Stephan Hermlin antwortete in klaren Worten auf einen Brief von Günter Grass und Wolfdietrich Schnurre – diese hatten die DDR-Schriftsteller aufgefordert, gegen den Mauerbau zu protestieren: »Aber ich gebe den Maßnahmen der Regierung der Deutschen Demokratischen Republik meine uneingeschränkte ernste Zustimmung. [...] Ich erinnere mich noch sehr genau an das ekelerregende Schauspiel einer sogenannten nationalen Erhebung, das ich am 30. Januar 1933 als ganz junger Mensch am Brandenburger Tor erlebte. Zehntausende von Hysterikern teilten einander damals tränenüberströmt mit, Deutschland sei endlich von der Knechtschaft erlöst. Hätten damals am Brandenburger Tor rote Panzer gestanden, wäre der Marsch nach dem Osten nie angetreten worden, brauchten keine Eichmann-Prozesse stattzufinden und säßen wir heute zu dritt in einer unzerstörten, ungeteilten Stadt am Alex oder am Kurfürstendamm im Café.«[69]

Die wahren Gründe lagen woanders, aber man findet hier die Angst vor den deutschen Massen wieder, und Hermlin ergriff die

Gelegenheit, sich auf eine Vergangenheit zu beziehen, die ihn zum Opfer gemacht hatte.

In der Stasi-Akte von Arnold Zweig gibt es mehrere Hinweise darauf, dass sich der Schriftsteller nicht nur einmal bei Walter Ulbricht für Janka eingesetzt hat. Er habe zumindest eine Verbesserung der Haftbedingungen für Janka erreicht. Ebenso ist das Verhalten Arnold Zweigs während des Schriftstellerkongresses im Mai 1961 vermerkt. Er habe die Sitzung mit einer Klage über das sinkende Niveau der DDR-Literatur eröffnet, um anschließend Walter Ulbricht, der anwesend war, zu bitten, nicht länger als 20 Minuten zu sprechen. Churchill habe einmal bemerkt, unterstrich Zweig, dass nach 20 Minuten niemand mehr zuhören würde.[70]

Doch der Konflikt, der im November 1961 um Heiner Müller entbrannte, sollte den Schriftstellerverband spalten. Ausgangspunkt war eine Kontroverse um das Stück *Die Umsiedlerin oder Das Leben auf dem Lande*, in dem unter anderem die Kollektivierung der Landschaft behandelt wird – wie nicht selten bei Heiner Müller auf provokative Art und Weise. Doch musste man dieses Stück wirklich verurteilen? Es war gerade verboten worden, weil es »konterrevolutionär« sei. Das Protokoll der Sitzung vom 28. November 1961 belegt, dass der Ausschluss Heiner Müllers aus dem Schriftstellerverband auf der Tagesordnung stand. Von den Mitgliedern wurde verlangt, das Werk zu verurteilen, doch mehrere Anwesende hatten das Stück nicht gelesen. Die meisten Schriftsteller, die das Wort ergriffen, waren mit der vorgegebenen Einschätzung der höheren Stellen, dass das Stück konterrevolutionär sei, einverstanden.

Anna Seghers zögerte mit ihrer Entscheidung. Gewiss, meinte sie, das Stück sei »feindlich«, aber man solle dem Autor die Möglichkeit offenlassen, sich in den Schriftstellerverband zu reintegrieren. Kurt Stern lehnte es ab, Müller als Feind anzusehen. Im Gegensatz zu ihm schlug Harald Hauser vor, den Autor zur Bewährung in die Produktion zu schicken. Dies war eine gängige Sanktion, die das Ziel verfolgte, Intellektuelle durch körperliche Arbeit zu »bessern«.

Jeanne Stern, die das Stück gelesen hatte, gab an, es nicht zu mögen, aber gemeinsam mit ihrem Mann Kurt Stern stimmte sie gegen den Ausschluss. Die Sterns kapitulierten letztlich. Heiner Müller, dem man im Übrigen auch die Lebensweise eines Bohemien anlastete, wurde aus dem Schriftstellerverband ausgeschlossen. Bereits vor längerer Zeit hatte er sein Parteibuch abgeben müssen.[71] Auch wenn Heiner Müller Marxist war, unterschied er sich doch von anderen kritischen Marxisten, die ihm nahestanden, dadurch, dass er niemals seine Wiederaufnahme in die Partei beantragte.

In seinen Memoiren berichtet Heiner Müller später, dass er und sein Regisseur um Haaresbreite Schlimmerem entgangen seien, das heißt, dem Gefängnis. Jedoch habe es einige gute Seelen gegeben, die beide verteidigten. Eine von ihnen war beauftragt worden zu sagen, dass das Stück nicht nur »objektiv konterrevolutionär« sei, sondern auch »subjektiv«. Sie sagte aber nur »objektiv«, was ein Glück war. »Subjektiv hieß Verhaftung, objektiv hieß Dummheit.«[72]

Müller wurde auch als Beckett des Ostens bezeichnet. Das war eigentlich keine »Beleidigung« und für ihn aushaltbar. Müller berichtete über seinen Ausschluss aus dem Schriftstellerverband spannungsreicher, als es das Protokoll wiedergibt. Vielleicht gab es aber auch mehrere Versammlungen ... »Nach der Rede von Siegfried Wagner war Anna Seghers aufgestanden und zu mir und Inge herübergekommen, sie gab uns beiden die Hand und ging. Das war ihr Beitrag.«[73] Siegfried Wagner, Sohn eines Musikers (sic!), ehemaliges Mitglied der Hitlerjugend, damals Leiter der Abteilung Kultur im ZK der SED, wies sich in der DDR mehrfach als Zensor aus. Er war Hauptredner auf dem berüchtigten 11. Plenum des ZK der SED im Dezember 1965 gewesen, das als Kahlschlag-Plenum in die Geschichte einging, und nahm nun die Verurteilung der *Umsiedlerin* vorweg.

Dann kam der Leiter der Abteilung Belletristik im Ministerium für Kultur an die Reihe. In seiner Rede verwandelte er sich nach Müllers Worten in einen »flammenden Propheten gegen den Antichrist, er verglich das Stück mit den Scherben des Teufelsspiegels in einer Erzählung von Gorki. Er gestikulierte gräßlich mit verzerrtem Mund. Dann kam er zurück, setzte sich wieder neben mich, nickte mir freundlich zu.«[74] In dieser Zeit, so Müller weiter, sagte Hanns Eisler mehrmals: »Müller, Sie sollten froh sein, in einem Land zu leben, in dem Literatur so ernst genommen wird.«[75]

Anna Seghers und Helene Weigel, die Witwe Brechts, taten sich zusammen und überzeugten Heiner Müller, eine Selbstkritik zu formulieren. »Und sie [Helene Weigel] konnte mir helfen, weil sie wusste, wie man das macht.« Kohlrouladen sollten Müllers Moral stärken, als er an Brechts Schreibtisch eine Erklärung nach der anderen schrieb und sie doch immer wieder verwarf. Dass er sich überhaupt dieser Übung unterzog, lag daran, dass er wusste, »daß zum Beispiel Eisenstein immer Selbstkritik geübt hatte. Er konnte als Künstler dadurch überleben. Dann war sicher auch Angst vor dem Gefängnis mit im Spiel. Mir war das Schreiben wichtiger als meine Moral.«[76]

Letztlich gab es nicht viel Aufsehen um die ganze Affäre. Man wollte nicht, dass sich der Westen ihrer bemächtigte. Das erklärt vielleicht den »moderaten« Charakter der Verurteilung: Offiziell wurde Heiner Müller aus dem Schriftstellerverband wegen Beitragsrückständen ausgeschlossen.

Sein Berufsweg war durch ein Auf und Ab geprägt; Müller kannte Verurteilungen, Unterstützung, Niederlagen und große Erfolge. Aus dem Schriftstellerverband und der Partei ausgeschlossen, fühlte er sich freier. Aber er erwog niemals ernsthaft, die DDR zu verlassen.

Schweigen und Stellungnahmen

Anna Seghers beherrschte die Kunst des Ausweichens. Im Mai 1963 hatte sie auf der Kafka-Konferenz in Liblice die ostdeutschen Schriftsteller allein gelassen, die gegen die Initiative der tschechischen Kollegen vorgingen, Kafka wieder in das literarische Erbe aufzunehmen.

Dabei positionierte sie sich gegen die Dogmatiker der DDR-Delegation, die gekommen waren, den Stil und die Linie des »Bitterfelder Weges« zu verteidigen.[77] Die tschechischen Teilnehmer seien ihnen hart entgegengetreten, hätten aber hinter den Kulissen mit Anna Seghers diskutiert.[78]

Auf der Konferenz, die zu Kafkas 80. Geburtstag organisiert wurde, kündigte sich bereits der Prager Frühling an. Ohne jeden Zweifel hatte der erste Satz aus dem Roman *Der Prozess* für die tschechischen und deutschsprachigen Schriftsteller, die sich im Schloss von Liblice zusammengefunden hatten, eine besondere Bedeutung: »Jemand mußte Josef K. verleumdet haben, denn ohne daß er etwas Böses getan hätte, wurde er eines Morgens verhaftet.«[79]

Man spürte noch den Atem des Tauwetters. Die Zeitschrift *Sinn und Form* nutzte die Gunst der Stunde und veröffentlichte in der letzten Nummer des Jahres 1962 ein Gedicht von Paul Celan wie auch »Babi Jar«, das berühmte Gedicht des russischen Schriftstellers Jewgeni Jewtuschenko, und eine der *Geschichten aus Odessa* von Isaak Babel – sowie die Rede Jean-Paul Sartres auf dem Weltfriedenskongress in Moskau.

In Ost-Berlin blieb Kafka jedoch ein verrufener Autor. Entfremdung, das Thema seiner Romane, durfte es im sozialistischen Regime nicht geben. Trotz aller Bemühungen von Arnold Zweig wurde einer Edition von Kafkas Werken eine Absage erteilt. Hermlin, der Kafka ebenfalls verteidigte, soll genau in dem Moment den Raum verlassen haben, als im Schriftstellerverband über diese Frage abgestimmt wurde. Der Stalinist Alfred Kurella, ein harter Verteidiger des sozialistischen Realismus, gewann die Partie. Kurella war dafür bekannt, dass er für den NKWD in der UdSSR arbeitete, wo er die Zeit des »Dritten Reiches« verbracht hatte. Keiner konnte ihn leiden – außer Ulbricht.[80]

Die Schriftsteller und Künstler mochten eine Niederlage erlitten haben, sie gaben sich jedoch nicht geschlagen. Ein Beispiel ist die Parteiversammlung im Schriftstellerverband am 20. Januar 1966, kurz nach dem 11. Plenum. Dort hatte der berüchtigte Kahlschlag stattgefunden, die schlimmste Offensive gegen Intellektuelle, die es in der DDR je gab. Neben anderen saßen der Schriftsteller Stefan Heym und der Regisseur Kurt Maetzig auf der Anklagebank. Der Versuch, alle Bereiche der Kultur »gleichzuschalten«, traumatisierte nicht wenige.

Erich Honecker, damals Berichterstatter des Politbüros an das ZK der SED, inszenierte den Konflikt. Er schreckte nicht davor zurück, nichtkonforme Werke als »pornographisch« zu bezeichnen. Die anschließend auftretenden Redner folgten den Angriffen. Es war eine Treibjagd. Zeitschriften wie *Neue Deutsche Literatur (NDL), Sinn und Form*, die ein gewisses Niveau hielten, wurden stark kritisiert. Dennoch erhoben sich auch andere Stimmen von Mitgliedern des Staatsapparates, die besser als Honecker informiert waren, wie der stellvertretende Kulturminister, Leiter der Hauptverwaltung Film, und einige andere. Sie korrigierten den schweren Beschuss etwas.[81]

Die mutigsten Schriftsteller und Regisseure setzten sich gemeinsam gegen die Anschuldigung zur Wehr, einer moralischen Verdorbenheit der Jugend Vorschub geleistet zu haben. Christa Wolf hielt die wohl überzeugendste Rede. In seinen Memoiren bemerkte Kurt Hager später, dass zu diesem Zeitpunkt die Kultur zum Sündenbock für weitaus größere wirtschaftliche Probleme geworden war. Erich Apel, der Vorsitzende der Staatlichen Plankommission, den man für die Probleme verantwortlich machte, hatte kurz zuvor, am 3. Dezember 1963, Suizid begangen. Sein Selbstmord erinnerte an den von Gerhart Ziller im Jahr 1957, der 1953/54 als Minister für Schwermaschinenbau Verantwortung trug – ein Bereich, der durch die Reparationsleistungen an die Sowjetunion extrem geschwächt worden war.

Hager berichtet weiter, dass die Atmosphäre während des Plenums derart intellektuellenfeindlich gewesen sei, dass er selbst es nicht ertragen und den Raum verlassen habe. Letztlich wurde ihm als Verantwortlichem im ZK angelastet, das literarische Milieu nicht unter Kontrolle gehabt zu haben. Honecker sei danach zu ihm gekommen, weil er fürchtete, Hager würde nun ebenfalls Selbstmord begehen.[82]

Am 20. Januar 1966 bedauerte Anna Seghers auf einer Versammlung der Schriftsteller, die gerade diese erinnerungswürdige Lynchjustiz erlebt hatten, dass die Kultur derartige Angriffe erleiden müsse. Warum kamen die Verantwortlichen nicht zu ihnen, um zu diskutieren? So fragte sie. Den Film *Das Kaninchen bin ich* von Kurt Maetzig, der den Zorn der Funktionäre auslöste, hatte Anna Seghers nicht gesehen. Er zeigt die Geschichte einer jungen Frau, die Serviererin wird, weil ihr Traum zu studieren, obwohl es sich um ein Russischstudium handelt, geplatzt ist. Ihr Bruder, als Gefahr für das Land eingestuft, kommt ins Gefängnis. Schließlich gefiel den großen und kleinen Kulturfunktionären auch ihre Beziehung zu einem verheirateten Mann nicht. Die Kritik an den politischen und moralischen Normen der DDR ist in diesem Film allzu gut ablesbar, auch wenn er in ein Happyend mündet und Martha es trotz aller Hindernisse an die Universität schafft.

An diesem 20. Januar richteten sich die Angriffe auch gegen Hermlin, der dem respektlosen Sänger Wolf Biermann vorgeschlagen hatte, Mitglied des PEN-Clubs zu werden.[83] Hermlin stand dazu: »In einigen Fragen, wie ich schon sagte, habe ich eine andere Position als die anderen.« Er bestätigte dies auch fast elf Jahre später, als er seinen Namen unter die Petition gegen die Ausbürgerung Biermanns setzte.[84]

Einen Monat später, am 25. Februar 1966, versuchte Anna Seghers die Diskussion auf den Vietnamkrieg zu lenken und ermutigte zur Arbeit.[85] Arbeiten ist ein Wort, das in ihren Reden sehr oft zu finden ist, das sie als Aufforderung auch an sich selbst richtete. Schreiben war ihre Therapie. Obwohl Anna Seghers öffentlich immer nur Ehrungen und Lob erhielt, wurde sie von der Stasi überwacht. In ihrer Akte kann man nachverfolgen, wie Schweigen und Stellungnahmen einander abwechselten. Wenn sie das Wort ergriff, trat sie als Anwältin für Geduld und Maß auf. Ihre Akte wurde am 23. Januar 1957 angelegt und erst kurz vor ihrem Tod 1983 geschlossen.

Auch der kleinste von Seghers' geäußerte Einwand ist hier registriert. Am 5. Dezember 1962 berichtete man, dass sie die Literaturseite der Zeitung *Neues Deutschland* kritisiert habe und die Verleger der DDR als »ängstlich« bezeichnete, da sie stets die Zustimmung des Zentralkomitees abwarten würden. Am 2. Oktober 1963 berichtete der Informant, Anna Seghers habe es abgelehnt, das Drehbuch zu ihrem Buch *Das siebte Kreuz* zu bearbeiten. Sie habe ausdrücklich gesagt, sie würde den Drehbuchautor »Kaltenbrunner« anrufen (Name des Nazi-Würdenträgers, der im Ergebnis des Nürnberger Prozesses hingerichtet wurde), obwohl dieser Kaltofen hieß. Schon bei der Anlage der Stasi-Akte von Seghers notierte man, dass Anna Seghers bei ihrer Rückkehr aus dem Exil »Reserven gegenüber der deutschen Parteiführung gezeigt hatte, die darin begründet sind, daß sie Jüdin ist und Deutschen gegenüber eine gewisse ablehnende Haltung einnimmt«.

Ein anderer Bericht, geschrieben am 14. desselben Monats, nimmt Bezug auf Anna Seghers Positionen gegen das totalitäre System der DDR, die sie in einem Artikel in *Sinn und Form* formuliert hatte – die Nummer war jedoch schnell vergriffen. Später hielt man fest, dass sie die Art und Weise des Umgangs mit Wolf Biermann kritisierte.

Wir werden auch sehen, wie die Art, eine offizielle Stellungnahme während des Sechstagekrieges im Nahen Osten zu umgehen, symptomatisch für ihre Haltung war.[86]

Der Sechstagekrieg in Ost-Berlin

Nachdem die Sowjetunion die Bildung des Staates Israel unterstützt hatte, vollzog sie eine Wende zugunsten der arabischen Staaten. Der Sechstagekrieg war ein eklatantes Beispiel für diese politische Umkehr, der auch die DDR folgte. Am 31. Mai 1967, als der Ausgang des Krieges ungewiss war, titelte das *Neue Deutschland* auf der ersten Seite: »Republik empört über imperialistische Anschläge in Nahost«. Im Radio und Fernsehen war der Ton der Kommentare von einer solchen Aggressivität gegenüber der israelischen Armee geprägt, dass man sich an die Nazi-Presse erinnert fühlen konnte, die gegen die Rote Armee zu Felde gezogen war. In einem Satz: Dieser Ton vermochte durchaus den Antisemitismus anzuheizen. Diese Befürchtung war auch in intellektuellen Kreisen verbreitet, wie die Akten der Stasi belegen: Nicht nur vereinzelte Stimmen äußerten auf Versammlungen des Schriftstellerverbandes und der Partei ihr Unbehagen angesichts der Art und Weise, wie die Presse den Konflikt behandelte.

Stephan Hermlin soll von einer »Rückkehr des Verdrängten« gesprochen haben. Die Stasi bemerkte auch, dass Hermlin immer wieder behauptete, in der DDR existiere noch Antisemitismus. Wie die Medien über den israelisch-arabischen Konflikt berichteten, sei nun, so Hermlin, der Beweis dafür.[87] War es das, was die SED-Führung veranlasste, Persönlichkeiten jüdischer Herkunft an die vorderste Front gegen Israel zu schicken? Doch wie dieser Versuch fehlschlug, dokumentieren verschiedene Akten der Stasi, insbesondere die von Anna Seghers und Stephan Hermlin sowie Protokolle der Parteiversammlungen des Schriftstellerverbandes.

Am 8. Juni 1967 versuchte die Redaktion des SED-Zentralorgans *Neues Deutschland* in Kontakt mit mehreren Intellektuellen zu kommen, von denen man wusste, dass sie jüdischer Herkunft waren. Sie sollten eine Erklärung unterzeichnen, in der man die Aggression Israels gegen die arabischen Staaten verurteilte. Die erste kontaktierte Person war Stephan Hermlin. Er forderte Bedenkzeit. Kaum hatte er den Telefonhörer aufgelegt, rief er Anna Seghers an. Ihr Gespräch ist nicht überliefert, obwohl beide abgehört wurden. Aber man kann es sich vorstellen. Als Anna Seghers ebenfalls von der Zeitung kontaktiert wurde, ging sie nicht ans Telefon. Etwas später bestätigte ihre Sekretärin, dass Anna Seghers sehr wohl zu Hause war, aber nicht gestört werden wollte. Nun erhielt Stefan Heym einen Anruf. Aber es traf sich schlecht, denn er hatte einen Arzttermin in der Charité, wie seine Frau sagte, und würde später zurückrufen. Bis zum Abend meldete er sich jedoch nicht. Wiederum ging seine Frau ans Telefon und sagte, dass ihr Mann noch nicht nach Hause gekommen sei.[88]

Nun war es zu spät, um die Namen unter die Erklärung zu setzen, die am nächsten Morgen veröffentlicht werden sollte. Weder Hermlin noch Seghers haben auf die Anrufe der Zeitung reagiert.

Arnold Zweig, die wichtigste Persönlichkeit der jüdischen Welt in der DDR, weigerte sich zu unterschreiben, wie auch Peter Edel, Lin Jaldati, Heinz Kamnitzer und Helmut Aries. Sie alle waren berühmter als diejenigen, deren Namen man am 9. Juni unter der Erklärung finden konnte, die auf der Seite 2 des *Neuen Deutschland* unter der Überschrift »Erklärung jüdischer Bürger der DDR«, welche die Politik Israels verurteilten. Mit Ausnahme von zwei oder drei Namen waren die meisten in der DDR unbekannt. Die wichtigsten fehlten. Nicht dass sie Israel in besonderem Maße unterstützten, aber sie weigerten sich, gegen den hebräischen Staat instrumentalisiert zu werden.[89]

Albert Norden, Sohn eines Rabbiners und Remigrant, ab 1955 Mitglied des ZK der SED, fasste in einem Brief an Walter Ulbricht die Gründe für die Verweigerung zusammen und beschrieb das Zögern unter den Genossen: Professor Kamnitzer und der Schriftsteller Peter Edel, die sich für eine eigene Erklärung engagiert hatten, taten nichts; die Sängerin Lin Jaldati lehnte aufgrund des Appells zur Vernichtung der Juden durch den Chef der Palästinensischen Befreiungsarmee ab. Helmut Aries bekundete seinerseits die Furcht, dass Juden, die zunächst in Deutschland Opfer der Vernichtung geworden waren, es nun auch im Nahen Osten werden. Arnold Zweig verweigerte sich klar und deutlich. Norden kommentierte: »Das ist angesichts seiner althergebrachten prozionistischen Einstellung nicht erstaunlich.«[90]

Stefan Jerzy Zweig, der an der Filmhochschule der DDR studierte, war ebenfalls vom Ton der Presse beunruhigt. Er hatte seine Kindheit und Jugend in Israel verbracht, wohin sein Vater nach ihrer Befreiung aus dem Lager Buchenwald emigriert war.[91] Er erinnert sich, zu Helene Weigel gegangen zu sein, ebenfalls jüdischer Herkunft, um ihr seine Empörung mitzuteilen. Konnte sie diesen Ton unterstützen? Die Witwe von Bertolt Brecht war eine Persönlichkeit, die von der DDR-Führung rücksichtsvoll behandelt wurde. Sie habe zum Telefon gegriffen und einen Verantwortlichen von Radio Berlin International gescholten. Der Ton des Senders habe sich gleich am nächsten Tag verändert.[92]

Die Affären Solschenizyn und Biermann

In der Akte von Anna Seghers finden sich zahlreiche Stellungnahmen der Schriftstellerin, die auch nur ein klein wenig von der Parteilinie abwichen. Nebenbei oder in Versammlungen geäußert, jedoch niemals schriftlich, erwies sie sich in gewissen Punkten als sehr kritisch, in anderen weniger.

Während sie sich beim Einmarsch der Truppen des Warschauer Paktes in Prag im August 1968 damit zufrieden gab zu sagen, »daß die Dinge nicht einfach sind«, griff sie später offen ein Mitglied der sowjetischen Botschaft in Ost-Berlin an: »Aber was tun Sie mit Solschenizyn? Lassen Sie ihn doch seinen Preis entgegennehmen!«

Das war ihr Kommentar, als dem Autor des *Archipel Gulag* 1970 die Reise zur Verleihung des Literaturnobelpreises an ihn verweigert wurde. Ihrem Gegenüber, der den sowjetischen Beschluss verteidigte, und dessen Argumenten habe sie gut standgehalten. Seghers hatte sich nicht an der Erklärung beteiligt, die die Entscheider gegen die Preisverleihung an Solschenizyn in Umlauf gebracht hatten. Sie befand sich im Krankenhaus, und obwohl sie bekundet hatte, der Erklärung nicht zuzustimmen, hörte man im Fernsehen den Namen Anna Seghers unter den Unterzeichnern. Sehr zum Ärgernis ihrer Tochter, die, so notierte der Informant der Stasi, sich bei den höchsten Stellen beschwerte.

Kurt Stern hatte ebenfalls seine Unterschrift unter die Erklärung verweigert und sagte, er könne nichts Antisowjetisches im Werk von Solschenizyn finden, weil dieser lediglich über die Stalin-Epoche spreche. Am 4. Juli 1972 berichtete man: »AS [Anna Seghers] sagte, sie verstehe nicht, daß es immer noch Probleme mit den Bürgern jüdischer Herkunft in der UdSSR gäbe. Kurt Stern und Hermann Kant hätten die Erklärung ›abgenickt‹.«

Dennoch äußerte sich Anna Seghers immer wieder beunruhigt über die antisowjetischen Kampagnen der westlichen Welt. Nach der Ausbürgerung des Protestsängers Wolf Biermann hielt sie sich zurück. Die Kritiken kamen diesmal auch aus Kreisen, die sich außerhalb von Partei und Schriftstellerverband verorteten.[93] Dies überschritt wahrscheinlich das, was sie akzeptieren konnte.

Die Entmutigung, ausgelöst durch die Niederlage eines Sozialismus mit humanistischem Antlitz, der mit den Ereignissen vom 21. August 1968 in Prag zu Grabe getragen wurde, beschleunigte innerhalb der Partei das Aufleben eines kritischen Geistes. Als man acht Jahre später Wolf Biermann die DDR-Staatsbürgerschaft aberkannte, konnte Anna Seghers nur an die Maßnahmen erinnern, von denen Antifaschisten und jüdische Bürger in Hitler-Deutschland betroffen gewesen waren. In einem Gespräch mit der Zeitschrift *Sinn und Form,* das 1983 geführt, aber erst in der Nummer 2 des Jahres 1990 veröffentlicht wurde, sah sich Stephan Hermlin zu folgender Aussage genötigt: »Und da ich selbst ein Ausgebürgerter gewesen bin, war ich nicht bereit, jemand ausbürgern zu lassen, der dazu noch – das dürfte auch nicht in Vergessenheit geraten – der Sohn eines Auschwitzopfers war. Ich stehe auch heute weiter auf diesem Standpunkt.«

Es verwundert nicht, dass Stephan Hermlin zusammen mit Christa Wolf eine Petition gegen die Biermann-Ausbürgerung lancierte. Sie wurde zuerst von Schriftstellern unterzeichnet, darunter Heiner Müller, dann unterschrieben weitere etwa 100 Persönlichkeiten, zu denen neben Schriftstellern auch andere Vertreter des kulturellen und künstlerischen Lebens gehörten. Die Parteiversammlungen der Schriftsteller verliefen abermals sehr bewegt. Anna Seghers war meist abwesend.[94]

Der Konflikt rankte sich nicht um den Inhalt der Petition, sondern entspann sich an der Tatsache, dass diese an eine ausländische Presseagentur (AFP) und nicht allein an das Politbüro adressiert war. Das kritisierten der Dramatiker Peter Hacks und auch Edith Anderson: Wieder ging es ihnen darum, nichts zu tun, was die DDR schädigen und dem Feind Waffen in die Hand geben könnte.[95] Die Grenzen, die man bislang respektierte, wurden nun überschritten. Ein Zeichen dafür, dass die Unterzeichner der Petition den Glauben an den Erfolg von Verhandlungen mit der Macht verloren hatten. Es steht symbolisch für einen Bruch in den Beziehungen der Kulturschaffenden zur Staats- und Parteiführung. Seitdem erfolgte eine verstärkte Überwachung der Intellektuellen.

Akten im Archiv des Büros Hager belegen jedoch, dass man an oberster Stelle durchaus nicht einig war, welche Maßnahmen zu ergreifen seien. Drei Haltungen rangen miteinander: Einigen Unterzeichnern der Petition sollten Preise und Ehrungen verliehen werden, damit sie nicht in das Lager der Dissidenten wechselten. Oder man wollte sie spalten, indem man die Veröffentlichungen der einen totschwieg und andere besonders hervorhob. Schließlich hätte man einige diskret zum Weggang bewegen können. Diese Abwägungen zeigen, dass in der Führung die Angst die Oberhand gewonnen hatte.

Seit der Biermann-Affäre waren Dissidenten keine Ausnahmeerscheinung, keine isolierten Einzelfälle; keine Randerscheinungen mehr, wie etwa Robert Havemann oder Rudolf Bahro in den frühen Jahren der DDR. Sie verblieben jedoch im Inneren der Partei, wo sie von moralischen Autoritäten unterstützt wurden; mitgetragen von einer Nachfolgegeneration, die Überzeugungen von den Gründern übernommen hatte. In den binären Freund-Feind-Vorstellungen der Stasi schätzte man Genossen, die von der offiziellen Parteilinie abwichen, in den Akten in Abhängigkeit vom jeweiligen Fall als kritisch, aber freundlich oder als kritisch und negativ ein. Das Leitwort von Hermann Kant »Streitet, aber streitet hier«, auf das er die Schriftsteller hatte einschwören wollen, verlor mehr und mehr seine Gültigkeit.

Stephan Hermlin, der »kommunistische Ästhet«

Die französische Tageszeitung *Le Monde* bezeichnete Stephan Hermlin anlässlich eines Frankreichbesuches einmal als einen »kommunistischen Ästheten«. Er war – nach Christa Wolf, Heiner Müller und Volker Braun – der im Ausland berühmteste Schriftsteller der DDR. Hermlin war nur 14 Jahre älter als Christa Wolf, aber diese Jahre machten einen großen Unterschied: Hermlin hatte das »Dritte Reich« als junger Erwachsener in Deutschland und im Exil erlebt. Christa Wolf erfuhr diese Zeit als Kind und Jugendliche. Sie erzählt davon in ihrem autobiographischen Roman *Kindheitsmuster*.[96]

Hermlin, seit 1948 Mitglied des PEN-Zentrums Deutschland, ab 1975 Vizepräsident des Internationalen PEN-Zentrums, präsidierte mit Erfolg, kannte die Codes bürgerlichen Verhaltens, sein Erscheinungsbild war distinguiert und er sprach mehrere Sprachen. Er durfte ins Ausland reisen – ein beachtliches Privileg in der DDR – und er erfreute sich weiterer Vergünstigungen wie eines Abonnements von *Le Monde* und verschiedener westdeutscher Zeitungen. Man konnte ihn darum beneiden. Schließlich war er ein Vertrauter Erich Honeckers oder, um es genauer zu sagen, er konnte es sich erlauben, direkt Kontakt zum Staatschef aufzunehmen.

Nachforschungen im Archiv der Staatssicherheit lassen keinen Zweifel: Hermlin wurde überwacht und hat selbst niemals für die Stasi gearbeitet. Dennoch entging auch er der Dynamik der Denunziationen der Nachwendezeit nicht. Ein Journalist namens Karl Corino hat das Leben Hermlins »durchforstet« und kam zu dem Schluss, dass Hermlin sein Leben »verfälscht« habe. Corinos denunziatorisches Buch *»Außen Marmor, innen Gips«. Die Legenden des Stephan Hermlin* erlangte 1996 ein breites Echo in den beiden größten deutschen Wochenzeitungen *Die Zeit* (vom 4. Oktober) und in *Der Spiegel* (vom 10. Oktober). Seither gibt es auch im biographischen Handbuch *Wer war wer in der DDR?* einen entsprechenden Nachhall.

In der Zeit der Öffnung des Stasi-Akten-Archivs breitete sich ein denunziatorisches Klima aus, wie auch das Beispiel Christa Wolfs zeigt. Ende der 1950er Jahre entdeckte man Christa Wolfs Beziehungen zu Vertretern des Innenministeriums im Zusammenhang mit ihrer Tätigkeit als Lektorin in einem Verlagshaus in Halle. Sie wurde kontaktiert, um Informationen über Schriftsteller zu geben, die ideologische Abweichungen zu erkennen gaben und die DDR in Gefahr brächten. Sie akzeptierte und wies darauf hin, dass man auch andere

Lektoren befragen müsse, denn sie bezweifle, dass sie objektiv sei. Sie lehnte es ab, sich mit den Stasi-Offizieren in konspirativen Wohnungen zu treffen, so wie es Praxis war, und zog es vor, sich bei ihr zu Hause zu verabreden.

Als man sie verpflichten wollte, mit niemandem über die Treffen zu sprechen, erwiderte sie, dass dies nicht möglich sei, da sie keinerlei Geheimnisse vor ihrem Mann habe. Daraufhin notierte der Informant, dass sie offenbar nicht wisse, was man von ihr erwarte. Sie fertigte einige Analysen zu literarischen Manuskripten an und verließ Halle zwei Jahre später, um nach Berlin zu gehen. Die Stasi schloss die Akte im Oktober 1962 mit der Bemerkung, dass man von ihr keine Mitarbeit erwarten könne. Niemand, der sich mit Stasi-Akten auskennt, wird dies eine Zusammenarbeit nennen. Die Überwachung von Christa Wolf seit den 1960er Jahren bis zum Ende des Regimes hat hingegen eine sehr dicke Akte hinterlassen.

In Ermangelung der Tatsache, dass Hermlin nicht für die Stasi gearbeitet hatte, sahen einige in seinem 1979 veröffentlichten Roman *Abendlicht*[97] eine »Legende« seiner Biographie. Der Roman ist in der ersten Person geschrieben und lässt autobiographische Fakten aufscheinen, doch handelt es sich nicht um eine Autobiographie. Im Übrigen war für Karl Corino Hermlins Schwester die wichtigste Quelle für seine Behauptungen. Sie lebte in Israel und hatte zu ihrem Bruder keinen Kontakt mehr. Es gibt sehr viele Beispiele von jüdischen Familien, in denen es zum Abbruch von Beziehungen kam, wenn Familienmitglieder nach Deutschland und noch dazu in die DDR zurückkehrten. Oft – und das ist fast unausweichlich – sind die Erinnerungen an eine gemeinsame Geschichte nicht deckungsgleich und Geschwister entzweien sich, wenn einer oder eine die Geschichte der Familie veröffentlicht.

Stephan Hermlin entstammte sehr wohl einer gut situierten bürgerlichen jüdischen Familie aus Chemnitz und seine Mutter war Engländerin und Jüdin, auch wenn seine Kritiker meinen, er habe Letzteres unterschlagen. Hermlin war in doppelter Hinsicht Opfer des Nationalsozialismus: als Jude und als Kommunist. Da er sich 1947 für die Sowjetische Besatzungszone entschied, gehörte Hermlin zu den geistigen Gründervätern der DDR, geistig deshalb, weil er niemals eine politische Funktion hatte. Für die Kritiker nach 1989 war dies anscheinend nicht genug. Wie auch immer, Hermlin wurde ebenso Opfer von Denunziationen durch Journalisten und Autoren, die sich auf sensationelle Themen stürzten. Hermlin fragte sich kurz vor seinem Tod, eher überrascht als bekümmert: »Woher dieser Haß?« So hat es zumindest sein Freund Volker Braun übermittelt.[98]

Interessanter als die Jagd auf Glättungen und Beschönigungen in Hermlins Biographie ist das Porträt, das die Akte zeichnet, die die Stasi über Hermlin anlegte. Es ergibt sich das Bild eines wirklichen Dissidenten – im Inneren.[99]

Die Eröffnung der Akte zu Hermlin ist auf das Jahr 1976 datiert, nachdem Hermlin gemeinsam mit Christa Wolf die Petition gegen die Ausbürgerung von Wolf Biermann initiiert hatte. Doch sie geht weitere 20 Jahre zurück und enthält Informationen aus verschiedensten Akten seit 1956. Man sieht, dass Hermlin schon früh als starker Charakter, der sich kritisch äußerte, auffiel wie auch mit seiner Aussage, dass der Antisemitismus in der DDR weiterexistiere und durch die Regierung zwar unterdrückt worden sei, aber »in dem Haß gegen Israel« wieder auflebe.

Der 17. Juni 1953 sei »kein konterrevolutionärer Putsch« gewesen, wie es offiziell hieß, sondern »eine wirkliche Volksempörung aufgrund der Übertreibungen unserer gesellschaftlichen Entwicklung«. Hermlin habe überdies Zweifel an der Nützlichkeit der Panzerinvasion in Budapest geäußert und polnische Dissidenten im selben Herbst 1956 verteidigt. Schließlich lastete man ihm einen schlechten Umgang an: mit dem Literaturprofessor Hans Mayer in Leipzig und dem Reformphilosophen Wolfgang Harich. In den 1960er Jahren habe er sich gegen alle Beschlüsse des Schriftstellerverbandes ausgesprochen und den »Bitterfelder Weg« kritisiert.

Als er sich in völliger Opposition zur Kulturpolitik der Partei sah, drohte Hermlin damit, sein Amt als Vizepräsident des Schriftstellerverbandes niederzulegen, aber bei der Abstimmung war er nicht dabei. Der Informant der Stasi schrieb, dass in dieser wichtigen Sitzung zur Vorbereitung des 5. Schriftstellerkongresses von 43 Mitgliedern nur 15 anwesend waren. Hermlin fehlte aufgrund »starker Kopfschmerzen«, verursacht durch die vorangegangenen Diskussionen. Entsprechend der Triade *Exit, Voice, and Loyalty* von Albert O. Hirschman wurde die Option Exit gewählt. Die Schriftsteller stimmten mit den Füßen ab.

Im April 1961 wies ein Bericht darauf hin, dass Hermlin die Partei vorzugsweise in der Akademie der Künste kritisiere, weil man dort freier sei als im Schriftstellerverband. Hermlin gehöre dem Zirkel der »ewig Unzufriedenen« an. Im Juni 1961 habe er sich in einem Brief an Lotte Fürnberg beschwert, dass eines seiner Bücher kein Echo gefunden habe. War dies eine versteckte Sanktion? Im Übrigen habe er angekündigt, nicht mehr zu schreiben, und als man ihn daraufhin befragte, abgelehnt, »unter Aufsicht« zu schreiben, was man als Kritik am »Bitterfelder Weg« interpretierte. Die Stasi hielt allerdings auch fest, dass man ihm vertrauen könne, was sich zum Beispiel in seinem Brief an Günter Grass zeige, in dem er den Mauerbau verteidigte, wie auch an seinen Positionen im PEN-Club. Aber er sei ein Individualist, leide an Paranoia, fühle sich durch das *Neue Deutschland* ignoriert. »Kurz gesagt«, schließt der Bericht, »er ist Jude [...] er ist von Natur aus mißtrauisch.«

Nicht alle Berichte, die die Stasi erhielt, waren so kritisch. Mehrere Informanten verteidigten Hermlin, andere blieben ambivalent. In jedem Fall stellten sie Hermlin als bedingungslosen Verteidiger der DDR dar. Und wie er sich herauswand, suchte seinesgleichen. Einem Westjournalisten, der ihn zum »sozialistischen Realismus« befragte, habe er geantwortet, dass er nicht dagegen sei, nur hielt er nichts von schlechter Kunst, »die weder realistisch noch sozialistisch« sei.

Nach dem Einmarsch sowjetischer Truppen in die Tschechoslowakei, am 28. August 1968, berichtete ein Informant über Hermlins Empörung: »Budapest, das geht noch, aber jetzt? Als alter Kommunist schäme ich mich.« Noch schwerwiegender war sein Auftritt im Kulturzentrum der DDR in Warschau. Hier kritisierte er die antifaschistische Staatsdoktrin der DDR, die »die Menschen glauben macht, sie seien nie Faschisten gewesen, sondern Antifaschisten, ohne es zu wissen« (23. April 1973). Hermlin verteidigte öffentlich auch Solschenizyn, »dessen Werk Bestand haben wird«.

Man fand ihn »arrogant« und »bitter« und wusste, dass er unter Honeckers Schutz stand, also unantastbar war. Den Vortrag des Kulturministers vor dem Schriftstellerverband am 26. Juni 1974 soll er scharf kritisiert haben. Folgt man der Quelle, so bezeichnete Hermlin ihn als »langweilig und ohne jedes Interesse und man fragt sich, warum ein Kulturminister, dessen Tage gezählt sind, vor 60 – 80 Schriftstellern auftreten muß, um deren Zeit zu verschwenden«. So berichtete es der Informant. Übrigens langweilten sich die Schriftsteller tatsächlich so sehr, dass sie den Saal verließen, was auch der Informant der Stasi tat, der sich empört zeigte, seine Zeit verschwendet zu haben. Auch dies hielt er in seinem Bericht fest.

Hermlin Nahestehende wunderten sich, dass man diesem zu seinem 60. Geburtstag eine hohe Ehrung zuteilwerden ließ, obwohl er nicht aufhörte, die Kulturpolitik der DDR zu kritisieren.

Die Tatsache, dass Stephan Hermlin immer wieder den Antisemitismus in der DDR anklagte, war des Öfteren Gegenstand der Berichte. Während einer Versammlung des Schriftstellerverbandes kritisierte er den Film *Das gelobte Land* des polnischen Regisseurs Andrzej Wajda, der 1975 herauskam. Er sah in der Figur des jüdischen Wucherers Zeichen des Antisemitismus. Kurt Stern, Jeanne Stern und Heinz Kamnitzer unterstützten ihn. Stephan Hermlin schlug vor, die DDR solle den Film nicht mehr zeigen. Der Informant der Stasi war nicht einverstanden, weil dies als Provokation gegenüber der Sowjetunion aufgefasst werden könne, die Wajda einen Preis verliehen hatte.

Dennoch schrieb der Informant, er könne die Reaktionen Hermlins, der Sterns und Kamnitzers verstehen. »Sie sind jüdischer Herkunft und sie haben in den 30er Jahren viel gelitten.« Wie auch immer, man hielt sie für »zu sensibel« in diesem Punkt ... Lakonisch schrieb der Stasi-Offizier als Fußnote: »Im Grunde hat Hermlin mehr Werbung für den Film gemacht als die Presse es vermocht hätte.«

Eine weitere Begebenheit, die die Informanten der Stasi festhielten, ist Hermlins Reaktion auf die Massaker christlicher Falangisten in palästinensischen Flüchtlingslagern in Sabra und Schatila (Libanon) am 16. und 18. September 1982 unter den Augen der israelischen Armee. Hermlin, die Sterns, Peter Edel und Kamnitzer verurteilten zwar die Haltung Israels, aber betonten, dass die Presse nuancierter hätte berichten müssen, schließlich seien nicht alle Juden und Israelis Fanatiker (23. September 1982).

In Hermlins Akte wird daran erinnert, dass die Verurteilung Israels, die Persönlichkeiten jüdischer Herkunft während des Sechstagekrieges im *Neuen Deutschland* am 9. Juni 1967 veröffentlicht hatten, nicht seine Unterschrift trug: In einer Notiz ist vermerkt, dass Hermlin unter dem schlechten Einfluss seiner Frau stehe. Diese, eine Russin jüdischer Herkunft, spreche beständig über Verfolgungen von Dissidenten und Juden in der UdSSR.[100]

Auch wenn Hermlin Schriftsteller wie Jurek Becker und Wolf Biermann kritisierte, Literatur zu direkt für politische Zwecke einzusetzen – denn dies sei nicht die Funktion von Literatur, die vielmehr Gleichnisse verwenden müsse –, beklagte er die auferlegten Einschränkungen der Meinungsfreiheit. Mehrfach stellte er sich auf die Seite von Christa und Gerhard Wolf oder von Franz Fühmann, ergriff Partei für junge Schriftsteller, die verhaftet, zensiert oder überwacht wurden, völlig unabhängig davon, was er über ihre schriftstellerischen Arbeiten dachte.

Hermlin hielt Abstand zu der inoffiziellen Friedensbewegung in der DDR, die er im Innern verteidigte, nach außen aber negierte. Während er im April 1982 in einem Brief an Honecker die Pazifisten verteidigte, die die Losung »Schwerter zu Pflugscharen« zur Schau trugen, organisierte er parallel dazu ein Friedenstreffen im Juni desselben Jahres in Den Haag, wo er die Linie der SED unterstützte: Es gebe nur eine einzige Friedensbewegung in der DDR. Von da an protokollierte die Stasi mehrere Lesungen von Hermlin in Kirchen, die sich zu Orten für Andersdenkende und ihre Meinungsäußerungen entwickelten. Seine Überwachung wurde verschärft: Man hörte alle seine Telefonate ab, transkribierte die Presseinterviews. Hermlin habe sich direkt bei Honecker darüber beschwert; dieser habe versprochen, sich einzuschalten. In der Akte eines anderen Schriftstellers findet man die Transkription eines Telefongespräches zwischen Hermlin und Honecker: Hermlin beschwerte sich über Drohbriefe. Honecker zeigte sich erschüttert und versprach Maßnahmen. Er war freundlich zu Hermlin, während dieser kalt und distanziert geblieben sei.

Aber Hermlin unterwarf sich, indem er es vermied, sich in bestimmten Situationen allzu sehr zu exponieren: Die Akte zeichnet nach, dass Hermlin es beispielsweise im August 1981 ablehnte, für den Physiker und Dissidenten Robert Havemann Position zu beziehen, der unter Hausarrest stand, einer der tragischsten Fälle von Verfolgungen in der DDR. Havemann war als Antifaschist durch die Nazis zum Tode verurteilt worden. Als kritischer Kommunist erlebte er 1964 den Ausschluss aus der Partei und danach beständig neue Formen des Tyrannisierens. Bereits einige Jahre zuvor hatte Hermlin abgelehnt, gegen die Verhaftung von Rudolf Bahro Position zu beziehen, schließlich war Bahro Ökonom und hatte nichts mit Literatur zu tun. Außerdem lehnte es Hermlin ab, gegen die Sprengung der Gasometer in Berlin-Prenzlauer Berg zu protestieren.[101] Er habe nichts zu tun mit »dieser westlichen Mode, die aus schrecklichem industriellem Ödland Museen machen möchte«.

Als die Westpresse Hermlin wegen dieser Positionen angriff, war es Heiner Müller, der ihn verteidigte. *Die Zeit* veröffentlichte am 9. September 1977 folgende Stellungnahme von Müller: »Ich kenne Stephan Hermlin seit einem für mich schweren Jahr, als mir die Hand zu geben für viele meiner Freunde und Kollegen in der DDR eine Mutprobe zu sein schien. Seine nicht landesübliche Haltung hat mir geholfen, diese Zeit zu überstehen. Sein Werk enthält keine Infamie und keine Lüge. Ich weiß von keiner Gelegenheit, wo er eine andere Meinung gesagt hat als seine eigene. Ich kenne nicht zuviel Autoren, von denen ich das sagen kann. Man kann ihm wie uns allen vorrechnen, wie oft er im Politischen naiv war. Ich halte es mit Brecht nicht für eine Schande, naiv zu sein. Ihn käuflich zu nennen, weil er an den Träumen seiner Jugend festhält, für die er mehr als seinen Preis gezahlt hat, ist entweder eine Dummheit oder eine Infamie.«[102]

Die Stasi-Akte von Stephan Hermlin enthält eine Typologie der Mitglieder der Sektion Literatur und Sprachpflege der Akademie der Künste der DDR. In dieser Typologie gehört Hermlin zusammen mit Christa Wolf zur Kategorie der »feindlich-negativen Kräfte«.

Stephan Hermlin erhielt sieben Ehrungen und Preise der DDR, jedoch noch mehr Parteistrafen. Er musste bereits 1962 seine Funktion als Vizepräsident des Schriftstellerverbandes niederlegen, eine Aufgabe, für die er, wie er selbst sagte, nicht gemacht war. Aus der Partei, in der er offen seine Meinung sagte, wurde er nicht ausgeschlossen. Die Stasi-Akte Hermlins hat den Charakter einer Oppositionellenakte, mit dem kleinen Unterschied, dass er, mit Ausnahme der Biermann-Affäre, stets den Leitspruch von Hermann Kant »Streitet, aber tut es hier« respektiert hat. Seine Kritiken haben, bis auf diese Ausnahme, niemals den Kreis der Partei und ihrer nebengeordneten Instanzen verlassen.

»Subpolitische« Gesten

Anna Seghers hat die Petition gegen die Ausbürgerung Wolf Biermanns nicht unterzeichnet. Oft erkrankt, vermied sie direkte Konflikte mit der Partei. Sie spielte vermutlich niemals mit dem Gedanken, das Schweigen zu brechen. Sie ergriff auf andere Art und Weise das Wort. Am 14. Dezember 1976, weniger als ein Monat nach der Biermann-Affäre, intervenierte sie beim Berliner Bezirksparteisekretär, Konrad Naumann, und forderte als Präsidentin des Schriftstellerverbandes und in dessen Namen, dass die Partei ihre Positionen ihnen gegenüber überprüfen möge. 1979 schrieb sie an eine Freundin: »Obwohl mich sicher dieselben Sachen quälen und grämen wie Dich, persönliche und politische, glaube ich nicht, daß man sich unterkriegen lassen soll.« Und dann riet sie ihr, sich nicht mit Sachen zu beschäftigen, die sie nicht beeinflussen könne.[103]

Das lässt sich als ihre Philosophie zusammenfassen, die ihr in gewisser Weise Schutz bot. Wolfgang Heise unterzeichnete die Petition der Schriftsteller gegen die Ausbürgerung Wolf Biermanns ebenfalls nicht. Die von Schriftstellern initiierte Petition wurde nicht von Universitätsangehörigen unterschrieben. Dennoch schickte Heise am 18. November 1976 einen Protestbrief an Kurt Hager, »mit einem tiefen Gefühl, daß dieser unnütz sei«, der jedoch viel über seine Entmutigung aussagte.[104] Von diesem Brief, wie auch von dem Anna Seghers' an Konrad Naumann, erfuhr die Öffentlichkeit erst nach der Öffnung der Archive. Hatten sie irgendeine Wirkung? Keine auf die Sanktionen selbst, denn diese blieben bestehen. Biermann erhielt das Recht auf Rückkehr in die DDR erst, als das Regime untergegangen war.

Seit ihren Ursprüngen bildete die Partei ein Milieu, wo Dialoge oft in Konflikte mündeten; im Verlauf der Jahre fanden hier auch immer offenere Diskussionen statt. »Es war ein Ort, wo man interessante Leute treffen konnte«, so gestand zum Beispiel Cornelia Schroeder wie viele Zeitzeugen ihrer Generation.[105] Es versteht sich, dass sich das Klima unterscheiden konnte, je nach Zeit und Ort und auch ob es sich um Versammlungen von Künstlern oder Arbeitern in Kombinaten handelte oder ob man sich in Berlin oder in Eisenhüttenstadt befand. Mehr als in anderen sozialen Schichten üblich, ergriffen Intellektuelle das Wort, schließlich gehörte dies zu ihrer gewohnten Praxis. Es bleibt in jedem Fall festzustellen, dass die Partei keinen monolithischen Block bildete.

Im Januar 1978 veröffentlichte das westdeutsche Magazin *Der Spiegel* ein anonymes Manifest von SED-Mitgliedern. Als Autoren zeichneten Ökonomen vom »Bund Demokratischer Kommunisten Deutschlands« verantwortlich. Man forderte wichtige Reformen, nahm die Wiedervereinigung Deutschlands in den Blick und klagte eine gewisse Korruption unter SED-Führungskadern an. Im Westen vermutete man schnell eine Fälschung und glaubte sogar die Handschrift von Wolf Biermann zu erkennen, der mittlerweile im Westen lebte.

Die Opposition innerhalb der SED blieb völlig unterbewertet, obwohl sich ihre Existenz in zahlreichen nach dem Fall des Regimes veröffentlichten Autobiographien erhärtete. Erst 2015 geriet die verbreitete Ansicht von der fehlenden Opposition in der Partei ins Wanken, als man in den Stasi-Akten einen Text fand, der das Original des besagten Manifests sein könnte.[106]

Die Protokolle der Parteiversammlungen belegen den Wechsel von Wortmeldungen und Taktiken, bestimmte heikle Themen auszusparen, wie auch Widerstände. Bei denen, die die Linie der Partei ablehnten, sind direkte und indirekte, schüchterne und vorsichtige, nicht selten humorvoll oder ironisch formulierte Unterstützungen für Beschuldigte zu erkennen. Zum Beispiel sagte Stephan Hermlin, als es um das bereits erwähnte und kritisierte Stück *Die Umsiedlerin* von Heiner Müller ging, er habe das Stück gelesen und es gleiche dem, was im *Neuen Deutschland* geschrieben stehe, nur sei es besser formuliert. Er hatte dies bereits vor dem Zentralkomitee geäußert und bemerkt, dass es den Anwesenden die Sprache verschlug. »Da wußte er, daß da politisch nichts zu machen war«,[107] kommentierte Heiner Müller später. Müller hatte etwas Unverzeihliches getan, als er die DDR mit einer Diktatur verglich. Doch er erwiderte: »Das verstehe ich nicht, wir haben doch die Diktatur des Proletariats.«[108]

Wenn es bis zur Biermann-Affäre, die einen Wendepunkt darstellte, keine öffentlichen Proteste gab, so waren doch die Gesten der Solidarität gegenüber den Beschuldigten zahlreich. Man findet Aussagen dazu in den Autobiographien. Die Akten in den Archiven bestätigen, dass es sich bei solchen Solidaritätsbekundungen nicht um nachträglich konstruierte Verhaltensweisen aus der Erinnerung heraus handelte, die etwa die später verfassten Autobiographien ausschmücken sollten.

Herbert Crüger erinnert in seinen Memoiren solche Gesten der Solidarität, die ihm und seiner Frau in besonders schwierigen Zeiten zuteil wurden. 1956 hatte er sich geweigert, Selbstkritik an seinen Äußerungen zu üben, die seine Erschütterung preisgaben, die bei ihm die Rede Chruschtschows auf dem XX. Parteitag der KPdSU ausgelöst hatte. Als er deshalb verhaftet wurde, war es der Komponist Paul Dessau, der die Ehefrau Crügers, die Schauspielerin Mathilde Danegger, begleitete, um ihn im Zuchthaus Bautzen zu besuchen. Ein anderes Mal schickte ihr der Filmemacher Konrad Wolf ein Auto der DEFA, um sie dorthin zu fahren. 1960 erhielt Mathilde Danegger den Kunstpreis der DDR, während ihr Mann noch im Gefängnis saß.

Kaum war Crüger in die Freiheit entlassen – auf Bewährung, da er die Haftstrafe noch nicht vollständig abgeleistet hatte –, kamen Freunde, um ihm bei der Arbeitssuche zu helfen. Denn es schien empfehlenswert, die Verbannung in ein Archiv, weit von Berlin entfernt, zu verhindern, da sie eine Art »Fegefeuer« bedeutete. Am 1. Mai 1961, kurz nach seiner Freilassung, nahm Crüger mit der Abordnung des Deutschen Theaters an der traditionellen Maidemonstration teil. Bei diesem Anlass umarmte ihn der damalige Intendant Wolfgang Langhoff demonstrativ, ebenso wie auch Gisela May: »Es waren nicht Tränen des Kummers, sondern Tränen der Freude und des Schmerzes. [...] Nein, verbittert war ich nicht, aber Zorn ist geblieben«, schrieb Crüger.[109] Die Stasi, die alle Gesten genau registrierte, begnügte sich mit der Notiz, er sei empfangen worden, »als sei nichts geschehen.«

Drei Monate später, im August 1961, befürwortete Crüger den Bau der Berliner Mauer. Es beunruhigte ihn, dass in der DDR ausgebildete Fachkräfte in den Westen gingen. Er unterstützte deshalb die Ansicht, dass man Fluchten verhindern müsse. Als die Mauer stand, bekundete Crüger ein Gefühl der Erleichterung, aber auch eine gewisse Trauer. Er beschreibt das Schweigen in den öffentlichen Verkehrsmitteln, und dies, obwohl »die Bevölkerung in der DDR die Maßnahmen mit einer eigentlich erstaunlichen Gelassenheit hin[nahm]«.[110] Das Wort Resignation wäre an dieser Stelle wohl passender gewesen. Aber er stellte auch fest, dass diejenigen, die den Mauerbau begrüßt hatten, gleichermaßen bemüht waren, ihr Gefühl der Erleichterung nicht öffentlich zu zeigen. Crüger selbst sei kaum betroffen gewesen, denn weder er noch seine Frau hatten Verwandte im Westen Deutschlands, und die Karl-Marx-Allee, die zu einer Art Aushängeschild von Ost-Berlin avancierte, interessierte sie mehr als der Kurfürstendamm in West-Berlin.[111]

Crüger musste kämpfen, um seine Titel »Opfer des Faschismus« und »Kämpfer gegen den Faschismus« wiederzuerlangen, die man ihm bei seiner Verurteilung entzogen hatte. Den erstgenannten, wichtigeren, der mit verschiedenen Privilegien verbunden war, erhielt er eher zurück als den zweiten. Des Weiteren rang er darum, wieder in die Partei aufgenommen zu werden. Dieser Kampf dauerte einige Jahre. Als er sich einmal über den Fortgang des Wiederaufnahmeverfahrens erkundigte, sagte man ihm, dass er nicht der Einzige sei, der darauf warte. 1968, als er hoffte, dass sich nun ein Sozialismus mit menschlichem Antlitz realisieren ließe, befürchtete er gleichzeitig, dass der Prager Frühling zur Gefahr für den Ostblock werde. Deshalb begrüßte er die Intervention der Truppen des Warschauer Paktes in der Tschechoslowakei.

In seiner Autobiographie, die er nach dem Fall des Regimes veröffentlichte, schreibt Crüger von Hoffnungen, die er in die Perestroika setzte – und wie diese enttäuscht wurden. Er unterließ es, über Treffen mit Stasi-Mitarbeitern zu berichten, bei denen er sich einer Zusammenarbeit verweigert hatte. Seine Ablehnung begründete er den Verantwortlichen gegenüber damit, dass es »Menschen gibt, die sich für die Arbeit in euren Rängen nicht eignen«.[112]

Der ehemalige Lukács-Verleger Walter Janka wartete noch länger, bis 1972, auf die Rückgabe seines VdN-Status sowie auf die erneute Aufnahme in die Partei. Immerhin waren zwölf Jahre seit seiner Entlassung aus dem Zuchthaus in Bautzen vergangen, wo er schon einmal in den 1930er Jahren eingesessen hatte. Es war ihm wichtig, Georg Lukács zu gratulieren, als dieser im Oktober 1967 seine Wiederaufnahme in die Ungarische Sozialistische Arbeiterpartei erlebte.[113]

Es gab auch, wie man schon sehen konnte, persönliche Fürsprachen, eine Strategie, die für einen gewissen Klientelismus stand, der zugleich die kollektiven Beschlüsse schwächte. Anna Seghers praktizierte solche Fürsprachen mehrfach. Meist vergeblich. Dennoch, persönliche Verbindungen und Beziehungen ins Spiel zu bringen, gehörte zu den Bekundungen einer Nichtübereinstimmung, die kaum unmittelbare Ergebnisse zeitigten. Aber die Partei konnte sie über eine längere Zeit und in Abhängigkeit von den Umständen nicht einfach ignorieren.

Während ein Protestbrief an Stalin in der UdSSR in den Gulag führte, blieb ein solcher Brief von Anna Seghers in der DDR und später auch von Lukács, der persönlich gegen den Einmarsch der Truppen des Warschauer Paktes im August 1968 bei János Kádár protestierte, ohne Folgen. Aber öffentlich diesen Einmarsch zu verurteilen, hatte für einige Menschen in der DDR eine Gefängnisstrafe zur Konsequenz. Dem Schriftsteller Reiner Kunze brachte sein Austritt aus der Partei als Zeichen seines Protestes das Publikationsverbot in der DDR ein. Im April 1977 beschloss er, in den Westen zu gehen.

TEIL III
Die Erben

Als Marion Brasch ihrer ersten Parteiversammlung beiwohnte, lernte sie einen ehrwürdigen Altkommunisten kennen. In ihrem 2012 erschienenen Buch *Ab jetzt ist Ruhe* nennt sie keine Namen, aber man ahnt, dass es sich um Ernst Busch handelte: die große Figur der Berliner Kunstszene in der Zeit zwischen den Weltkriegen, seit seiner Jugend Mitglied der KPD, ehemaliger Spanienkämpfer, Sänger, Schauspieler, ein Freund von Bertolt Brecht, Hanns Eisler und Konrad Wolf. Ernst Busch überlebte den Nationalsozialismus. Aus dem Gefangenenlager Gurs war er geflohen, aber Frankreich lieferte ihn an die Gestapo aus. In Nazi-Deutschland entkam er knapp wegen Hochverrats der Todesstrafe. Sein alter Freund, der Schauspieler Gustav Gründgens, der erste Ehemann von Erika Mann, der Deutschland nicht verlassen hatte, besorgte ihm einen Anwalt. Dieser plädierte dafür, Busch nicht wegen Hochverrats zu verurteilen, da ihm nach seiner Flucht 1937 die deutsche Staatsbürgerschaft entzogen worden war. Busch war gerettet.[1]

Busch verfügte nicht nur über eine mächtige Stimme als Sänger, sondern hatte auch »eine große Schnauze«. Immer wieder kritisierte er die fehlende Demokratie in der DDR und den Dogmatismus der Apparatschiks. In einem Wutanfall zerriss er einmal sein Parteibuch. Er bedauerte es schnell. Als Marion Brasch während des todlangweiligen Referats des Parteisekretärs die Linien ihres Schreibblocks nachzeichnete, hörte sie, wie Ernst Busch das Wort ergriff. Wenn er um Gehör bat, hielten alle den Atem an: »Ernst erhob sich, holte tief Luft, und dann sprach er. [...] Er [...] erklärte, dass seine Zeit zu kostbar sei, um sich diesen Unsinn länger anzuhören. Es liege doch auf der Hand, dass in diesem Land einiges schieflaufe und dass man darüber reden müsse.«[2]

Für Marion Brasch war das eine Überraschung, denn sie kannte die Partei bislang nur durch ihren Vater, einen hohen Funktionär des Regimes, der selbst für die geringste Kritik unzugänglich war und dessen Loyalität so weit ging, dass er sich von seinen Söhnen lossagte.

Zwischen Ernst Busch und Marion Brasch liegen zwei Generationen. Busch war Jahrgang 1900, er gehörte zu den Gründervätern der DDR. Sie, Marion Brasch, geboren 1961, ist in der DDR sozialisiert. Als Bindeglied zwischen beiden fungierte die Übergangsgeneration von Christa Wolf und Heiner Müller, die kurz vor dem »Dritten Reich« das Licht der Welt erblickt und den Zusammenbruch Deutschlands als Jugendliche erlebt hatte.

Die Übergangsgeneration

Heiner Müller und Christa Wolf hatten die berühmtesten Remigranten als Mentoren: Bertolt Brecht und Helene Weigel für das Theater, Anna Seghers und Arnold Zweig für die Literatur. Konrad Wolf erfüllte diese Funktion für das Kino wie Hans Mayer, Ernst Bloch, Jürgen Kuczynski, Werner Krauss, Walter Markov für die Wissenschaften. Persönlichkeiten wie Marie Jalowicz Simon und besonders Wolfgang Heise, zwei überlebende Berliner Juden waren »Flaggschiffe« der Humboldt-Universität. 1990 sagte Christa Wolf zu Daniela Dahn: »Für die Leute meiner Generation war es völlig unmöglich, sich gegen diejenigen aufzulehnen, die eine antifaschistische Vergangenheit hatten. Für Jugendliche von heute ist das anders.«[3]

Heiner Müller hätte das Gleiche äußern können, auch wenn es das Brechtsche Theater war, das ihn damals veranlasst hatte, sich für die DDR zu engagieren.

1945 erlebte die Übergangsgeneration einen Schock, als sie sich der gerade geschehenen Katastrophe bewusst wurde. Viele hatten ihre Väter an der Front verloren und suchten neue Vorbilder. Diejenigen Väter, die den Krieg und die Gefangenschaft überlebt hatten, erzählten nichts von ihren Erlebnissen, weder in dem einen Deutschland noch in dem anderen, wo man allzu schnell einen Schlussstrich unter die Vergangenheit zog. Zu dem Schweigen über die Verbrechen Stalins kam nun noch das Schweigen über den Krieg.

In der DDR kompensierte man diese Leere durch Erzählungen vom Kampf gegen den Nationalsozialismus. Ähnlich wie in Frankreich, wo es darum ging, den »sozialen Frieden« wieder herzustellen, indem man auf die Legende zurückgriff, dass die Mehrheit der französischen Gesellschaft in der Résistance aktiv gewesen sei, übergaben die Antifaschisten in der DDR dem Volk ihre Vergangenheit in gewisser Weise als »Geschenk«, um es im Gegenzug für ihr Gesellschaftsprojekt zu gewinnen. Das kommt auch in einer bereits erwähnten Rede von Stephan Hermlin im April 1973 in Warschau zum Ausdruck, deren Sinn dem Informanten der Stasi nicht entgangen war. Darin hieß es, man lasse die Deutschen im Osten glauben, sie seien allesamt Gegner von Hitler gewesen.

Aber bevor die DDR-Gedächtnispolitik aus dem Antifaschismus eine säkulare Religion machte – mit ihren Altären, den Konzentrationslagern Sachsenhausen und Buchenwald, die in Museen verwandelt wurden, mit ihren Erinnerungsriten und ihrer Liturgie der Sonntagsreden –, war der Antifaschismus ein Kampf. Wäre er nur ein Mythos gewesen, worauf ihn die postkommunistische Geschichtsschreibung reduzieren möchte, hätte der Antifaschismus nicht einen solchen Einfluss auf die Generation von Christa Wolf und Heiner Müller gehabt.

Diese Generation nahm die Ideologie der Gründerväter mit Begeisterung auf. Das mag paradox erscheinen, da es einen Zeitraum betrifft, in dem der Staat am brutalsten gegen alle Gewalt anwandte, die ihm als Gegner erschienen. Ein überzeugter Sozialist wie der junge

Wolfgang Leonhard gab deshalb jede Hoffnung auf, dass ein sozialistisches, nicht stalinistisches Deutschland möglich werden könnte, und ging in den Westen. Und ein zunächst konziliant Philosoph wie Hans-Georg Gadamer verwarf die Idee, in der DDR zu bleiben. Aber andere teilten eine wirkliche Begeisterung: Christa Wolf, Heiner Müller, Volker Braun, Franz Fühmann, Brigitte Reimann, Werner Mittenzwei oder auch der Filmemacher Frank Beyer und viele andere, wie man heute in den Autobiographien nachlesen kann.

Wenn sich die Kommunisten auf ehemals feindlichem Boden, in einem Volk, das vor kurzem noch Hitler gefolgt war, festsetzten, dann verdankten sie das zu einem großen Teil der Unterstützung dieser Übergangsgeneration. Erika Herzig schrieb dazu: »Der 7. Oktober 1949 bleibt für immer in meinem Gedächtnis eingraviert. Als das Radio die Geburt der DDR bekannt gab, hatten wir uns alle in der Kantine versammelt, wir schrien alle vor Freude, wir sprangen von unseren Stühlen auf, Lehrer und Schüler, umarmten uns, alle, von den ersten bis zu den Abschlussklassen. Wir waren alle der Ansicht, dass es nun vorwärts gehen würde. Diese Freude, die leider nicht lange andauerte, bleibt trotz allem in unseren Erinnerungen, die wir mit diesem Datum verbinden!«[4]

Ebenso wie für die Remigranten schien die DDR für viele Töchter und Söhne des physisch und psychisch erschöpften Deutschlands ein Ort zu sein, an dem alles möglich war. Arbeiter- und Bauernkindern bot er Bildungsmöglichkeiten, Universitäten öffneten ihnen ihre Türen. An den Arbeiter-und-Bauern-Fakultäten, 1949 gegründet, konnten sie das Abitur ablegen und sich auf ein Studium vorbereiten.

Der Schriftsteller Hermann Kant, selbst Sohn eines Arbeiters, der von diesen Bildungsmöglichkeiten profitierte, widmete ihnen den Roman *Die Aula*, mit dem er sowohl in der DDR als auch im Ausland Bekanntheit erlangte. Der 1926 geborene Kant war noch kurz vor Kriegsende in die Wehrmacht eingezogen worden. Durch seine Erfahrungen in einem Gefangenenlager in Polen fand er zu antifaschistischen Überzeugungen; die er nicht zuletzt Anna Seghers verdankte, die in sogenannten Umerziehungslagern auftrat und ihn stark beeindruckt hatte. Nach seiner Freilassung entschied er sich deshalb für die DDR. Im Unterschied zu Christa Wolf oder Franz Fühmann praktizierte Kant keine Rückschau auf seine Vergangenheit im »Dritten Reich«, aber die Gründe für seine Zurückhaltung oder die Vorsicht, besonders in der Biermann-Affäre – er gehörte nicht zu den Unterzeichnern der Protestpetition –, lässt sich damit erklären, dass er dieses Abweichen vom Weg in seiner Jugend durch eine besondere Loyalität dem DDR-Regime gegenüber kompensieren wollte. Auch er hätte sagen können, dass man Kämpfer gegen den Faschismus nicht zu Gegnern machen sollte, die nun ihrerseits zu bekämpfen wären.

Wolf Biermann ehrte die Antifaschisten auf seine Weise in der »Ballade von den verdorbenen Greisen«:

»Hey Honney, du gingst aus Gesundheitsgründen?
Ich glaube dir nichts und auch nicht dies
Die schlimmste Krankheit hattest du immer:
Die stalinistische Syphilis
Ich hab dich verachtet und hab dich gefürchtet
Und trotzdem bleibt da ein Rest von Respekt
Es haben dich die verfluchten Faschisten
Elf Jahre in Brandenburg eingesteckt«[5]

Selbst wenn man davon ausgeht, dass es sich um reines Mitgefühl handelte, stellt sich die Frage, warum der Dirigent Kurt Masur Honecker nach dessen Absetzung seine Sympathie bekundete. So wie die Gründerväter zu Vorbildern und Mentoren für zahlreiche Persönlichkeiten in den Bereichen Literatur und Kunst oder an den Universitäten avancierten, übten sie auch einen erheblichen Einfluss auf die Pastoren der evangelischen Kirche und auf Gläubige in diesem Teil Deutschlands, das eine protestantische Tradition besitzt, aus. Als Beleg die Aussage eines Pfarrers: »Wir Deutschen haben eine Verantwortung vor der Geschichte, das heißt zu zeigen, dass ein wahrer Sozialismus möglich ist.«[6]

Der Bezug auf die Vergangenheit durchzieht die Arbeiten dieser im »Dritten Reich« sozialisierten Generation. Dies betrifft den Dramatiker Heiner Müller ebenso wie Volker Braun, Filmemacher wie Frank Beyer, Adolf Dresen oder Peter Voigt, die ihre Ausbildung an der Filmhochschule erhielten, die Konrad Wolf leitete und die heute seinen Namen trägt. Das gilt natürlich auch für Schriftsteller wie Christa Wolf. Ihren autobiographischen Roman *Kindheitsmuster*, erschienen 1976, qualifizierte keine Geringere als die (westdeutsche) Psychoanalytikerin Margarete Mitscherlich, gemeinsam mit ihrem Mann Alexander Mitscherlich Autorin des berühmten Werkes *Die Unfähigkeit zu trauern*, als Trauerarbeit der deutschen Literatur. Zu diesem Zeitpunkt gab es keinen vergleichbaren Roman im Westen Deutschlands. Nur das Buch von Siegfried Lenz *Deutschstunde*, 1968 veröffentlicht, kommt dem nahe, allerdings ohne persönliche Verwicklungen zu thematisieren. Die Hauptfigur ist vielmehr an den Maler Emil Nolde angelehnt.[7]

Wie viele andere schrieb Christa Wolf in einer Art Testament mit dem Titel *Auf dem Weg nach Tabou:* »Die Zeit, in der ich, wie viele meiner Generation, intensiv gewünscht hatte, keine Deutsche sein zu müssen, war vorbei, als ich zu schreiben anfing. Immerhin war ich froh, in dem kleineren, ärmeren der beiden deutschen Staaten zu leben, der die Kriegsfolgen wirklich zu tragen, der viel länger dafür zu zahlen hatte als der größere, reichere deutsche Staat, welcher außerdem weniger radikal mit den Überresten der braunen Vergangenheit umging.«[8] Die DDR sei ein sozialistisches Fegefeuer, wo eine Generation etwas gutzumachen hatte, die im »Dritten Reich« herangewachsen und bei seinem Zusammenbruch mit Entsetzen erwacht war.

»Mein sozialistischer Staat«

Christa Wolf war eng mit dem Schriftsteller Franz Fühmann verbunden. Geboren 1922, hatte Fühmann vor Ende des Krieges das Alter erreicht, um für die Wehrmacht rekrutiert zu werden. Als Jugendlicher war er Anhänger der Nazi-Ideologie. Bei Kriegsende dachte er zeitweilig an Selbstmord. Gefangen genommen, »umerzogen« und in einem Lager in der Sowjetunion für den Antifaschismus gewonnen, habe er, so sagt man, entsprechend seinem Bedürfnis, einer Autorität zu folgen, Hitler durch Stalin ersetzt. Bei seiner Freilassung wählte er die DDR und engagierte sich zunächst als Kulturfunktionär in der National-Demokratischen Partei Deutschlands (NDPD). Als Sudentendeutscher war er ein zugleich geplagter wie auch kultivierter Mensch. In der kurzen Zeit, in der er als Funktionär im Kulturbereich arbeitete, versuchte er, Sigmund Freud zu publizieren, was in der DDR erst später gelang. 1958 legte er seine Parteiämter nieder, um als unabhängiger Schriftsteller agieren zu können. Er veröffentlichte Gedichte und übersetzte aus dem Ungarischen (Attila József, Endre Ady, Miklós Radnóti), beschäftigte sich mit Mythen und hatte eine reiche literarische Produktion vorzuweisen.

1962 hinterfragte er in *Das Judenauto,* einem Erzählungsband, der auch in französischer und englischer Sprache erschien, seine Faszination für die Nazi-Ideologie. Schon früh warb ihn die Stasi an. Als Decknamen wählte er »Salomon« und unterzeichnete am 4. Oktober 1954 seine Verpflichtung. Der Student Franz Fühmann war dem »Dienst« bereits 1952 an der Universität aufgefallen, »wo man sich über Russen amüsierte, Texte von Rilke empfahl und den Stalinkult kritisierte«.[9] Warum hat Fühmann die Arbeit für die Stasi akzeptiert? Es scheint der gleiche Grund zu sein, den auch Wolf Biermann hätte anführen können, wenn man es mit ihm besser angestellt hätte, wie er selbst einmal sagte: um die DDR zu verteidigen, deren sozialistisches Experiment in Gefahr war.[10]

Als man Andreas Dresen, den Regisseur des Films *Gundermann,* der die Geschichte jenes populären Sängers erzählt, der für die Stasi gearbeitet hat, einmal dazu befragte, reagierte er ähnlich: Er zeigte sich verständnisvoll für seinen Helden. Wenn die Anwerber der Stasi geschickter vorgegangen wären, würde er für sich »nicht die Hand ins Feuer legen«.[11] War die DDR nicht gefährdet durch die Bundesrepublik, die deren Existenz beständig leugnete?

Der Informant »Salomon« scheint nach den Worten seines Offiziers nicht sehr motiviert gewesen zu sein. Bis 1957 findet man keine Berichte in den Akten.[12] 1957 kritisierte Fühmann die fehlende Transparenz des Janka-Prozesses. Er wollte nur mündliche Berichte geben. Sein Verbindungsoffizier bezeichnete ihn als arrogant und abwesend. »Manchmal hat man den Eindruck, er ist woanders. Einmal sagt er, er wäre einverstanden mit der Arbeit der Sicherheitsdienste und bereit, uns zu unterstützen, dann sagt er unmittelbar danach, daß er gegen eine reguläre Zusammenarbeit mit uns ist.«[13]

Fühmann ging immer seltener zu den Treffen. Sein Führungsoffizier schrieb, Fühmann habe eine »nicht sehr klare Haltung« zum Aufstand in Budapest im Herbst 1956. Schließlich schloss man die Akte am 18. August 1959 und »entpflichtete« Fühmann. Er schien zu wenig produktiv für die Stasi, schlechten Willens und letztlich nicht mehr vertrauenswürdig. Fühmann wechselte unabwendbar den Status: Der Stasi-Informant wurde nun zum Stasi-Opfer, wie die Klassifizierung im Stasi-Unterlagen-Archiv lautet. Das heißt, dass man Fühmann fortan überwachte. In seiner Akte ist vermerkt, Fühmann neige im Unterschied zu anderen nicht zu Kompromissen. Dennoch blieb er dem Staat und der SED, der er nicht angehörte, gegenüber loyal. Er glaubte an Reformen.

1976 traf Fühmann schließlich den Chefideologen Kurt Hager und forderte für Schriftsteller mehr Freiheiten im Schreiben. Er wollte einen offenen Brief in der DDR-Presse publizieren, um die Gründe der Petition gegen die Ausbürgerung Wolf Biermanns darzulegen. Gemeinsam mit Christa Wolf und Stephan Hermlin war er einer der Initiatoren dieser Protestpetition. Er erreichte nichts, verlor aber nicht die Hoffnung.

Auch im Büro Hager führte man eine Akte über Franz Fühmann, den »pessimistischen und nichtmarxistischen, aber loyalen« Autor. Hier finden sich Briefe von Fühmann, in denen er sich für junge Autoren einsetzte, die der Zensur zum Opfer fielen. Am 12. Juni 1984, kurz vor seinem Tod, sandte er einen Brief an einen Funktionär des Kulturministeriums. Die Polizei hatte das Auto seiner Tochter beschlagnahmt, weil es einen Aufkleber mit dem Wortlaut trug: »Wo ich bin, funktioniert nichts; ich kann nicht überall sein.« Weiterhin fand man unter einer Reproduktion der Friedenstaube von Picasso den Spruch: »Jedes Herz ist eine Zeitbombe«. Fühmann schrieb: »Ich habe bittere Erfahrungen in der letzten Zeit gemacht. Ein Vertreter meines sozialistischen Staates fühlt sich im Recht, die Taube von Picasso in meiner Privatsphäre abzureißen. Ich empfinde das als völlig unzulässig.«[14]

Fühmann war eine unglückliche Figur in der Literaturszene, hin und her gerissen zwischen der Loyalität gegenüber der DDR (»mein Staat«) und dem immer größer werdenden Gefühl, jeder Versuch, sich dem ursprünglichen Ideal zu nähern, sei vergebens. Fühmann fand sich in den letzten Jahren seines Lebens immer wieder Schikanen ausgesetzt.

Später stellte der Schriftsteller Rolf Schneider Parallelen zwischen Franz Fühmann und Christa Wolf fest: Beide gehörten der gleichen Kategorie von Intellektuellen an. Beide lehnten es ab, die DDR zu verlassen und öffentlich das Wort zu ergreifen, selbst wenn sie beide mutig die Petition gegen die Ausbürgerung Wolf Biermanns initiierten und sich für gefangene Kritiker oder junge Schriftsteller einsetzten. Aus welchem Grund blieben sie loyal?, fragt Schneider. Aus »einer Urangst vor politischem Verrat«? Ohne Zweifel, aber vor allem aus Gründen, die mit ihrer Generation zu tun haben: Beide sind in den 1920er Jahren geboren, und im Jahr 1945 gab es »ihr« Deutschland nicht mehr. Fühmann, in der Tschechoslowakei geboren, in einer Region, wo eine starke ungarische Minderheit lebte, war Sudentendeutscher, Christa Wolf wurde in einer Gegend geboren, die nach dem Krieg zu Polen gehörte. Beide haben an das »Dritte Reich« geglaubt; beide erlebten die Rote Armee als Befreier und die Begeisterung der ersten Jahre in der Sowjetischen Besatzungszone und in der DDR. Und man muss hinzufügen: Beide haben das Gefühl des Eingeschlossen-Seins in der DDR nicht erlebt, denn sie hatten die Möglichkeit, in den Westen zu reisen.[15]

Fühmann brach nur zeitweilig mit der Ethik des Schweigens. Als der Schriftstellerverband 1979 den Ausschluss von neun Autoren besiegelte, wollte er den Verband verlassen, aber er tat es nicht. Christa Wolf, die ebenfalls die Ausschlüsse nicht befürwortete, nahm wieder einmal nicht an den Versammlungen teil.

Lukács und Brecht, die Götter meiner Jugend

Heiner Müller schrieb in *Krieg ohne Schlacht:* »Dieses Parteiergreifen für die DDR hing mit Brecht zusammen, Brecht war die Legitimation, warum man für die DDR sein konnte. Das war ganz wichtig. Weil Brecht da war, mußte man dableiben. Damit gab es einen Grund, das System grundsätzlich zu akzeptieren. Ein Beweis für die Überlegenheit des Systems war die bessere Literatur, Brecht, Seghers, Scholochow, Majakowski. Ich habe nie daran gedacht, wegzugehen.«[16]

Dies hätte auch der Brecht-Spezialist Werner Mittenzwei sagen können, dessen Studien zum Theater und zur Literatur in der DDR Berühmtheit erlangten und der eine repräsentative Autobiographie dieser Übergangsgeneration vorgelegt hat.[17] Geboren 1927, erlebte Mittenzwei das Ende des Krieges als junger Soldat in der Wehrmacht. Von den letzten Tagen behielt er eine genaue Erinnerung: Nachdem er zusammen mit anderen Soldaten einen Unterschlupf gefunden hatte, hörte er mit Erstaunen ein begeistertes Gespräch über Nietzsche mit an, in das sich zwei junge Studenten vertieft hatten, bis die Geräusche der sich nähernden sowjetischen Panzer sie aus ihrem Versteck vertrieben. Sie wurden erschossen, ihre Waffen noch in den Händen haltend. Sie waren noch nicht einmal 20 Jahre alt und ihre letzten Worte galten Nietzsche.[18]

Als Mittenzwei in sein verwüstetes Dorf zurückkehrte, fand er eine geöffnete Buchhandlung und entdeckte ein Buch mit dem Titel *Die deutsche Literatur in der Zeit des Imperialismus* von einem gewissen Georg Lukács. Der Text war gerade in Moskau in der Zeitschrift *Internationale Literatur* und begleitend auch in Berlin von Max Schroeder veröffentlicht worden.[19] Dann stieß er auf Brecht: »Daß Brecht neben Lukács zu den Göttern meiner Jugend wurde, bedarf noch einer Erklärung.«[20] 1952 erinnerte sich Mittenzwei an den Satz von Brecht, wonach man Westdeutschland vor einer möglichen Wiederbewaffnung Deutschlands schützen müsse. »Das grosse Carthago führte drei Kriege. Es war nach dem ersten noch mächtig, noch bewohnbar nach dem zweiten. Es war nicht mehr auffindbar nach dem dritten.«[21] Diese Worte waren noch in aller Munde. Mittenzwei trat 1946 in die Partei ein: »Mir gefiel, wie ich meinte, auf der richtigen Seite zu stehen.«[22]

Mittenzwei kam in den Genuss der besonderen Bildungsförderung von Arbeiterkindern. In den Jahren des »Neuanfangs« 1945 bis 1950 war er begeistert von der intensiven Theaterarbeit im Ostteil Deutschlands. Und ihn prägte »das Gefühl, etwas Schreckliches hinter sich und etwas Neues, wenn auch Ungewisses, vor sich zu haben«.[23]

Die Vergangenheit war präsent, quälend und konnte nur in der gegenwärtigen Aktion überwunden werden, in einer Gegenwart, die sich gegen diese Vergangenheit stellte. In Leipzig hörte er Vorlesungen von Hans Mayer; später widmete er sich der Exilliteratur.

Mittenzwei war ein Mensch der Provinz, Berlin die Stadt seiner Träume. Er sollte hier Menschen treffen, die er bewunderte und die eine völlig andere Vergangenheit hatten als er: Remigranten. So den Komponisten Georg Knepler, der die Musikhochschule in Berlin gründete, nachdem er aus dem Exil in Großbritannien zurückgekehrt war, und Hanns Eisler, der machte, was er wollte. Unter den Studierenden kursierte die Geschichte, dass er ein Taxi in den Westen nicht bezahlt habe und dafür von Ulbricht zurechtgewiesen wurde. Und natürlich Hans Mayer. Die Menschen, die er bewunderte, waren entschlossen und wagemutig, meist jüdischer Herkunft, machten aber, so hob Mittenzwei hervor, den Deutschen niemals Vorwürfe: »Daß ich es vorwiegend mit aus der Emigration heimgekehrten Juden zu tun hatte, betrachte ich als einen Glücksfall. Ich verdanke ihnen viel; sie haben mich durch ihre Haltung und ihr Wissen geprägt. Wie sie [...] zu beweisen suchten, daß Bildung und Begabung nicht nur im Bürgertum zu finden sind, verdient Hochachtung.«[24]

In dieser Zeit las Mittenzwei den polnischen Philosophen Adam Schaff, den er für einen Nonkonformisten, aber zugleich für einen wirklichen Sozialisten und Marxisten hielt, genau wie Lukács. Als Letzterer kurz vor dem ungarischen Aufstand 1956 einen Vortrag in Ost-Berlin hielt, war der Hörsaal am Robert-Koch-Platz überfüllt, und der Beifall fand kein Ende. Zugleich lehnten ihn intellektuelle Autoritäten wie Wolfgang Heise und Hans Mayer ab, für die Lukács allerdings nicht als Lehrer, sondern als Kollege zählte, mit dem man eine wissenschaftliche Debatte führte. Später ging Mittenzwei auf Abstand zu dem in Ungnade gefallenen Verfasser von *Geschichte und Klassenbewußtsein des Proletariats.*

Wie Johannes R. Becher suchte Mittenzwei ein Ausweichmanöver, indem er viel Gutes über den »jungen Lukács« sagte, aber dessen spätere Positionen kritisierte.[25] Sich der Parteilinie der SED zu widersetzen, kam ihm nicht in den Sinn: »In der Partei sah ich nicht nur den Apparat, nicht nur die Führung. Für mich war die Partei mit dem Proletariat verbunden.«[26] Mittenzwei konnte nicht akzeptieren, was Pierre Bourdieu seiner Meinung nach den ostdeutschen Intellektuellen vorwarf, nämlich dass diese »ihre Kompetenz dem Proletariat geopfert hatten, indem sie dieser Klasse zu Füßen gelegen hätten«.[27] Schließlich hatte sich Mittenzwei seit seiner Kindheit mit dem Proletariat verbunden gefühlt.[28] Gewiss war er verstört, als er erfuhr, dass Antifaschisten wie Janka als Konterrevolutionäre verurteilt wurden.

Es ist auch sicher, dass ihm der »Bitterfelder Weg« nicht gefiel, aber er richtete sich ein.

Der Bericht über die Verteidigung seiner Promotionsschrift über Brecht, die 1960 stattfand, gibt das Unbehagen der Jury wieder. Die Untersuchung von Mittenzwei reichte von dem berühmten Werk *Die Maßnahme* bis zum *Leben des Galilei.* Brecht stand niemals im Verdacht, ein Heiliger der Partei zu sein, aber niemand in der Jury hatte Lust, die offizielle Parteilinie zu vertreten. Während der Verteidigung gingen alle mit großer Vorsicht zu Werke. Mittenzwei notierte: »Die Partei kam mehr mit dem toten Brecht zurande als mit dem lebenden.«[29]

Der Bau der Mauer traf Mittenzwei nicht persönlich: Er hatte keine Verwandten im Westen. In jedem Fall stimmte er den Gründen für ihre Errichtung zu: der Flucht von im Osten ausgebildeten Arbeitskräften gen Westen und dem massiven Kauf von subventionierten Produkten durch West-Berliner. Aber seine Hoffnung auf eine größere Meinungsfreiheit wurde bald enttäuscht: »Darüber hinaus erwarteten wir weitgehende Veränderungen auf geistigem Gebiet. Ich sage wir, weil ich mich der vielen Intellektuellen erinnere, die meinten, mit dem Wegfall der offenen Grenze wären wir in der Lage, die Widersprüche und Schwierigkeiten im Lande freimütig zu diskutieren und auszutragen. Vorbei sei die Zeit der ständigen Bevormundung mit dem Hinweis: ›Aber bedenkt, wir haben eine offene Grenze, alles, was ihr sagt, kann von der anderen Seite, vom Klassenfeind, benutzt werden.‹ […] Unsere Hoffnungen erwiesen sich als Illusion.«[30]

Mittenzwei verstand sehr schnell, dass man schweigen und zu Kompromissen übergehen musste. Er war für seine Fähigkeit der Vermittlung bekannt, so auch zwischen der Partei und Helene Weigel, als es um die Veröffentlichung der Tagebücher von Brecht ging. Die Frau von Brecht lehnte jede Kürzung ab. Doch das machte Probleme, die in den Akten des Büros Hager erwähnt sind: Man befürchtete, dass es »unsere sowjetischen Freunde« schockieren könnte, denn Brecht meinte, dass Alexej Tolstoi Kitsch sei, er enthielt sich nicht, Stalin zu beleidigen, er befand, dass Johannes R. Becher »nach Nationalismus stinke«, dass Anna Seghers ausspioniert worden sei und Soldaten der Roten Armee Vergewaltigungen verübt hatten und so weiter.[31] Da Helene Weigel kein Mitglied der Partei war, unterlag sie nicht der Parteidisziplin. Später erklärte sie – zum größten Leidwesen der Partei –, dass sie die Öffnung des Brecht-Archivs für Forscher aus dem Osten wie dem Westen vorsehe. Das passierte dann nicht ganz so, wie sie es wollte.

Über die Nomenklatura verfasste Werner Mittenzwei Porträts, die einer gewissen Pikanterie nicht entbehrten: zum Beispiel über Lotte Ulbricht, die Frau, die wegen der Aufopferung für ihren Mann ihre Doktorarbeit nicht beendete, und der wiederum billigte es nicht, dass eine andere Person als seine Frau seine Briefe öffnete. War Lotte also eine unterwürfige Frau? Sie hatte in ihrem Moskauer Exil den Parteifunktionär Erich Wendt geheiratet, ein Opfer der Stalinschen Säuberungsaktionen, der 1937 nach Sibirien verbannt wurde. 1950 heiratete sie Walter Ulbricht, mit dem sie damals schon zusammenlebte. Am Institut für Gesellschaftswissenschaften, wo sie ab 1953 studierte, verhielt sich Lotte sehr diskret; niemand ahnte, wer sie war. Sie soll erst das Wort ergriffen haben, wenn der Letzte den Saal verlassen und vergessen hatte, das Licht zu löschen. Es ist nicht überliefert, ob und wie sie ihren ersten Ehemann wiedersah, als er 1947 nach Deutschland, in die DDR versteht sich, zurückkam.

Mittenzweis Porträt von Klaus Gysi, in der Nachfolge Walter Jankas ab 1957 Leiter des Aufbau-Verlages, bestätigt, was Edith Anderson über ihn sagte: Gysi spielte gern den Unorthodoxen, aber er benahm sich de facto wie ein Dogmatiker, allerdings mit dem Unterschied, dass man in seiner Gegenwart alles sagen konnte und dass er die offizielle Parteilinie mit einem leicht ironischen Unterton verteidigte. Als mondäner Zensor lud er Autoren ein, servierte ihnen Cognac, um ihnen anschließend mitzuteilen, dass ihre Bücher nicht veröffentlicht werden.

1983 wählte man Mittenzwei in die Akademie der Künste, wo die Atmosphäre offener und weniger streng war. Bei den Künstlern, so sagte er, orientierte man sich eher an einer Kaffeehausatmosphäre. Mittenzwei widmete sich seinen Themen: immer wieder Brecht und die Exilliteratur. Er bewunderte autobiographische Schriften, in denen die Autoren sich dem Wagnis aussetzten, Kritik zu formulieren. Er selbst hatte nicht diesen Mut. Bis zum letzten Augenblick nicht. Im Herbst 1989, als die Züge mit DDR-Bürgern nach Westen fuhren, als man in den Straßen von Dresden und Leipzig, dann auf dem Alexanderplatz demonstrierte, blieb er zurückgezogen, beteiligte sich an keiner Diskussion. Er arbeitete gerade an einem Manuskript und wollte sich durch nichts davon abhalten lassen. Am Ende dieses Rückzugs auf sich selbst stand die Melancholie.

Mittenzwei blieb ein ernsthafter Kommunist, der mit dem Regime einen Kompromiss eingegangen war, ohne sich zu kompromittieren. Umso mehr verletzten ihn die Worte des französischen Soziologen Pierre Bourdieu über die Unterwerfung der Intellektuellen unter das Proletariat. Er verzieh ihm diesen Satz nie. Er kam auf Bourdieu und diese Aussage immer wieder zu sprechen, vor allem in seinem Buch über die Intellektuellen in der DDR, das er nach dem Fall der Mauer schrieb.[32] Zu seinen Lehrmeistern gehörten, allen voran, Georg Lukács und Bertolt Brecht, des Weiteren Hans Mayer und Wolfgang Heise. Das war keine schlechte Schule. Praktisch hatten alle Erben der Gründerväter dieselben Lehrer. Das half ihnen, das Mittelmaß der Kulturfunktionäre zu ertragen.

Lukács in der DDR

Brecht starb 1956. »Brecht ist tot, meine Jugend ist damit gestorben. Sprechen wir nicht mehr davon.« So soll sich Hanns Eisler gegenüber Vladimir Pozner geäußert haben. Es gibt kaum eine Erinnerung von Zeitgenossen Brechts, in der nicht von dieser Leere die Rede ist, die der Tod des Dramatikers nach sich zog. Alle drücken auch die

Gewissheit aus, dass ohne den frühzeitigen Tod Brechts die Unterdrückung und die Prozesse gegen kritische Marxisten so nicht stattgefunden hätten. Im selben Jahr fiel Georg Lukács in Ungnade und wurde zum »abwesenden Lehrer« (Dieter Schiller).

Der Romanist Werner Krauss meinte, dass das Werk von Lukács, das Mittenzwei bei seiner Rückkehr in sein kriegszerstörtes Dorf entdeckte, einen sehr positiven Einfluss auf alle Studierenden ausübte, die den Krieg und den Nationalsozialismus überlebt hatten. Lukács sei für sie letztlich der »eigentliche Doktorvater« gewesen.[33] Man wusste, dass Thomas Mann den ungarischen Philosophen für den größten Literaturkritiker seiner Zeit hielt, aber Philosophen und Literaturwissenschaftler unterzogen das Werk von Lukács zugleich heftiger Kritik. Seit seiner Rückkehr sah er sich von der Führung in Ungarn, aber auch dem sowjetischen Schriftsteller und Stalin-Preisträger Alexander Fadejew kritisiert, weil er »die kulturellen Beiträge der Sowjetunion verschweigen, die Parteilichkeit und die Führung der Partei auf dem Gebiet der Kunst negieren und die bürgerliche Ideologie rechtfertigen würde«.[34]

Merkwürdigerweise hatte diese Attacke gegen Lukács in der DDR, wo sie sogar durch eine Übersetzung zugänglich war, keine negativen Folgen, so Dieter Schiller. Im Gegenteil: Bis 1956 verstärkte sie sogar das Interesse an Lukács, der weiterhin publiziert und in universitären wie auch literarischen Kreisen Thema blieb. 1955, als Lukács seinen 70. Geburtstag beging, feierte ihn das Verlagswesen in der DDR. Die Redaktion der Wochenzeitung *Sonntag* schickte einen Mitarbeiter nach Budapest, um ihn zu interviewen, und seine Überlegungen zum XX. Parteitag der KPdSU veröffentlichte man im September 1956 unter dem Titel »Der Kampf des Fortschritts und der Reaktion in der heutigen Kultur« in der Zeitschrift *Aufbau*.[35]

Das Ende ist bekannt: Der Aufstand in Ungarn und der Versuch, den ungarischen Philosophen aus Budapest zu holen, sorgten dafür, dass dessen Werk erst zu einem weit späteren Zeitpunkt in der DDR erschien. Weder Hans Mayer, der für ihn mit Inbrunst warb und ihm zugleich widersprach, noch sein alter Freund Ernst Bloch vermochten zu seinen Gunsten zu intervenieren. Sie fanden sich selbst als Zielscheibe einer Offensive gegen die Intellektuellen in den Jahren 1957 und 1958 wieder.

Hans Mayer hatte man einen Lehrstuhl für Neuere Deutsche Literaturgeschichte an der Karl-Marx-Universität Leipzig zuerkannt. Unter seinen Schülern waren Christa Wolf, Uwe Johnson, der 1959 in den Westen ging, Heiner Müller und praktisch alle kritischen Geister der Germanisten dieser Generation. Mayer folgte Ernst Bloch, dem er sehr nahestand und verließ 1963 die DDR. Die Leipziger Universität, an der die »internen Dissidenten« ihre Ausbildung erhielten, erlebte danach ihre »Gleichschaltung«.

Infolge der Kampagne gegen Ernst Bloch, der aus seinen Funktionen an der Universität entlassen worden war, rief man seine diskreten, aber wahrhaften Unterstützer, den Historiker Walter Markov und den Romanisten Werner Krauss – beide Antifaschisten und ebenfalls kulturelle Gründerväter der DDR – zur Ordnung. In den Bereichen Geschichte, Philosophie und Literatur mussten die zu lehrenden Autoren nunmehr von Funktionären bestätigt werden. Nach dem Weggang von Ernst Bloch im Jahr 1961 und von Hans Mayer 1963 verblieben von vergleichbarer intellektueller Bedeutung hauptsächlich Jürgen Kuczynski und Wolfgang Heise in Berlin.

Der »DDR-Voltaire«

Im Gegensatz zu Jürgen Kuczynski gab Wolfgang Heise frühzeitig das Schreiben auf. Als er beschlossen hatte, sich dem von ihm erwarteten konformistischen Denken nicht zu beugen, praktizierte er eine redaktionelle Abstinenz, die ihm die Zeit ließ, eine ganze Generation von Studierenden zum kritischen Denken auszubilden.

Wolfgang Heise lag mit Jahrgang 1925 zwischen der Generation der Gründerväter und ihren direkten Erben. Als »Halbjude« (nach der Definition der Nationalsozialisten) war er zwar der Deportation, nicht aber dem Arbeitslager entgangen. Nach dem Krieg entschied er sich aus Überzeugung für die Sowjetische Besatzungszone. Man erinnere sich: 1964 war Wolfgang Heise das einzige Parteimitglied an der Humboldt-Universität, das nicht für den Ausschluss des Physikers Robert Havemann aus der SED stimmte.

Am Ende der regelrechten Angriffe auf Kulturschaffende seit dem 11. Plenum des ZK der SED im Jahre 1965 verlor er seine Stelle als Philosophieprofessor mit Spezialisierung auf die Philosophiegeschichte und wurde aufs Abstellgleis verbannt. Er musste sich auf die Ästhetik beschränken. Am 30. August 1968 verweigerte er seine Unterschrift unter der Erklärung, die den Einmarsch der Truppen des Warschauer Paktes in die Tschechoslowakei guthieß, die man von allen Universitätsangehörigen verlangt hatte. Er schrieb auch, wie schon gesagt, an Kurt Hager, um Biermann zu verteidigen, allerdings mit einem tiefen Gefühl, dass der Brief zwecklos sei. Von Dissidenz – der inneren wie der sich offen ausdrückenden – zu sprechen ist nicht möglich, ohne den Einfluss von Wolfgang Heise, dem weithin anerkannten äußerst kompetenten Philosophen, zu erwähnen.[36] Die Stasi irrte in diesem Fall nicht und ließ ihn immer wieder überwachen.

Als Wolf Biermann im Jahr 2008 den Ehrendoktortitel der Humboldt-Universität zu Berlin erhielt, nannte er seinen Philosophieprofessor Wolfgang Heise sein geistiges Vorbild und »meinen DDR-Voltaire«.[37] Biermann erinnerte sich, wie er seinen Antrag auf Aufnahme in die Partei stellen wollte, um die stalinistische Festung von innen einzunehmen und Wolfgang Heise sich dagegen aussprach. So habe er ihm einen Dienst erwiesen.

Zu Beginn der 1980er Jahre hielt Heise Vorlesungen zur Philosophiegeschichte, die in alle möglichen Richtungen ausschweiften. Sie erreichten sehr viele Zuhörer, die im großen Hörsaal nur mit Mühe Platz fanden. Man ging dorthin, selbst wenn man nicht unbedingt viel davon verstand, wie mir die Schriftstellerin Regina Scheer anvertraute, weil man einfach wusste, dort auf einen wirklichen Denker zu treffen.

Heises Nachlass enthält Briefwechsel mit renommierten Schriftstellern und Bühnenautoren der DDR: Christa Wolf, Volker Braun, Manfred Wekwerth. Heiner Müller schrieb über Heise nach der Wende, dass dieser wahrscheinlich der einzige Philosoph der DDR sei, der es nicht verdient habe, »in den gegenwärtigen Inszenierungen des Vergessens zu versinken«.[38]

In seinem Buch zur Kritik der bürgerlichen Philosophie in Deutschland[39] weigerte sich Heise, so Biermann, eine Niederlage des kommunistischen Experiments anzuerkennen, sondern sah im Gegenteil die westliche Welt am Rande des Abgrunds. Wenn er auch nicht wusste, wie die Mängel des sozialistischen Regimes zu korrigieren seien, sah er einen Ausweg: durch und in der Partei. Für Wolfgang Thierse, der sein Assistent war, bleibt Heise »ein Beispiel der Verschiedenheit, des Reichtums und des Aufblühens marxistischen Denkens in der DDR«. Heise habe daraus ein produktives und kritisches Denken gemacht, das nicht starr festgelegt war, also weit entfernt von dem »marxistisch-leninistischen Katechismus«.[40] Er diente als Beweis, dass eine solche Haltung möglich war, auch wenn sie einen »biographischen Preis« hatte. Diesen »Preis« machte auch Biermann deutlich und bezog sich dabei auf Brecht: »Ja, er nahm sich die DDR zu Herzen, und das erwies sich als tödlich – er starb, genau wie Brecht, zwanzig Jahre zu früh.«[41]

Heise bezeugte, dass die Intellektuellen der DDR keineswegs schwiegen. Seine Stimme war auf den Hörsaal konzentriert. Aber schon dies war für die Verantwortlichen kaum tolerierbar.[42]

Durch das nationalsozialistische Regime war Deutschland eines beachtlichen intellektuellen Kapitals beraubt. Dieser Verlust wurde durch die Rückkehr der einen oder anderen bereits erwähnten Persönlichkeit ein wenig kompensiert. In einem Artikel von seltener Klarheit fragte sich ein westdeutscher Philosoph Mitte der 1990er Jahre, mit welchem Recht man nach der Wiedervereinigung einen derart abwertenden Blick auf die Philosophiedozenten der DDR geworfen und sie von ihren Posten entlassen habe, unter dem Vorwand, sie hätten nur »Diamat« (Dialektischen Materialismus) unterrichtet. Die Philosophielehre im Westen Deutschlands hingegen leide noch immer unter dem Verlust von Denkern aus der Zeit vor der Katastrophe.[43] Von einer solchen Ohrfeige blieb Heise verschont. Er starb 1987, im Alter von 61 Jahren, an einem Herzanfall. Das Ende der DDR blieb ihm erspart.

Den Traum der Väter retten

Es gab sehr wohl Versuche, »die stalinistische Festung von innen einzunehmen«, wie der junge Biermann es einmal formulierte, bevor ihn Wolfgang Heise davon abhielt, in die SED einzutreten, weil er dann kein »wahrer Kommunist« gewesen wäre. Wollte Wolfgang Heise Biermann schützen, weil er durch das Schicksal derjenigen, die auf diese Art die Partei reformieren wollten, eines Besseren belehrt worden war?

Beginnend bei Paul Merker, der sich erlaubt hatte, die Politik der Partei in der Frage der Rückgabe beschlagnahmten jüdischen Eigentums zu kritisieren, über Rudolf Herrnstadt und seinen Versuch, Ulbricht abzusetzen, Wolfgang Harich, der die Naivität besaß, seine Reformvorstellungen an Ulbricht zu schicken, über Rudolf Bahro, der letztlich sein Manuskript in den Westen schickte, und natürlich bis hin zu Robert Havemann – alle diese kritischen Kommunisten waren nicht nur gescheitert, sondern wegen Verrats angeklagt und bestraft worden. Zur Strafe versetzte man sie (in das Archiv von Merseburg wie Rudolf Herrnstadt), manchmal verurteilte man sie (wie Wolfgang Harich, Walter Janka, Herbert Crüger) oder schob sie in den Westen ab (wie Wolf Biermann und Rudolf Bahro). Waren sie nicht in den Westen gegangen, was die wenigsten taten, kehrten sie nach ihrer Entlassung gebrochen zurück. Gebrochen, aber treu.

Inga Wolfram berichtet über ein kollektives Vorhaben, um die Festung von innen einzunehmen. Zu Beginn der 1970er Jahre fanden sich junge Philosophen zusammen und bildeten eine Reformgruppe, um den Sozialismus in der DDR zu retten. Als Mitglieder der Partei trieb sie die Überzeugung an, dass man diese nur von innen heraus verändern könne, aber sich von außen darauf vorbereiten müsse. Nach ihrer Auffassung konnte man mit den meisten Mitgliedern der Partei diskutieren. Die Bornierten seien in der Minderheit. Die DDR sei vor allem eine antifaschistische Gesellschaft. »Leute, zu denen ich wirklich aufschaute und bis heute aufschaue, das sind die, die unter den Nazis den Kopf hingehalten haben. Vor denen ziehe ich den Hut, bis auf den Boden, auch vor deren Frauen.«[44]

Sie beschlossen, eine marxistische Reformgruppe in der DDR zu gründen, »für unser Vaterland«.[45] Mehr als zwei Jahre lang versammelten sie sich regelmäßig nach den Regeln des Untergrunds und lasen Texte von Trotzki und anderen nichtstalinistischen Marxisten. Sie dachten über Aktionsmöglichkeiten nach, über Kontaktaufnahmen zu Gruppen im Westen und in anderen sozialistischen Staaten. Sie stimmten dem Bau der Mauer zu, ohne den die DDR nach ihrer Auffassung nicht mehr existiert hätte, und kritisierten Wolf Biermann. Natürlich missbilligten sie seine Ausbürgerung und mochten sein Konzert vom 13. November 1976 in Köln, das sie im Westfernsehen verfolgten: »Dort, in diesem fernen Köln, hatte Wolf Biermann uns auf die Bühne geholt, unsere Wut und unsere Hoffnungen.«[46] Dennoch sahen sie in Biermann einen kontraproduktiven Provokateur. Selbst Robert Havemann, den sie respektierten, sei zu weit gegangen in seiner Regimekritik.

Unter ihnen befand sich ein Stasi-Spitzel. Sie wurden alle verhaftet und später vor die Parteikontrollkommission geladen. Das Verhalten der Mitglieder der Kommission zeigt, dass sich ein längst überholt geglaubtes Sektierertum erhalten hatte: »Das war schon eine sehr unangenehme Situation, weil mindestens die alten Genossen spätestens bei der Erwähnung des Namens ›Trotzki‹ den ideologischen Koller kriegten und das mit Faschismus gleichsetzten. […] Ich sah, wie real die Emotion war bei den älteren Genossen, die die Nazizeit in

Deutschland erlebt hatten. Die sahen bei solchen Anliegen, wie ich sie vertrat, nichts Sozialistisches mehr, die sahen plötzlich wieder SA-Leute vor sich, die Kommunisten aus dem Fenster werfen – und so haben sie mich auch angeschrien«, erinnert sich Inga Wolfram.[47]

Einmal, Anfang der 1970er Jahre, fragte der Schriftsteller und Dramatiker Peter Weiss, der einer Einladung in die DDR gefolgt war, Kurt Hager, ob sein Stück *Trotzki im Exil* aufgeführt werden könne oder ob diese Frage mit einem Tabu belegt sei. Hager habe geantwortet: »Überhaupt nicht, nur ist diese Sache bei uns ad acta gelegt.«[48]

Über die kleine Gruppe wurden mehrere Sanktionen verhängt. Sie reichten von der Rüge über den Parteiausschluss bis zum Verweis von der Universität. Die Kinder der Gründerväter erlebten also in den 1970er Jahren keine Prozesse, aber dennoch Versuche der psychologischen »Zersetzung« durch die Stasi, die annahm, dass »die Gruppe unter dem schlechten Einfluss der Professoren Heise und Kuczynski gestanden habe. So soll die Stasi Annoncen in verschiedenen Zeitungen platziert haben, wonach ein Mitglied der Gruppe besonders verlockende Dinge zu verkaufen habe oder kaufen wollte. Die Leute seien so zahlreich bei ihm erschienen, dass er fast verrückt geworden sei. Einer aus der Gruppe war mit Kuczynski verbunden, zwei nahmen an einem Heise-Seminar teil.

Inga Wolfram, der wir diesen Bericht verdanken, ist die Tochter eines während des »Dritten Reiches« in die UdSSR geflüchteten Kommunisten. Über ihren Vater sagt sie: »Mein Vater wollte seine Enttäuschungen nicht schwarz auf weißem Papier sehen.«[49] Es war also an ihr, seinen Traum zu retten: »Wir Sozialistenkinder hatten das Land von unseren Vätern geerbt, wir waren die erste Generation der Nachgeborenen, die ihren Traum vom Sozialismus verwirklicht sehen sollten.«[50] Ihr Vater, schreibt sie, sei an seiner Enttäuschung gestorben.

Von den Altkommunisten ist der Physiker Robert Havemann der bedeutendste, wenn nicht der einzige, der sich öffentlich gegen das Schweigen wandte. Für seinen Weg, sich unter Umgehung der Zensur an die Westpresse zu wenden, stellte man ihn unter Hausarrest.

Denn es war undenkbar, einen solch renommierten Wissenschaftler, den die Nazis als Widerstandskämpfer zum Tode verurteilt hatten, ins Gefängnis zu stecken.[51] Nach seinem Ausschluss aus der Partei und von der Universität musste Havemann selbst von der Namensliste der Widerstandskämpfer gegen den Nationalsozialismus »Europäische Union« verschwinden. So wurde die Geschichte im Dienst der Macht umgeschrieben. Aber Havemann avancierte zur Vaterfigur für eine Opposition, die zwar die Idee von einem »Sozialismus mit menschlichem Antlitz« nicht aufgegeben hatte, aber keiner Illusion von der Partei mehr unterlag und sich nun außerhalb von ihr positionierte. Für ihre Unterstützer, sei es Wolf Biermann oder Jürgen Fuchs, ging es nicht mehr darum, die Partei neu zu ordnen. Einer wie der andere lebten im Westen. Havemann blieb dennoch bis zu seinem Tod dabei, dass die DDR der progressivere deutsche Staat, wenn auch nicht der demokratischste sei.

Das Beispiel der Vermittler des Ideals der Gründerväter an die Generation, die in der DDR geboren wurde, reichte bis zur Rockgruppe Pankow, die 1981 ihre Geburtsstunde feierte.[52] Die Musiker um André Herzberg, selbst Sohn jüdischer Remigranten, sangen vor allem in deutscher Sprache und hatten eine tiefe Aversion gegen die Funktionäre, sie fühlten sich der kommunistischen Tradition zugehörig, sangen anlässlich der Festivals des politischen Liedes vor der Jugend der DDR. Die Texte der meisten ihrer Lieder und Rockopern hat sein älterer Bruder Wolfgang Herzberg, ein Historiker, Dichter und Publizist, der insbesondere die Oral History in der DDR eingeführt hat, geschrieben. Wolfgang Herzbergs Texte vermitteln eine kritische Distanz zum Regime, vermischen Humor und Ironie, zeichnen sich aber nicht durch völlige Dissidenz aus. Wie er verstand sich die ganze Gruppe nicht als gegenrevolutionär, und es stand für sie offensichtlich nie zur Debatte, das Land zu verlassen.

Als geistige und/oder biologische Kinder der Gründergeneration sind sie sensibel für die Welt der kritischen Marxisten. Einige Biographien sind diesen kritischen Marxisten gewidmet worden, so etwa

Wolfgang Steinitz von Annette Leo, Gerry Wolff von Wolfgang Herzberg oder Alfred Meusel von Mario Keßler.[53] Die Autoren sind Historiker, die ihre Ausbildung in der DDR erhalten haben. Ihre Schreibweise lässt ihre Empathie für die Schicksale der durch die Partei gezügelten Marxisten erkennen. Zahlreiche Briefwechsel, persönliche Tagebücher und Autobiographien, die kurz nach dem Mauerfall veröffentlicht wurden, erhellen die Konflikte, die diese Marxisten durchlebt haben. Es sind Ergänzungen, oftmals aber auch Gegengewichte zu der offiziellen Geschichte, die ohne sie und nicht selten gegen sie geschrieben worden ist. Sie erscheinen auch als Figuren in Romanen, die, wenn auch fiktiv, nicht weniger wahr sind.

»Stummsein ist meine Verdammnis«[54]

Zu dieser Literatur gehört der Roman *Machandel* von Regina Scheer. Mehrere Personen in dem fiktiven mecklenburgischen Dorf Machandel erzählen ihre Erinnerungen an den Krieg, an die Erfahrungen in der DDR und von ihrem traurigen oder glücklichen Ende. Um Clara, die Haupterzählerin, Tochter eines Altkommunisten, ranken sich weitere Stimmen. Aber paradoxerweise ist es das Schweigen ihres Vaters, der zu den Gründervätern des Regimes gehört, durch das die Vergangenheit am besten verständlich wird. Hans Langner lehnt es ab, auf die Fragen seiner Tochter zu antworten, nicht etwa weil er ein Verbrechen verübt hätte. Im Gegenteil: Er war in doppelter Weise Opfer geworden und hat nichts zu sagen, was sie verstehen würde. »Stummsein ist meine Verdammnis«,[55] sagt er am Ende seines Lebens.

Claras Vater hat eine Überlebensstrategie entwickelt, die er bei einem Genossen kennengelernt hat, der von den Nazis gefangen gehalten worden war, bevor er als Jude in Auschwitz ermordet wurde. Dieser Siegfried Kozower war Arzt und Kommunist, der ihm Spinoza und den *Woyzeck* von Georg Büchner vortrug, was ihn zu Tränen rührte. Er teilte mit ihm eine Zelle im Zuchthaus Brandenburg, wo

Kozower zu Gott betete und sagte: »Ich glaube an den Gott Israels, auch wenn der das alles hier zulässt. […] Wenn ich meinen Glauben verliere, bin ich nichts.«[56] Für Hans Langner bedeutete dies: Wenn ich die Partei verlasse, bin ich niemand mehr. Er konnte den Treueschwur, den er nach der Befreiung des Lagers geleistet hatte, nicht brechen. Er überlebte Sachsenhausen, avancierte in der jungen DDR gegen seinen Willen zum Minister, wurde dann von seinen Funktionen entbunden – wie viele Antifaschisten, die die Lager überlebt hatten oder aus dem Exil zurückgekommen waren – und musste 1952 ohnmächtig die Hinrichtung von Karel, seinem Gefährten im Lager Sachsenhausen während der Nazi-Zeit, in Prag hinnehmen.[57]

Hans Langner war wütend, als die sowjetischen Panzer in Budapest 1956 und 1968 in Prag einfielen, und fühlte sich 1989 endgültig besiegt. Ihm blieb als Trost nur, dass die Sowjetunion Hitler besiegt hatte. Wie kann man letztlich jemandem dieses »Was bleibt« erklären, der nicht erlebt hat, wie nachts 24 seiner Kameraden ermordet wurden, zur Freude der SS, die Todesmärsche, Verstecke in den Latrinen, den Wiederaufbau eines verwüsteten Landes und dann nach und nach den Verrat aller Hoffnungen? Wie soll man eine solche Vergangenheit verständlich machen, über die heute hemmungslose Historiker von ihm Rechenschaft verlangen und ihm sagen, dass er umsonst gelebt habe? Da sollte man lieber schweigen.[58]

Ravensbrück ist nicht Sibirien

In ihrem Roman *Stille Zeile Sechs* setzt die Autorin Monika Maron, Stieftochter eines Remigranten aus der Sowjetunion und Innenministers der DDR, eine etwa 40-jährige Historikerin in Szene, die einem Funktionär im Ruhestand hilft, seine Memoiren zu schreiben. Dieser Herbert Beerenbaum hat wie der Vater der Schriftstellerin sein Exil in der Sowjetunion verbracht. Die Historikerin ist aufgebracht angesichts der angepassten und emotionslosen Sprache, in der er sein Leben erzählt, so als ob er schablonenhafte Erinnerungen herunterleiern würde: »Schon als kleiner Knirps wußte ich, dass mein Herz links saß und der Feind rechts stand.«[59]

Als es um die Zeit des Exils geht, kann sich die Historikerin nicht zurückhalten einzugreifen und fragt nach dem Hotel Lux[60] in Moskau. »Und haben Sie nicht Ihre Genossen vermißt, mit denen Sie Tür an Tür gewohnt haben? [...] und wollten Sie nicht wissen, was aus Ihren Genossen geworden ist, nachdem man sie nachts aus den Betten gezerrt hat im Hotel Lux?«[61] Beerenbaum bekommt Nasenbluten, fängt sich wieder und sagt: »Meine Frau Grete wurde im Herbst 39 verhaftet. [...] Sie kam in das Konzentrationslager Ravensbrück. [...] Und das liegt nicht in Sibirien, schrie er und verließ das Zimmer.«[62]

Die Rückkehr nach Deutschland bei Kriegsende schildert Beerenbaum so: »Wohin ich blickte, nur Zerstörung, zerstörte Häuser, zerstörte Menschen, jeder zweite ein Nazi, der Rest Mitläufer. Und wir, eine Handvoll halbverhungerter und zerschlagener Kommunisten und Antifaschisten, hatten den Karren aus dem Dreck zu ziehen. Auferstanden aus Ruinen und der Zukunft zugewandt, ja, so war das!«[63]

»Meine fabelhafte Familie«

Der Titel *Ab jetzt ist Ruhe. Roman meiner fabelhaften Familie* entbehrt nicht einer gewissen Ironie. Erzählt wird das Leben der Tochter eines ehemaligen stellvertretenden Kulturministers. Die Literaturkritik verglich die Familiengeschichte der Braschs mit den Buddenbrooks.[64] So wie Thomas Mann, allerdings ohne dessen literarischen Anspruch einlösen zu wollen, beschreibt Marion Brasch den Verfall einer Familie, die sich metaphorisch auch als Niedergang der DDR lesen lässt. Der Vater, Horst Brasch, emigrierte mit einem Kindertransport nach Großbritannien und wurde so vor dem Genozid gerettet. Nach dem Krieg verließ er Großbritannien, 1946 folgte ihm seine Frau Gerda, gebürtige Österreicherin, mit dem gemeinsamen Sohn Thomas, und die beiden beteiligten sich ab 1946 am Aufbau eines sozialistischen Deutschlands.

Der Vater, ein hoher Funktionär in der Kulturpolitik der DDR, Mitglied des ZK der SED, war keine kritische Stimme, im Gegenteil, eher ein »Betonkopf« und nicht imstande, die leiseste Kritik an der DDR auch nur anzuhören. Er hatte sich dem Regime mit Leib und Seele verschrieben. Dies war nicht eine Frage von Privilegien oder Karrierismus, vielmehr ging es ihm darum, Stück für Stück den Traum vom Sozialismus zu verwirklichen – und sei es um den Preis, die eigenen Kinder zu verraten.

Die Anfangsjahre in Ostdeutschland beschreibt die Autorin so: »Sie hatten viel Arbeit, wenig Geld und noch weniger Zeit.«[65] Also gaben sie ihre Tochter in die Wochenkrippe. Doch die Kinder machten den Eltern Sorgen, vor allem der Älteste, Thomas, der im August 1968 zusammen mit Florian Havemann, dem Sohn des Physikers, Flugblätter gegen den Einmarsch der Truppen des Warschauer Paktes in Prag verteilte. »Mein ältester Bruder [...] traf sich mit seinen Freunden und schrieb Flugblätter: ›Hände weg vom Roten Prag!‹ Sie hatten nichts gegen den Sozialismus. Sie wollen ihn, aber nicht so.«[66]

Thomas Brasch erhielt eine Haftstrafe von 27 Monaten. Sein Vater besuchte ihn nicht; seine Mutter tat es heimlich. Nach zweieinhalb Monaten wurde er vorzeitig auf Bewährung entlassen und in eine Fabrik geschickt, nachdem man ihn von der Filmhochschule bereits exmatrikuliert hatte. Horst Brasch musste für die »Taten« seines Sohnes büßen. Man »entsandte« ihn für anderthalb Jahre auf die Parteihochschule in Moskau, »wo er gefälligst noch einmal die Grundlagen des Marxismus-Leninismus studieren und aus seinen Fehlern lernen sollte«.[67] Während seines »Exils« konnte die Familie frei von seiner Fuchtel atmen. Nachdem er zurückgekehrt war, erlitt er eine weitere Degradierung. Er musste Berlin verlassen und bekam in der Provinz, in Karl-Marx-Stadt, den Posten des 2. Sekretärs der SED-Bezirksleitung. Zu seinem Sohn sagte er: »Sie wollen, dass ich für dein Verhalten die Konsequenzen trage. Sie haben recht, ich habe bei deiner Erziehung versagt.«[68]

Treu seinen Prinzipien lehnte Horst sämtliche Privilegien der Nomenklatura ab. Doch auch wenn er sah, dass andere es ihm nicht gleichtaten, schwärzte er sie nicht an. Sein einziger Luxus bestand darin, englische Zigaretten zu rauchen und zweimal im Jahr seinen Urlaub in einem Funktionärsheim an der Ostsee zu verbringen. Als der Schuldirektor ihm vorschlug, seine Tochter zur Erweiterten Oberschule zu schicken, denn mit ihren Noten hätte sie es nicht geschafft, beförderte der Vater den Direktor direkt zur Tür, ohne ihm die Hand zu geben.

1975, als die Familie gerade wieder nach Berlin zurückgekehrt war, starb seine Frau an Krebs, und noch andere Probleme lasteten auf ihm. In dieser Zeit übte Horst Brasch eines Tages im Kreis von Genossen, bei einem Bier zu viel, Kritik an den Beschlüssen der Partei. Kurz darauf unternahm er einen Suizidversuch, wurde aber in letzter Minute gerettet. Danach musste er sich der Selbstkritik unterziehen: »Also setzte sich mein Vater an seinen Schreibtisch und überführte sich auf zwölf engbeschriebenen Seiten der Überheblichkeit, der Arroganz, des Starrsinns, der Eitelkeit und des übertriebenen Ehrgeizes. Seinen Selbstmordversuch begründete er mit ›politischem und persönlichem Versagen‹ und nannte sich ›egoistisch und verantwortungslos‹.«[69] Er beantragte, von seinen Funktionen entbunden zu werden.

An oberster Stelle rettete ihn ein Genosse aus dem Exil, und Horst Brasch erfreute sich einer »Beförderung« zum Vizepräsidenten der Liga für Völkerfreundschaft. Durch sein Exil in Großbritannien sprach er akzentfrei englisch. Er kannte den Westen, und seine Treue zur DDR war über jeden Zweifel erhaben. Am Ende seiner Karriere reiste er viel. Aber: »Der Riss in seiner Biographie blieb in den Akten, und die Wunde in seinem Leben blieb bei ihm.«[70]

Von allen seinen Kindern ging nur die Tochter, die Erzählerin, einen geradlinigen Weg. Sie trat mit 18 Jahren in die Partei ein. Man liest diesen Schritt als ein Zugeständnis an den Vater, der erleben musste, wie seine Söhne zu Dissidenten wurden: Thomas unterzeichnete die Petition gegen die Ausbürgerung Wolf Biermanns und ging 1976 in den Westen, schneller als er wollte. Er veröffentlichte einen Roman mit dem vielsagenden Titel *Vor den Vätern sterben die Söhne,* machte Filme und schrieb Theaterstücke. Dennoch verteidigte er weiterhin die DDR. Keiner der Söhne von Horst Brasch, die alle drei Künstler und Schriftsteller – und Rebellen – geworden sind, mit denen der Vater die Beziehung abgebrochen hatte, keiner von ihnen verleugnete die DDR. Sie blieb ihr Land, auch wenn es sie ins Exil getrieben hatte.

1981 war Thomas Brasch mit *Engel aus Eisen* zum Filmfestival in Cannes eingeladen und erhielt im selben Jahr den Bayerischen Filmpreis. Der Vater habe in Berlin am Fernseher die Preisverleihung ohne ein Wort verfolgt. Der Preis war verbunden mit einer Geldprämie in Höhe von 50 000 D-Mark, überreicht vom Ministerpräsidenten Franz Josef Strauß. Thomas Brasch erklärte vor dem verwirrten Strauß: »Der Umstand, dass ich diesen Preis aus den Händen des bayerischen Ministerpräsidenten, dessen politische Haltung der meinen entgegengesetzt ist, annehme, hat unter meinen Freunden zu Auseinandersetzungen geführt. […] Ich nehme diesen Preis als Ausdruck des Widerspruchs entgegen, den ich am Anfang erwähnte. Meine Arbeit wird weiter darauf gerichtet sein, den Widerspruch auszuhalten und zu verschärfen […], auch mit dem Film, an dem ich zurzeit arbeite und für dessen Finanzierung ich die 50 000 Mark […] brauche. Ich danke der Filmhochschule der DDR für meine Ausbildung.« Laute Stimmen, Pfiffe und Buhrufe kamen aus dem Saal: »Geh doch wieder rüber in den Osten!« Brasch bewahrte die Haltung und wiederholte seinen Dank an die Filmhochschule der DDR und dankte den Verhältnissen für ihre Widersprüche.[71] Am selben Abend teilte ihm die bayerische Regierung mit, dass sie ihn nicht länger als Gast betrachte und er seine Hotelkosten selbst bezahlen solle.

Thomas versuchte mit seinem Vater wieder Kontakt aufzunehmen, wollte ihm sagen, dass die DDR seine Familie bleibe, obwohl er sie verlassen hatte. Der Versuch scheiterte.

Als Horst Brasch im August 1989, drei Monate vor dem Fall der Mauer, starb, trösteten sich seine Kinder damit, dass ihrem Vater zumindest das Ende seines Traumes erspart geblieben war. Horst Brasch wurde auf dem Friedhof der Sozialisten, auf dem Zentralfriedhof in Berlin-Friedrichsfelde, an der Seite seiner Genossen aus dem Zentralkomitee und dem Politbüro beigesetzt. Thomas fand seine letzte Ruhe auf dem Dorotheenstädtischen Friedhof in der Chausseestraße, an der Seite von Bertolt Brecht, auf dem Friedhof der Intellektuellen.

TEIL IV
Jürgen Kuczynski – ein exemplarischer Weg

»Streitet, aber tut es hier!« Mit dieser Aufforderung hatte Hermann Kant den Ton vorgegeben, als er 1978 zum Präsidenten des Schriftstellerverbandes gewählt wurde. Wir haben gesehen, dass die Schriftsteller stritten, aber brachten sie wirklich alles zur Sprache? Jürgen Kuczynski hat Tagebuch geführt und darauf aufbauend nach dem Fall der Mauer seine Memoiren veröffentlicht. Sie belegen gewiss seine verlässliche Loyalität, aber sie geben auch zu erkennen, was er allein seinem Tagebuch anvertraut hat.

Im Gegensatz zu Wolfgang Heise, der sich einer Publikationstätigkeit weitgehend enthielt, verwirklichte sich Kuczynski durch das Schreiben. Er ist Autor von mehr als 60 Büchern, hat an mehr als 100 Veröffentlichungen als Co-Autor mitgewirkt, und er schrieb bis zu seinem Tod im Jahr 1997 seine Memoiren. Er wurde fast 93 Jahre alt. Seine *Geschichte der Lage der Arbeiter unter dem Kapitalismus* umfasst 40 Bände, seine *Studien zu einer Geschichte der Gesellschaftswissenschaften* zehn und seine *Geschichte des Alltags des deutschen Volkes* sechs bzw. acht Bände, in Abhängigkeit von der Ausgabe.[1]

Folgt man Werner Mittenzwei, so gab es um Jürgen Kuczynski viele Gerüchte. Seine Produktivität beeindruckte; er war eine öffentliche Person, und man sprach viel über ihn. Er arbeitete meist allein, blieb dabei aber gesellig. »Wo er auftrat, gab es Streit«, ein Beleg dafür, dass er seine Zunge nicht hüten konnte.[2]

Es passierte ihm, dass er sich wiederholte und oftmals lange Zitate vortrug. Aber all dies war durchaus nützlich, denn so gelangten auch Gedanken von Autoren wie Sigmund Freud, Georg Simmel, Max Weber und vielen anderen an die Öffentlichkeit, die sich nicht der Gunst der offiziellen Stellen erfreuten. Kuczynskis Bildung war immens. Er gehörte zu den Auserwählten und Glücklichen, die Zugang zu den »Giftschränken«[3] und zur ausländischen Presse hatten. Sein Name erschien mehrfach auf der Kandidatenliste für den Nobelpreis, aber andere wurden bevorzugt, oftmals enge Freunde Kuczynskis, wie Wassily Leontief oder John Kenneth Galbraith, mit denen er vor dem Krieg zusammengearbeitet hatte. Übrigens machte sich Kuczynski keine Illusionen, den Nobelpreis jemals zu erhalten, denn er war davon überzeugt, dass die Amerikaner Einspruch dagegen einlegen würden.[4]

Seine Passion, das Lesen von Kriminalromanen – er »verschlang« jährlich etwa 100 –, teilte er mit Bertolt Brecht. Zigarren gegen Kriminalromane, diesem Tauschgeschäft gingen beide bis zu Brechts Tod im Jahr 1956 nach. Einmal stellte Kuczynski eine Verbindung zwischen seinen großen Leidenschaften, dem Schreiben und der Zigarre, her: »Ich glaube, es ist ganz falsch, von Arbeitsfreude zu sprechen, es ist vielmehr eine wilde Gier zur Arbeit, genauso unbeherrscht wie meine Lust, nach meinem süßen Nachtisch eine Zigarre zu rauchen – nur hoffentlich nützlicher.«[5] Er meinte auch, dass das Schreiben das Einzige sei, das er gelernt habe.

Man muss zugeben, dass Kuczynski über Bedingungen verfügte, ohne die eine solche Leistung undenkbar gewesen wäre: Schon sehr früh hatte er eine Sekretärin und einen Fahrer. Und Marguerite, seine aus dem Elsass stammende Ehefrau, war Spezialistin für Wirtschaftsgeschichte, insbesondere zu Turgot. Marguerite blieb seine Gesprächspartnerin in allen Belangen. Sie arbeitete bis zum Renteneintritt in der Wirtschafts- und Finanzverwaltung der DDR, später am Institut für Marxismus-Leninismus.

Tagebuch schreiben, um zu widerstehen

Es war nicht einmal ein Jahr seit dem Mauerfall vergangen, als Jürgen Kuczynski mit der Niederschrift seiner Memoiren zu jener Periode begann, die gerade ihr Ende gefunden hatte: zu den 40 Jahren der Existenz der DDR. Sein erster Satz ist aufschlussreich, gewiss etwas hochtrabend, aber in einer Zeit, in der viele ihre Vergangenheit vergessen zu haben schienen, gab er den Ton seiner Memoiren an: »Heute, am 14. Juli 1990, sind es 60 Jahre, seit ich am 141. Jahrestag des Bastille-Sturms, am 14. Juli 1930, Mitglied der Kommunistischen Partei Deutschlands wurde.«[6]

Als Jürgen Kuczynski 1945 nach Deutschland zurückkam, hatte er einen ähnlichen Weg wie zahlreiche andere Angehörige der Eliten in der Weimarer Republik zurückgelegt: das Exil. Er musste 1936 aus Berlin fliehen, weil er sich als Kommunist und Jude immer mehr gefährdet sah, und ging nach Großbritannien. Von seiner jüdischen Identität machte Kuczynski nicht viel Aufhebens: Er kam aus einer alten jüdischen Gelehrtenfamilie, die seit drei Generationen assimiliert war. Als man ihn einmal mit der Bemerkung konfrontierte, er habe in seiner *Geschichte des Alltags des deutschen Volkes* die Judenverfolgung in Deutschland zwischen 1933 und 1945 gar nicht erwähnt, war er entsetzt und konnte sich ein solches »Vergessen« nicht erklären.[7] Der Abkömmling des deutschen Bürgertums erinnerte sich andererseits gern, dass sein Großvater die Erstausgabe des *Manifests der Kommunistischen Partei* gekauft hatte und 1846 aus politischen Gründen nach Frankreich fliehen musste. Man findet das komplette Werk von Karl Marx in der Familienbibliothek der Kuczynskis, die über sechs Generationen gewachsen ist.[8]

Wie erklärte er seine Rückkehr nach Deutschland am Ende des Krieges, obwohl er sich schon im englischsprachigen Raum ein gewisses Ansehen erworben hatte? Die Antwort fiel kurz und einfach aus: weil er Deutscher und Kommunist war. Das machte eine weitere Diskussion überflüssig. »Meine Familie, das war die Partei!«[9]

Kuczynski verließ London und kehrte das erste Mal im Frühjahr 1945 – im Auftrag amerikanischer Geheimdienste, für die er mit Zustimmung der Partei bzw. Moskaus tätig war – nach Berlin zurück. Der Krieg hatte gerade sein Ende gefunden, der Kalte Krieg noch nicht begonnen. Wie viele sah er mit Betroffenheit das Elend, das in der Reichshauptstadt herrschte; er irrte durch die Ruinen seines ehemaligen Wohnviertels in der Nähe des Schlachtensees und traf auf ausgehungerte Menschen. Man trug ihm einen Lehrstuhl an der Berliner Universität an, und er sagte sofort zu. Später leitete er sogar ein eigenes wirtschaftshistorisches Institut. In der Sowjetischen Besatzungszone traf er ihm bekannte alte Genossen wie Klaus Gysi, Friedrich Wolf und natürlich den Dichter Johannes R. Becher, der 1954 das Amt des ersten Kulturministers der DDR übernahm.

Jürgen Kuczynski war nicht nur Zeuge der Gründung und des Aufbaus der DDR, sondern ein Mitgestalter. Weder Apparatschik noch Parteifunktionär, setzte er sich als Intellektueller dafür ein, Exilanten nach Deutschland zurückzuholen – auf die richtige Seite, das versteht sich. In einem Brief an Anna Seghers, seine lebenslange Freundin, die sich damals noch im Exil in Mexiko aufhielt, schrieb er: »denn wir sind ja keine Faschisten und keine Rassisten, welche von den Deutschen ungefähr so sprechen wollen wie Hitler von den Juden sprach, diese Rasse ist unveränderlich schlecht«.[10]

Auch wenn im »guten« Deutschland nicht alles perfekt gelang: Jürgen Kuczynski hat sich während seines ganzen weiteren Lebens auf die Gegebenheiten eingestellt und versucht, mit ihnen auszukommen. Das war nicht immer leicht, auch wenn es anders scheinen mag. Nur knapp entging er Repressalien, als die Stasi ihn überwachte und zu Beginn der 1950er Jahre eine Akte Kuczynski anlegte. Es war die Zeit – so schien es –, in der sich die DDR den großen Schauprozessen anderer sozialistischer Staaten anschließen würde.[11]

Den Vorwand bildete die Veröffentlichung eines Artikels in der englischen Zeitschrift *Left Review* ohne Zustimmung der Partei. Man verdächtigte Kuczynski trotzkistischer Tendenzen und schlimmer noch: Man beschuldigte ihn, die Talente Stalins nicht anerkannt zu haben. In einem in der Stasi-Akte Kuczynski erhaltenen Bericht wird mitgeteilt, der Beobachtete habe einen schludrigen Vortrag anlässlich des Stalin-Geburtstages gehalten, in dem weder Marx noch Engels zitiert worden seien. Weiter heißt es, der Referent habe kein Wort über Stalins Genialität auf dem Gebiet der Sprachwissenschaft verloren.[12] Aber konnten solche Loblieder aus dem Mund eines so gebildeten Mannes wie Kuczynski kommen? Zugegebenermaßen, es gab Schlimmeres. Dennoch hatte Kuczynski einiges riskiert, als er sie nicht anstimmte.

Jürgen Kuczynski ergriff niemals das Wort, um öffentlich zu kritisieren, was nicht in Ordnung war und was er nicht unbedingt für bare Münze nahm, auch wenn er nach dem Fall des Regimes sehr häufig von seiner Naivität sprach. Seine Zweifel, seine Verletzungen, seine Kritik vertraute er vielmehr seinem Tagebuch an, das er ab 1957 regelmäßig führte. So notierte er einmal: »Was für eine traurige Situation, in der ich darüber nur in meinem Tagebuch, das in meinem Safe liegt, schreiben, nichts bei uns veröffentlichen kann.«[13] Eine gewisse Parallele zu dem jüdischen Philologen Victor Klemperer mag einem hier in den Sinn kommen, der seine Tagebücher schrieb, um im »Dritten Reich« moralisch zu widerstehen, doch die Situation gestaltete sich für Kuczynski weit weniger tragisch.

Kuczynski datiert den Beginn seiner Opposition, die er regelmäßig (und ausschließlich) innerhalb der Partei zum Ausdruck brachte, nach der Chruschtschow-Rede auf dem XX. Parteitag der KPdSU 1956. Er sprach nicht gern über frühere Ärgernisse, wie etwa über seine Absetzung von der Funktion des Präsidenten der Gesellschaft für Deutsch-Sowjetische Freundschaft im Jahr 1950. Kuczynski begnügte sich damit zu erzählen, dass man jemand Wichtigeren als ihn, nämlich ein Mitglied des Politbüros, in dieser Funktion sehen wollte. Er erinnerte sich aber, wie verlegen führende ostdeutsche Politiker wie der Präsident der DDR Wilhelm Pieck und der Generalsekretär der Partei Walter Ulbricht sich in dieser Angelegenheit ihm gegenüber gezeigt hatten.

Gewiss, schon im Juni 1953 hatte Kuczynski Zweifel. Aber er blieb an der Seite der Partei, so wie die meisten Intellektuellen in der DDR. Das bedeutete jedoch nicht, dass er mit der Partei- und Staatsführung übereinstimmte. Er fürchtete jedoch Machenschaften aus dem Westen, die das Gesellschaftsprojekt in diesem neuen Deutschland, für das er sich entschieden hatte, zum Scheitern bringen könnten. In der Zeit des Kalten Krieges war die Rolle des amerikanischen Radiosenders RIAS und westlicher Agenten während der Arbeiteraufstände keine reine Propaganda der ostdeutschen Führung. Wirkliche Zweifel machten sich auch bei Kuczynski nach 1956 breit, besonders als die Hexenjagd der Partei auf Intellektuelle begann. In den Memoiren findet man jedoch kein Wort zu dem, was an der Universität Leipzig passierte, wo der Philosoph Ernst Bloch seines Amtes enthoben, ausgegrenzt und unter Beobachtung gestellt wurde. War Kuczynski informiert, welchen Schikanen der Autor des Buches *Das Prinzip Hoffnung* und seine Freunde ausgesetzt waren? Kuczynski hatte in jedem Fall eigene Sorgen.

In seinen Memoiren kommt Kuczynski immer wieder auf den Konflikt zurück, der ihn in den 1950er Jahren in Widerspruch zur Parteiführung brachte. Damals durchlebte er das erste Mal das Trauma der Ungnade. Der Tod Stalins hatte Hoffnungen geweckt. So nahm er sich einige Freiheiten heraus und schrieb zum Beispiel, dass die Statistiken bürgerlicher Ökonomen nicht immer falsch seien. Er verteidigte die Soziologie, die von ostdeutschen Autoritäten als »bürgerliche Pseudowissenschaft« angegriffen worden war, die er jedoch als einen eigenständigen Zweig der Gesellschaftswissenschaften ansah. Aber den Zorn der Parteiführung zog seine Infragestellung der Doxa über die Ursachen des Ersten Weltkrieges auf sich. Unterstellte er nicht in der Tat, die deutsche Sozialdemokratie, aber auch Lenin, hätten den Nationalismus und die kleinbürgerliche Mentalität der Masse der Arbeiter unterschätzt?[14] Der Vorwurf des »Revisionismus« ließ nicht lange auf sich warten.

Am 13. Februar 1958 setzte das *Neue Deutschland* eine systematische Kritik seiner Arbeiten in Gang, die man in der Fachpresse aufgriff. Dass es ihm, wenn auch nur knapp, gelang, einem Parteiausschluss zu entgehen, der auch eine Entlassung aus der Akademie der Wissenschaften und aus dem wissenschaftlichen Leben überhaupt nach sich gezogen hätte, war seiner subtilen Strategie zu verdanken: Er drängte seine Schüler, auf Distanz zu ihm zu gehen, damit er nicht einer Fraktionsbildung beschuldigt werden konnte. Seit Lenin tolerierte die Partei kein Sektierertum. Der Disziplin gehorchend übte Kuczynski Selbstkritik, die im *Neuen Deutschland* abgedruckt wurde. War er überzeugt? In jedem Fall war er bereit, den Schein zu wahren. Er verlor seinen Sitz in der Volkskammer und erhielt lediglich eine Rüge der Partei.

Als »gebranntes Kind« beschloss er sich fortan zu schützen, indem er sich ausschließlich seiner *Geschichte der Lage der Arbeiter im Kapitalismus* widmete. »Glück im Unglück«, kommentierte er. Die Situation so umzukehren, dass man daraus Nutzen ziehen konnte, war eine kluge Entscheidung. Aber die Verletzung blieb: Am 20. Januar 1959 schrieb Kuczynski in sein Tagebuch: »Gestern vor einer Woche, am 12. Januar 1959, erhielt ich eine Verwarnung. Nach fast 33 Jahren Arbeit für die Sowjetunion und (seit 1930) für die Partei diese Schande!«[15]

Sieben Genossen hatten gegen ihn gestimmt, ein einziger hatte sich enthalten. Kuczynski gab keinen Namen an, nicht einmal desjenigen, der die Enthaltung wählte. Zu gut kannte er das System, als dass er jemanden in irgendeiner Weise beschuldigen wollte.

Die Dreckskerle des wütenden Kleinbürgertums

In fatalistischer Weise notierte Kuczynski in seinem Tagebuch, dass es die Deutsche Kommunistische Partei weder vor noch nach dem Krieg geschafft habe, gute Beziehungen zu den Intellektuellen herzustellen. Zudem bemängelte er die fehlende Bildung und die intellektuelle Misere der Apparatschiks. Man erzählte, dass als Walter

Ulbricht Brecht zitierte, man fragte, wer ihm das Zitat eingeflüstert hat. Er rief Ilja Ehrenburg zu Hilfe, um Anna Seghers zu unterstützen, deren Buch *Die Toten bleiben jung* von Ulbricht attackiert worden war: »Aber wo bleibt die Partei?«, hatte dieser gefragt. »Worauf Ehrenburg sagte: ›Ja, Genosse Ulbricht, das haben wir uns während des Krieges auch gefragt.‹ Und damit war das Thema für immer erledigt und Annas Roman ›gerettet‹.«[16]

Von 1958 bis zur Auflösung des Regimes ist sein Tagebuch von Notizen übersät, die Verzweiflung verraten. Er schrieb nichts über die Errichtung der Mauer im August 1961, aber er verlieh seiner Überzeugung Ausdruck, wenn er notierte, er sei überzeugt davon, dass es keine andere Lösung gab. Fünf Jahre später, am 22. Februar 1966, kurz nach dem berühmt-berüchtigten 11. Plenum des Zentralkomitees Ende Dezember 1965, auf dem die Intelligenz heftig angegriffen worden war, bemerkte er: »Die Situation hier ist ›mal wieder‹ katastrophal«,[17] und am 19. März: »Die Situation ist in vieler Beziehung schlechter als je seit 1957/58. Die Führung und der Apparat benehmen sich der Intelligenz gegenüber wie Bastarde von wildgewordenen Spießbürgern und Elefanten im Porzellanladen. […] Dabei herrscht überall ein passiver Widerstand der Intelligenz.«[18]

Sein eigener Widerstand eingeschlossen. Es war die Zeit der Havemann-Affäre. Der kommunistische Physiker bot den Autoritäten in einer Reihe von Vorträgen Paroli und entwarf ein kritisches marxistisches Denkgerüst, das mit dem Pakt des Schweigens brach. Gewiss, Kuczynski lehnte es ab, in die schreiende Meute aufseiten der Partei einzustimmen. Das hat er niemals getan, er schwieg. Schweigen verstand er als einen Akt des Widerstands. Die gleiche Haltung nahm er 1968 ein. Er begrüßte jedoch den Prager Frühling und schrieb am 21. August in sein Tagebuch: »Die Truppen sind in die ČSSR einmarschiert. Ein großes Experiment scheint sein vorläufiges Ende gefunden zu haben. […] Mein Herz und Verstand sind auf Seiten der ČSSR. Aber ich kann die Sicherheitssituation nicht übersehen. Wichtiger als Herz und Verstand ist die Sicherheit des sozialistischen Lagers. […]

Schlimm ist, daß man uns nicht wenigstens ausgelassen hat.[19] Wieder deutsche Truppen in der ČSSR!«[20]

Hier findet sich die gleiche Ambivalenz wie in der Einschätzung des 17. Juni 1953.

»Antisemitismus wie immer«

Aber Kuczynski war irritiert, als das Zentralorgan der SED schrieb, Zionisten hätten versucht, in der Tschechoslowakei die Macht zu übernehmen. »Auch das noch«[21] Er wurde zunehmend sensibel für den Antisemitismus der UdSSR. Am 11. Mai 1970 notierte er: »Habe vor ein paar Tagen die Lenin-Medaille bekommen, und da ich mir fest sagte, sie ist vom Sowjetvolk und nicht von Regierung oder Parteiführung, habe ich sie mit tiefer Freude genommen – allein schon der Antisemitismus von Regierung oder Parteiführung in der SU hätten mich sonst veranlaßt, sie nicht anzunehmen.«[22]

Ein Jahr später erwähnte Kuczynski den Tod von Lukács, dem Einzigen, dem er zutraute, die Philosophie in Ungarn am Leben erhalten zu können. Man findet hier keine Bemerkung für oder gegen die Ächtung Georg Lukács' durch das Ungarn unter János Kádár. Als ob die Sache klar gewesen sei.

Am 5. April 1971 verwies Kuczynski darauf, das Wohlwollen von Kurt Hager erfahren zu haben, dem Chefideologen des Politbüros, der zugleich sein Intimfeind war: »Er sprach fast zwei Stunden mit mir. Interessant, daß er findet, die Geschichte der Arbeiterbewegung ginge zu weit in die Kritik der Fehler der KPD in der Weimarer Zeit. Immer diese Angst! Es ist zu elend.«[23]

Es ist verständlich, dass sich Kuczynski mit diesem linientreuen Aufsteiger-Apparatschik nicht verstand. Dieser hatte die Parteischule absolviert, Philosophie, das heißt dialektischen Materialismus, kurz »Diamat«, gelehrt, bevor er über das intellektuelle Milieu zu herrschen begann. 1971 findet sich in Kuczynskis Tagebuch auch die erste Erwähnung der Stasi: »Habe den Eindruck, daß die Sicherheitsmaßnahmen bei uns immer mehr verschärft werden. Alte erfahrene Genossen führen ›interne Gespräche‹ nur noch auf Spaziergängen, außerhalb der Wohnungen.«[24]

1974 reiste Kuczynski nach Moskau und beobachtete: »Antisemitismus wie immer – kein jüdischer Angestellter im Außenministerium, im Parteiapparat etc.«[25]

Später verteidigte er die UdSSR nicht mehr um jeden Preis; 1977 zum Beispiel mokierte er sich in seinem Tagebuch über Leonid Breschnew: »Nach einer arroganten und albernen Rede, als er Staatsoberhaupt geworden, läßt sich Breschnew [...] von Giscard d'Estaing zwei Autos schenken – aber, und das geht durch die ganze kapitalistische Presse!, die Farbe, grün, gefällt ihm nicht, und so werden sie ganz schnell in blau umgefärbt! So benimmt sich jemand, der sich einbildet, Führer der kommunistischen Weltbewegung zu sein! Einfach ekelhaft! [...] wie kränkend für uns Kommunisten! [...] Einen Dorf-Don-Juan nannte man B. früher. Wie soll man ihn heute charakterisieren? Gott sei Dank sieht er krank aus.«[26]

Nach der Biermann-Affäre im November 1976 hatte er Verständnis für die Petition der Schriftsteller gegen die Ausbürgerung des Protestsängers: »Nach der schlimmen Biermann-Affaire, die uns alle erregt hatte, eine bessere Nachricht am 19. März 1977: In der Biermann-Angelegenheit haben wir vieles durch richtige Behandlung von Christa Wolf, Fühmann usw. wieder gutgemacht.«[27]

»Mittelmaß, überall Mittelmaß«

Am 28. August 1977 kam Jürgen Kuczynski auf die »schlimme« Affäre zurück und notierte: »Goethes Geburtstag – und Anna [Seghers] ist so müde, daß sie wohl nicht mehr lange leben wird. Die letzten Monate waren wohl auch zu schwer für sie, zu viele ihrer engsten Freunde in Schwierigkeiten. [...] Eine Reihe unserer Schriftsteller werden jetzt nach dem Westen entlassen. Keiner ist meiner Ansicht nach ein Verlust, und es wird ihnen, soweit sie irgendetwas taugen, bald leid tun. In jedem Fall machen wir es nach der einen einzigen wirklichen Dummheit Biermann weit besser als die Sowjetunion.«[28]

Die Augenblicke der Entmutigung wurden intensiver. Am 21. November 1979 schrieb Kuczynski: »Ursula (meine Schwester) und Len (ihr Mann) waren heute da. Nie waren sie und ich so deprimiert über unsere Verhältnisse – eigentlich auf allen Gebieten.«[29] Später, im August 1982: »Mein Gott! was hätte Lenin für eine Wut, wenn er das alles erlebt hätte.«[30] 1983 notierte er über den IX. Schriftstellerkongress: »ein unglaublich niveauloses Spektakel«.[31] Anna Seghers starb währenddessen, am 1. Juni 1983. Zehn Tage später stellte er fest: »Anna ist gestorben. Nun bin nur noch ich aus dem Kreis Becher, Brecht, Busch, Eisler, Kisch übrig.«[32] Als unbelehrbarer Optimist notierte er an einem anderen Tag: »Der Kreis alter Freunde ist wirklich klein geworden. Aber ich scheue mich nicht, neue zu gewinnen.«[33]

Manchmal erlaubte sich Kuczynski, humorvoll mit seinen Feinden umzugehen, zum Beispiel mit dem Philosophen Alfred Kosing: »Kosing sprach mich auf dem Kongreß an, er hätte gehört, ich hätte ihn kritisiert. Ich sagte ihm: ›Ganz im Gegenteil, ich habe Deinen Opportunismus verteidigt.‹«[34]

Ein anderes Mal forderte er den Präsidenten der Historiker-Gesellschaft der DDR Joachim Streisand heraus: »Wann schreibst Du mal ein Buch, das kein Auftragswerk der Partei ist?«[35] Er machte sich auch über die neue Theorie von Kurt Hager lustig, wonach die DDR eine eigene Nation sei: »Natürlich völliger Unsinn. Sie ist ein Staat, aber die deutsche Nation als [...] umfassender Begriff aus alter Vergangenheit besteht weiter.«[36]

Von Zeit zu Zeit ließ Kuczynski der Stimme seines Herzens freien Lauf, wenn er etwa ausrief: »Mittelmaß, überall Mittelmaß!« Auch wenn er sich öffentlich schriftlich nicht äußerte, hatte er doch oft ein loses Mundwerk, selbst was die Stasi anbelangte: Eines Tages sprach ihn der Verantwortliche für »die Sicherheit« der Akademie in der Kantine an: »Sag mal, ich habe gehört, daß du kürzlich in der

Polnischen Botschaft Aufsehen erregt hast.« Zwei Tage zuvor hatte Kuczynski sich in der Tat laut und kritisch geäußert. Kuczynski erwiderte deshalb: »Es ist wirklich sehr erfreulich zu sehen, daß unsere Sicherheit so gut funktioniert!«[37]

Man muss anerkennen, dass Kuczynski es vermochte, die Stasi sehr gut auf Distanz zu halten. Das gilt schon für deren Anwerbungsversuch im Jahr 1955. Kuczynski sollte über die Atmosphäre an seinem Institut Auskunft geben. Darauf wandte er ein, dass er selten am Institut sei und besser zu Hause arbeiten könne. Außerdem würde er gern mit seinem alten Freund, dem Genossen Wollweber, sprechen. Dieser leitete ab 1953 das Ministerium für Staatssicherheit. Der Verbindungsoffizier war damit auf seinen Platz verwiesen und insistierte nicht weiter. Kuczynski sprach stets nur mit seinesgleichen.

Ende der 1970er, Anfang der 1980er Jahre führte Kuczynski einen langen Kampf für die Veröffentlichung seines Buches *Dialog mit meinem Urenkel.* Es ist sein kürzestes Werk, doch ohne Zweifel das populärste. Es handelt sich um einen fiktiven Dialog, bei dem der Urenkel Fragen stellt, die ein Tabu betrafen: Es geht um die Zeit des Stalinismus. Der Ton ist vorsichtig, aber direkt.[38] Damals, noch bevor sich die Perestroika am Horizont abzeichnete, war dies mutig. Das Manuskript hatte Kuczynski 1977 eingereicht. Genau in dem Moment, als die Korrekturfahnen vorlagen, fiel eine Entscheidung des Politbüros: Vor einer Veröffentlichung sollten ihm weitere Memoiren alter Genossen vorgelegt werden. Das Manuskript ging an die höchsten Stellen. Dann war Ruhe, über Monate und Jahre. Bis am 12. Dezember 1981 Kuczynski zufällig Kurt Hager traf, dem das Manuskript seit sechs Monaten vorlag: »[...] vor dem Beginn des Treffens [teilte ich ihm] mit, daß ich noch lebe und wie es mit dem Manuskript stünde. Er meinte auf das freundlichste, daß er es erst zur Hälfte gelesen hätte und gegen seine Veröffentlichung wäre. ›Aber‹, fügte er hinzu, ›die endgültige Entscheidung wird höher liegen.‹«[39]

Für viele Funktionäre war dieses Buch die regimefeindlichste Schrift, die jemals in der DDR veröffentlicht wurde. Die Aura, die

Kuczynski in der Bevölkerung umgab, und der für viele gut lesbare Text, der in einem nichtuniversitären Stil verfasst ist, erschien ihnen gefährlich. Letztlich ermöglichte Erich Honecker – ermuntert durch seine Enkelin – die Veröffentlichung sieben Jahre nach Manuskriptabgabe. Erich, wie ihn Kuczynski gern nannte, erschien erneut als Retter. Das erste Mal war dies zu Ulbrichts Zeiten der Fall gewesen. Diesen nannte Kuczynski übrigens meistens nicht beim Vornamen. Im Jahr 1966 war Kuczynskis Institut durch die Hochschulreform in seiner Existenz gefährdet. Honecker, damals bereits im Politbüro und in Erwartung seines weiteren Aufstiegs, intervenierte mit Erfolg zugunsten des Instituts. Kuczynski revanchierte sich: »Honecker, mein Freund«, schrieb er einmal.

Der »Ghostdenker«

Kuczynski meinte, dass sich seine Situation mit der Machtübernahme von Honecker im Jahr 1971 verbessert hatte. Seitdem legte er ihm seine Artikel vor, bevor er sie an das *Neue Deutschland* zur Veröffentlichung schickte, wo er regelmäßig über die Wirtschaft der DDR berichtete. »Nie vergesse ich ihm, daß er mein so zuverlässiger Briefträger meiner Aufsätze für das ›Neue Deutschland‹ war«, kommentierte Kuczynski desillusioniert.[40] Im Gegenzug bereitete er Reden für den Staatschef vor, wenn dieser es wünschte. Stellte er wirklich die Rolle des Gelehrten im Dienst der Politik in Frage? »Ghostwriter, Ghostdenker der Politiker haben wahrlich eine große gesellschaftliche Aufgabe«,[41] notierte er kurz und lakonisch. Doch war er nicht naiv: Wenn ein Apparatschik ihn bat, einen Vortrag vorzubereiten, war er auch schon gemacht. Aber seinem Tagebuch vertraute er an: »Man sieht, wie ich ›avanciere‹. [...] Was für ein groteskes Leben im ›realen Sozialismus‹!«[42]

Am 25. Dezember 1988 schrieb Kuczynski einen Artikel über die Preispolitik, den er, wie gewohnt, Honecker vorlegte. Der Artikel wurde genehmigt und sogleich in der gesamten Parteipresse veröffentlicht. Kuczynski war bewusst, dass man sich seines Namens bediente. Er war bekannt dafür, dass er nicht zu allem Ja und Amen sagte. Und so erlaubte er sich einen Artikel, der in Bezug auf die Wirtschaftspolitik der DDR keineswegs negativ war. Er hatte ihn geschrieben, wie er später zugab, um den Grad seiner Gnade zu testen.[43]

In seinem Tagebuch ließ er sich immer wieder über Hager aus: »er (Hager) ist ja ein Feigling«,[44] und erinnerte sich gern, dass dieser im Jahr 1956 gesagt habe: »Derjenige, der nicht jedes Wort von Ilja Ehrenburg unterschreibt, gehört nicht unserer Partei an.« Kuczynski habe ihn daraufhin gefragt: »Selbst wenn er sagt, daß nur tote Deutsche gute Deutsche sind?«[45] Und er notierte in sein Tagebuch: »Feigheit ist keine seltene Eigenschaft, gewiß nicht bei den Intellektuellen.«[46]

Die Wörter geschmacklos, korrupt und feige sind in seinem Tagebuch zahlreich zu finden. Immer wieder schöpfte er ein wenig Hoffnung, wenn ihm jemand von »da oben« Komplimente machte oder einen Artikel oder eine Rede von ihm anforderte; glücklich wie ein kleiner Junge, dem der Lehrer die Wange tätschelte, nachdem er ihn verprügelt hat. Kuczynski schätzte die Höflichkeit Honeckers, der stets seine Gäste zur Tür begleitete, und war stolz darauf, dass Honecker anlässlich eines Treffens mit Gesellschaftswissenschaftlern, die der Staatschef mit seiner Gegenwart beehrte, allein seine Hand geschüttelt hatte. Aber seit 1984 traf er ihn nicht mehr und vertraute seinem Tagebuch die Enttäuschung an, die dies bei ihm auslöste. Am 25. September 1986 notierte er: »Hatte an Erich geschrieben, daß ich ihn gern 10 Minuten gesehen hätte, aber er findet keine Zeit mehr für mich. Warum wohl? Läßt sich jedenfalls nicht ändern.«[47]

Dennoch war es Honecker, der die Veröffentlichung des »Dialogs mit dem Urenkel« ermöglichte. Dies war Kuczynskis letzter Kampf gewesen, wohl der härteste. Nur mit großen Schwierigkeiten konnte er das Buch veröffentlichen, er musste viele Passagen ändern – und es wurde ein Bestseller. Die Neuauflagen waren stets problematisch. Die dritte Auflage beschränkte man auf 15 000 Exemplare. Offiziell wegen

Papiermangels; 12100 Bestellungen blieben offen. Am 8. Juli 1986 bot Kuczynski eine Signierstunde in einer Rostocker Buchhandlung an, wo innerhalb von zweieinhalb Stunden 600 Exemplare verkauft wurden. Manche Kunden erwarben gleich mehrere Bücher: »Der Andrang war so groß, daß vier Volkspolizisten zu meinem Stand geholt werden mußten, um meine Verkäuferin und mich davor zu bewahren, mit dem Tisch erdrückt zu werden.«[48]

Der Verkauf zwischen 1984 und 1989 belief sich auf 250 000 Exemplare. Die Nachfrage erklärte sich Kuczynski vor allem damit, dass die Historiker in der DDR ihrer Aufgabe nicht wirklich nachkamen. Kuczynski schätzte die Geschichtswissenschaft nicht sehr, denn sie hatte es seiner Meinung nach versäumt, sich kritisch zum Stalinismus und zur stalinistischen Periode zu äußern. Im Gegensatz dazu fanden die Schriftsteller durchaus Kuczynskis Wertschätzung.[49]

»Der kritischste Gegner innerhalb der Partei«

Für die Jahre 1985 bis 1989 kann Kuczynski als der kritischste Gegner innerhalb der Partei gelten. Seit dem Plenum des ZK der KPdSU im März 1985 unterstützte er auch in der Öffentlichkeit Gorbatschow. Er schätzte seine direkte Art, frei von jedem Parteijargon. Dennoch zeigte sich Kuczynski enttäuscht, als Gorbatschow in der Zeitung *L'Humanité* vom 4. Februar 1986 den Antisemitismus in der UdSSR leugnete. Gorbatschow bedeutete für Kuczynski eine Rückkehr zu Lenin. Es freute ihn, als sich in der DDR der Name Gorbi verbreitete, »der erste Parteiführer in der SU oder von uns, der bei uns einen liebevollen Spitznamen hat«.[50]

In der zweiten Hälfte der 1980 Jahre erlaubte sich Kuczynski nunmehr, seine Meinung, wenn auch in Maßen, öffentlich zu machen. Die Zeit, in der er seine Kritik nur innerhalb der Partei geäußert hatte, war vorüber. Perestroika ermutigte ihn, auch der westlichen Presse Interviews zu geben. So willigte er im April 1987 in ein Treffen mit Journalisten des linksorientierten westdeutschen Magazins *Konkret* ein. Im selben Jahr gab er das schon zitierte Interview für die französische Zeitung *Libération,* in dem er seine Begeisterung für Glasnost und Perestroika kundtat und bedauerte, dass die ostdeutsche Parteiführung in diesen Fragen zurückhaltend reagiere.[51]

Kuczynskis Sohn Thomas erinnerte sich, wie sehr sein Vater den sowjetischen Historiker Michail Gefter, auch eine Art linientreuer Dissident, schätzte. Ende 1988 empfing er einen Journalisten, der mit ihm über den Antisemitismus und die jüdische Frage in der DDR sprechen wollte. Aber in dieser Hinsicht war er weniger redselig: »Lehnte die alberne Judenthematik ab – nach 43 Jahren haben wir endlich entdeckt, daß es auch Juden bei uns gibt, und plötzlich, fast täglich steht etwas über die jüdischen Gemeinden, jüdische Friedhöfe usw. bei uns in der Presse. Es wird gemunkelt, daß das einen Besuch von Erich in den USA erleichtern soll.«[52]

Das war richtig. Ebenso wie er waren die meisten Kommunisten jüdischer Herkunft keine Anhänger einer Instrumentalisierung des Holocaust, als es am 9. November 1988 um die Erinnerung an die Kristallnacht ging. Aus Anlass der 50-jährigen Wiederkehr tat man in der DDR alles, um die Bundesrepublik in der Zahl der Reden, Interviews mit Zeitzeugen und Opfern sowie Veranstaltungen zu überbieten. Bislang hatte man es in der DDR eher der evangelischen Kirche überlassen, an den Pogrom zu erinnern.

Kuczynski wurde nicht müde, seine Hoffnungen zu äußern, die er mit Gorbatschow verband. In seinem Buch *Kurze Bilanz eines langen Lebens* gesteht er, dass er in seinem neunten Lebensjahrzehnt, also in den 1980er Jahren, Aktivitäten seiner Jugend wieder aufgenommen habe: Er bilanzierte, zwischen 1985 und 1989 382 Vorträge gehalten und für 75 Interviews zur Verfügung gestanden zu haben.[53]

In Kuczynskis Tagebuch wechseln sich humorvolle Spitzen mit Zeichen der Entmutigung ab. Er notierte geistreiche Bemerkungen und Witze, so zum Beispiel: »Was ist der Unterschied zwischen der Neutronenbombe und ›Kaffeemix‹ (einem scheußlichen Kaffee-Ersatz)? Gegen die Neutronenbombe darf man protestieren.«[54] Oder

1987, als man vom Prager Frühling in Moskau sprach, fügte er diesen Gedanken von Marguerite hinzu: »Werden wir einmarschieren?«[55] Am 8. Juni desselben Jahres traf er im Regierungskrankenhaus seinen alten Freund Klaus Gysi, den Staatssekretär für Kirchenfragen, und schrieb in sein Tagebuch: »Dieser war ebenso wie ich bestürzt über die Kluft zwischen der Parteiführung und der Masse der Parteimitglieder wie der Bevölkerung.«[56]

Und am 1. Mai 1989 notierte er, dass die Institutsangehörigen, um ihre Opposition zu bekunden, nicht an der Demonstration teilnehmen. Am 8. Mai machte er sich über die Wahlergebnisse lustig, die offensichtlich gefälscht worden waren und später eine Rolle bei den Herbstdemonstrationen spielten. »Die Wahlresultate sind so, daß, wie mein Vater gesagt hätte, die Zahl hinter dem Komma bestimmt richtig sein könnte.«[57] Am 8. Oktober 1989 weigerte sich Kuczynski, am offiziellen Empfang für Gorbatschow teilzunehmen. »Man soll nicht auf dem Vulkan tanzen.« Und er sprach von einem »Marxismus-Senilismus«.

Anlässlich seines 85. Geburtstages, knapp zwei Monate vor dem Mauerfall, widmete die *Frankfurter Allgemeine Zeitung* Jürgen Kuczynski einen Artikel und nannte ihn »Querdenker und fröhlicher Marxist«. Das gefiel ihm sehr. Er gab sich nicht als Held, aber er verwies auf die kleinen mutigen Taten, die zum Beispiel darin bestanden, Leuten Besuche abzustatten, die in Ungnade gefallen waren, immer in Erwartung, dass er selbst bald diesem Kreis angehören könnte. Gewiss war dies keine große Tat, wird jemand urteilen, der das sozialistische System nicht kennt, aber diejenigen, die von einer solchen diskreten Unterstützung profitierten, wussten um den Wert einer solchen Handlung.

So hatte Kuczynski 1954, in einer der düstersten Periode der DDR-Geschichte, als er sich selbst im Fadenkreuz der Stasi befand, den im Juli 1953 abgesetzten Chefredakteur der Zeitung *Neues Deutschland* Rudolf Herrnstadt besucht, der nun in der Merseburger Abteilung des Deutschen Zentralarchivs sein »Exil« gefunden hatte:

»Als ich beim Betreten der Wohnung seiner Frau, einer Sowjetgenossin, ein paar Blumen überreichte, kamen ihr die Tränen. So viel Freundlichkeit war sie nicht mehr gewohnt. Als er mir erzählte, daß er die ihm zustehende Ehrenpension als Kämpfer gegen den Faschismus nicht erhalte, war ich natürlich empört.«[58]

Nach Berlin zurückgekehrt, ging Kuczynski zu Walter Ulbricht. »Walter, Du kannst als Generalsekretär der Partei unmöglich gegen unsere Gesetze verstoßen und mußt Herrnstadt die ihm zustehende Ehrenpension zukommen lassen!«[59]

Kuczynskis Widerstand gegen Armut im Denken und gegen Dogmatismus findet man in seinen Schriften keineswegs nur zwischen den Zeilen, trotz Zensur. Und dennoch, während er gern erzählte, wie er der Zensur widerstanden habe, erwähnte er kaum, wo er ihr nachgab. Aber das gehört vielleicht auch nicht in eine Autobiographie, die weder ein Bekenntnis und noch weniger eine Selbstkritik darstellt. In seinen ersten Memoiren, die 1979 veröffentlicht wurden, befragte Kuczynski sich bereits: »K. war er ein glücklicher Mensch? [...] Er war es soweit es die historischen Umstände erlaubt haben.«[60] Später sagte er in seiner *Kurzen Bilanz eines langen Lebens:* »Immer wieder bin ich für echten Meinungsstreit in der Partei und insbesondere unter Wissenschaftlern eingetreten. Im Ganzen vergeblich. Im Ganzen – denn in meinem Institut für Wirtschaftsgeschichte von der Akademie der Wissenschaften habe ich für ihn gesorgt. Statt Meinungsstreit gab es übelste Hetze innerhalb der Partei gegen Genossen, die irgendeiner ›Abweichung‹ beschuldigt wurden.«[61]

Die Parteiführer gehen, die Partei bleibt

Am Ende konstatierte Jürgen Kuczynski, dass er während der 60 Jahre seiner Parteimitgliedschaft ebenso viele Rügen und Drohungen wie Ehrungen erhalten habe. Er vermied vor allem eines – seine Produktivität belegt es: den intellektuellen Tod. Es war in Moskau im Jahr 1952, als der Ökonom Eugen Varga, mit dem er bis zu dessen Tod 1964 verbunden blieb, ihm den Schlüssel für die Weisheit in den sozialistischen Ländern verriet: »Wissen Sie, Genosse Kuczynski, ich schreibe jetzt das dickste und dümmste Buch meines Lebens. Ich werde den Stalinpreis dafür bekommen. Und dann können meine Schüler und ich wieder unangefochten arbeiten und schreiben.«[62]

Oftmals nahm Kuczynski Trauerreden zum Anlass, um die Härte des Schicksals der Verstorbenen hervorzuheben. 1980 erklärte er anlässlich des Todes des Ökonomen Fritz Behrens, dass dieser sein Leben in Einsamkeit beenden musste, weil seine Kollegen zu feige waren. Für Wolfgang Steinitz, den Sprachwissenschaftler, galt Ähnliches. Kuczynski befand, dass beide von Partei und Gesellschaft in der letzten Zeit ihres Lebens voller Ungerechtigkeit unterbewertet geblieben sind.

Dies galt ebenso für Wolfgang Heise. 1987 vermerkte Kuczynski: »Wolfgang Heise ist gestorben – 61 Jahre alt –, wohl Herzinfarkt.«[63] Er ließ zugleich verlauten, dass der Tod auch mit der Haltung der Führung zusammenhing. Alle drei Intellektuellen – Behrens, Steinitz und Heise – waren von der Partei gebrochen worden und blieben ihr dennoch treu, überzeugt davon, dass Schweigen die notwendige Ethik sei. Alle drei starben an einer Herzattacke.

Das Schicksal von Jürgen Kuczynski war letztlich beneidenswert. Vielleicht war er sehr vorsichtig. Vielleicht schützte ihn seine wissenschaftliche Reputation über Grenzen hinweg. Man musste schließlich auch einige präsentable Intellektuelle ins Ausland schicken können. Vielleicht hatte er aber auch einfach nur ein robustes Herz.

TEIL V
Die DDR und die letzten Tage der deutsch-jüdischen Symbiose

Wolf Biermann wies in seiner Rede anlässlich der Verleihung des Ehrendoktortitels an der Humboldt-Universität nach dem Fall der Berliner Mauer darauf hin, dass die Tatsache, dass Wolfgang Heise und er Juden sind, in Gesprächen niemals eine Rolle gespielt habe. »Bedeutung hatte für uns nur, daß wir beide in diesem Heil-Hitler-Deutschland zufällig aus Kommunistenfamilien kamen. Sein Vater ein Intellektueller, mein Vater Hafenarbeiter.«[1]

Wenn man den vielen autobiographischen Erzählungen glaubt, die in Osteuropa seit 1989 veröffentlicht worden sind, war die Art, wie der ungarische Schriftsteller Péter Nádas von seinen jüdischen Wurzeln erfuhr, auch in anderen kommunistischen Familien verbreitet: Als er eines Tages aus der Schule kam, in der er antisemitische Sprüche gehört und sie zu Hause wiederholt hatte, stellte ihn seine Mutter vor einen Spiegel und sagte: »Schau, dort siehst du einen Juden.« Ein solches Vorgehen war auf deutschem Boden seltener, da der Zusammenhang zwischen der jüngeren Vergangenheit und dem Fehlen von Familienangehörigen evident erschien. Weder Großeltern noch andere nahe Verwandte zu haben, das machte schnell den Unterschied zu jener Generation klar, die in der DDR geboren war. Schweigen und Leere sind mitunter vielsagend.

Als Irene Runge in den 1980er Jahren die Gründung eines Kulturkreises für Mädchen und Jungen von Remigranten jüdischer Herkunft ins Auge fasste, die den Wunsch hatten, die Tradition ihrer Vorfahren kennenzulernen, sagte sie, dass sie das Wort Matze kenne, aber nicht den dazugehörigen Geschmack. So erging es auch Dutzenden jungen Menschen in Berlin, die im Exilland ihrer Eltern oder kurz nach deren Rückkehr in Deutschland das Licht der Welt erblickt hatten. Die kleine jüdische Gemeinde von Berlin stellte ihnen einen Saal zur Verfügung, in dem sie sich versammeln konnten; die Gruppe wählte den Namen »Wir für uns!«.[2] Zu ihr gehörten auch Cornelia Schroeder, die Tochter von Edith Anderson und Max Schroeder, sowie Marion Brasch, beide Mitglieder der Partei, und Irene Runge, die Gründerin der Gruppe.

Sicherlich kannte Marion Brasch genauswenig wie Irene Runge den Geschmack von Matze, aber ihre Mutter hatte ihr erzählt, wie sie mit einer Zahnbürste die Straßen von Wien unter Aufsicht der SS putzen musste: »Sie erzählte diese Geschichte beiläufig. Wie eine Episode, die sie normalerweise vergessen hätte. Wie eine Anekdote, an die man sich nur wegen einer Nebensächlichkeit erinnert: eine Zahnbürste, die danach zu nichts mehr zu gebrauchen war.«[3]

Der Kreis »Wir für uns!« wurde 1986 ins Leben gerufen. In dieser Zeit zählte die jüdische Gemeinde in der DDR etwa 500 Mitglieder, davon 200 in Ost-Berlin. Für die anderen gibt es keine Statistiken, aber man weiß, dass es im Jahr 1990 noch 4000 Personen gab, die den Status »Opfer des Faschismus« hatten, und dass die meisten von ihnen jüdischer Herkunft waren. In der UdSSR war es üblich, in Dokumenten die jüdische Herkunft als Nationalität anzugeben. Diese Praxis existierte in den anderen osteuropäischen Staaten nicht; sie schockierte eher.

Die 1980er Jahre sind das Jahrzehnt, in dem die ersten Überlebenden des Genozids starben, und es begann die Zeit, in der man nach seiner Herkunft suchte, was keinesfalls nur die DDR betraf, sondern ein allgemeines Phänomen darstellte. 1979 strahlte das westdeutsche Fernsehen die US-amerikanische Serie *Holocaust* aus. Sie konnte, wie auch der Dokumentarfilm *Shoah* (1986) von Claude Lanzmann, auf dem Gebiet der DDR gesehen werden.[4] Die beiden Filmproduktionen wirkten als auslösende Momente für die kollektive Gedächtnisbildung, obwohl sie kaum vergleichbar sind: Einmal handelt es sich um eine Hollywoodserie, die eine deutsche jüdische Familie in der Zeit des Nationalsozialismus zeigt, die vollständig assimiliert ist, sodass sich der Zuschauer sofort mit ihr identifizieren kann. Im anderen Fall verfolgt der Zuschauer acht Stunden lang Gespräche mit Überlebenden der Vernichtungslager, die eine Intensität haben, die mitunter schwer zu ertragen ist.

In den 1980er Jahren begann sich auch die ostdeutsche Historiographie für den Antisemitismus und die Judenverfolgung im »Dritten Reich« zu interessieren. Zuvor war diese Thematik in zahlreichen Filmen und in der Literatur gegenwärtig, aber die wissenschaftliche Beschäftigung mit diesem Thema erfolgte in der DDR später als in den westlichen Gesellschaften. Dies galt auch für die anderen sozialistischen Staaten und hatte mit der Vernachlässigung dieses Themas durch die Forschung in der Sowjetunion zu tun.

Nun stellte sich die Frage nach dem Zugang zu den Quellen, da der zeitliche Abstand zu den Ereignissen noch gering war. Historiker hegten im Osten wie im Westen Misstrauen gegenüber Erinnerungen von Zeitzeugen. Deshalb waren sie gegenüber der Oral History zurückhaltend, die das Fehlen von archivalischen Quellen damals teilweise hätte kompensieren können. Es dauerte bis Ende der 1980er Jahre, als in der DDR eine durch Wolfgang Herzberg zusammengestellte Sammlung von Zeitzeugnissen erschien.[5]

In den Augen der DDR-Führung waren Zeugnisse über die spezifischen Leiden von Juden mitunter riskant, da sie Sympathie für den Staat Israel hätten wecken können. Eine solche »Parteinahme« stand den diplomatischen Interessen der UdSSR an den arabischen Staaten entgegen.

Die verspätete Thematisierung der besonderen Schicksale der Juden im »Dritten Reich« könnte für manche ein Grund sein, die DDR des Antisemitismus zu verdächtigen und an den Pranger zu stellen. Aber wir haben gesehen, dass man im politischen Leben Ostdeutschlands kaum solche antisemitischen Spuren findet. Ausgenommen sind die frühen Jahre, in denen, durch die UdSSR beflügelt, Kommunisten jüdischer Herkunft von verantwortlichen Posten entfernt wurden.[6] Wenn man davon ausgeht, dass es in der Sowjetischen Besatzungszone etwa 3500 Juden gab – so die Schätzungen –, dann waren sie unter den Remigranten »überrepräsentiert«.[7] Das Gleiche gilt, sogar verstärkt, für ihren Anteil an den kritischen Stimmen in der DDR, aber auch im Staatsapparat.[8]

Die jüdische Frage – ein Tabu?

Die Frage muss also anders gestellt werden: War das Thema Juden ein Tabu? Renate Kirchner, Bibliothekarin der jüdischen Gemeinde in Berlin, hat eine ausführliche Bibliographie der wissenschaftlichen und literarischen Werke, die ihr anvertraut wurden und dem Thema Juden gewidmet sind, angefertigt. Das Ergebnis gibt Anlass, das Urteil zu diesem Thema nochmals zu relativieren.[9]

Ihre Klassifikation erstaunt mitunter, denn hier sind Werke aufgenommen, deren Autoren Juden sind, die aber gar keinen Bezug zu den Themen Judentum oder Shoah haben. Noch erstaunlicher ist die große Zahl an in der DDR veröffentlichten ausländischen Titeln, meist Romane, deren Protagonisten Juden sind oder/und jüdische Themen aufgreifen: Das reicht von Scholem Alejchem über Elias Canetti, Isaac Bashevis Singer, Samuel Agnon, Isaak Babel, Bernard Malamud, Albert Memmi, Georges Perec, Saul Bellow bis zu Philip Roth, daneben ostdeutsche Autoren wie Arnold Zweig, Jurek Becker, Autor des berühmten Romans *Jakob der Lügner*, oder Stephan Hermlin.[10] Der Kauf ausländischer Rechte kostete die DDR teure Devisen.

Doch es war möglich, *Die Hölle von Treblinka* von Wassili Grossman in der Übersetzung von Lilly Becher zu lesen. Das Buch war 1946 im Verlag für fremdsprachige Literatur in Moskau erschienen. Diese Fülle von Beginn an war den Besatzern zu verdanken, die, wie wir sahen, sehr früh *LTI* von Klemperer veröffentlichten. Die Literatur, die sich größerer Freiheit erfreute als die akademische Geschichtsschreibung, aber auch Filmproduktionen wie *Sterne*, der Kultfilm von Konrad Wolf und Angel Wagenstein, spielten eine nicht zu unterschätzende Rolle als Ventil und als Ersatz, denn das Defizit der Geschichtsschreibung wurde erst spät behoben.[11] Kurz nach dem Fall der Mauer stellte der ostdeutsche Historiker Olaf Groehler sehr genau die Grenzen und die Gründe für dieses Defizit dar, indem er auf die Zurückhaltungen durch die Historiker selbst, aber auch auf mehr oder weniger direkte Anweisungen aufmerksam machte.[12]

In dieser Hinsicht lässt sich eine Parallele zwischen der Haltung der Historiker der DDR und den französischen Historikern ausmachen. Obwohl die französischen Historiker nicht den gleichen Zwängen wie ihre Kollegen im Osten unterlagen, zog auch sie das Thema Juden zunächst wenig an, bevor sich auch dort, durch ein »Erwachen« der Erinnerungen der Überlebenden in den 1970er/1980er Jahren angeregt, die akademische Forschung dem Thema Judenvernichtung widmete.

Für den universitären Bereich erwähnt Olaf Groehler die Konferenzen von 1957 in Leipzig und 1959 in Ost-Berlin, die sich mit der jüngeren Vergangenheit befassten, deren Verschriftlichungen nicht eine Zeile zum Genozid an den Juden, den Sinti und Roma oder etwa den Homosexuellen enthalten. Die erste Konferenz zur Vichy-Regierung in Frankreich, die viel später, im Jahr 1970, in der Fondation Nationale des Sciences Politiques in Paris stattfand, ignorierte diese Themen ebenfalls. Erst mit Beginn der 1980er Jahre befassten sich französische Universitätsangehörige zunehmend mit dieser Problematik. Die verspätete Beschäftigung in der DDR ist also zu relativieren. Retrospektiv ist dies für die DDR wie auch für Frankreich schockierend. Der Unterschied zwischen beiden Ländern ist dennoch beträchtlich: In Frankreich konnte nichtakademische Literatur erscheinen (historische Romane, Dokumente, Memoiren, Zeugnisse, Schriften von Hobbyhistorikern), während die Erinnerungsliteratur in der DDR einer staatlichen Kontrolle unterlag. Ungeachtet dessen gingen Literatur und das ostdeutsche wie französische Kino der universitären Beschäftigung mit diesem Thema voraus.

Von und zu den kritischen Marxisten, über die in diesem Buch gesprochen wird, findet man wenige Beiträge in Form von Zeugnissen oder Essays, die über ihr Judentum Auskunft geben, obwohl viele von ihnen eine jüdische Herkunft hatten. Als ich in den 1980er Jahren Gespräche führte, konnte ich mich davon überzeugen, wie sehr die kommunistische Identität die jüdische überlagert hatte, ohne dass Letztere jedoch völlig verdrängt worden war. In meinen Augen handelte es sich um ein bekanntes Phänomen, das man praktisch bei allen Kommunisten (in einem weiten Sinne verstanden) im Westen wie im Osten beobachten konnte, das meine Generation begann in Frage zu stellen. Die Distanz zu den Ursprüngen hat verschiedene, oftmals gemeinsam auftretende Gründe, die aus der Literatur bekannt sind:

- Die europäischen Juden, die zur Arbeiterbewegung gefunden hatten, brachen freiwillig mit der Tradition und Religion ihrer Eltern und nahmen dabei mitunter das Abreißen familiärer Bindungen in Kauf. Aus dem Ghetto zurückgekehrt, hatten sie keine Ambition, dahin zurückzukehren.
- Juden stammten häufig aus seit zwei Generationen assimilierten Familien, was zum Beispiel bei Jürgen Kuczynski und Georg Lukács der Fall war.
- Als Antifaschisten sahen sich die jüdischen Remigranten als Kämpfer und nicht als Opfer.
- Das Schweigen über ihre Herkunft war häufig eine mentale Überlebensstrategie.

Parias, Parvenus und nichtjüdische Juden

Vielfach wurde behauptet, der Kommunismus sei die weltliche Religion des 20. Jahrhunderts gewesen. Diese habe die anderen, die ursprünglichen Religionen ersetzt, insbesondere die jüdische. Die Verbindung zwischen der marxistischen Ideologie – die wir hier zusammen mit dem Sozialismus als deren praktischen Vollzug verstehen – und dem jüdischen Messianismus ist nach allem, was wir wissen, evident.

Der Soziologe Michael Löwy beschreibt in seinem Artikel »Jüdischer Messianismus und Freiheitsutopien in Zentraleuropa«, wie zu Beginn des 20. Jahrhunderts bei vielen deutschen jüdischen Intellektuellen, die einem assimilierten Milieu angehörten, zwei kulturelle Welten aufeinandertrafen: der jüdische Messianismus und die revolutionären Ideen. Beide einwickelten eine starke Affinität zueinander, die sich in der Weltanschauung jener Intellektuellen zeige, bei der eine kulturelle Symbiose erfolgt sei, die zwei Ideenströme vereint habe: »Um die Besonderheit der Rezeption der antikapitalistischen Romantik (ein Begriff von Lukács) bei jüdischen Intellektuellen zu verstehen, muss man soziologisch deren besondere und widersprüchliche Situation im sozialen und kulturellen Leben Zentraleuropas verstehen: Sie waren stark assimiliert, aber zugleich weitgehend marginalisiert und gehörten einer deutschen und kosmopolitischen Kultur an: Sie waren freischwebend, entwurzelt und erlebten einen Bruch mit ihrem ursprünglichen bürgerlichen Milieu, insbesondere mit der Geschäftswelt; sie wurden von der traditionellen Landaristokratie verstoßen und zugleich von ihrem natürlichen Empfangsmilieu (der Universität) ausgeschlossen. So ist es nicht verwunderlich, dass es in Deutschland und in Österreich-Ungarn eine bedeutende Zahl jüdischer Intellektueller gab (sehr viel größer als in Ländern wie England oder Frankreich), die eine abgeschlossene bürgerliche Revolution erlebt hatten. Diese waren ideologisch disponibel für radikale Strömungen, die sich gegen die etablierte Ordnung richteten.«[13]

Michael Löwy hebt auch die Idee einer privilegierten Verbindung zwischen Messianismus und Sozialismus hervor. Religiöse Denker wie Martin Buber sind hier eingeschlossen, aber der Gleichklang zwischen revolutionärer Utopie und Messianismus sei besonders direkt und explizit bei Ernst Bloch und Georg Lukács gewesen. Der Messianismus bei Lukács »politisierte« sich nach 1917 unter dem Einfluss der russischen Revolution. *Geschichte und Klassenbewusstsein* (1923), sein berühmtestes Werk, sei schon »eine Aufhebung (Negation/Bewahrung/Überschreitung) des Messianismus und der Freiheitsutopie in einer dialektisch marxistischen Problemsicht«, obwohl das Verhältnis des jüdischen ungarischen Philosophen zum Messianismus weitgehend »unterschwellig« blieb und sich in seinem Werk nur indirekt zu erkennen gab.[14]

Aber die Diskriminierung der Juden, denen die Verwaltung wie auch die Lehreinrichtungen verschlossen blieben, trieb sie zu intellektuellen Berufen jenseits der Universitäten, im Journalismus, Verlagswesen, zur unabhängigen Forschung oder zu künstlerischen Aktivitäten. Dies würde erklären, wie der Soziologe Robert Michels meint, warum Juden Mitglieder revolutionärer Parteien wurden.[15]

Arnold Zweig, ein enttäuschter Zionist, wandte sich der DDR zu und bestätigte, dass der Messianismus, an den er nicht mehr glaubte, doch in sich den Keim sozialistischer Ideen und des Humanismus trage. Die Verwandtschaft zwischen dem Judentum und dem Sozialismus war in die Tradition eingeschrieben, zu der vor allem der Universalismus gehört. Die biblische Formel »Und du sollst daran denken, dass du Sklave warst im Land Ägypten« habe die Juden dafür vorbereitet, eine Avantgarderolle im Kampf für den Sozialismus zu übernehmen.[16]

Aus diesem Pariavolk, das überall fremd ist, machte Max Weber eine ökonomische Kategorie, die er in seinem Werk *Die protestantische Ethik und der Geist des Kapitalismus* analysierte und mit einer ähnlich unantastbaren Kaste in Indien verglich. Der jüdische Paria unterscheidet sich jedoch vom hinduistischen Paria in dem Sinne, dass die messianische Dimension den jüdischen Paria zur Revolte gegen Ungerechtigkeit treibt, während der Paria in Indien in einem Kastensystem verbleibt. Letzterer akzeptiert seine Bedingungen in Erwartung einer Erlösung durch Seelenwanderung. Für den jüdischen Paria gilt jedoch, dass die Erwartung einer messianischen Erlösung die Form einer sozialen Revolution annehmen kann.[17]

An dieser Stelle soll das Fazit des Bestsellers *Juden ohne Geld* von jenem jüdischen Journalisten aus New York zitiert werden, der das provokative Pseudonym Michael Gold annahm. Das Buch erschien erstmals 1931 und illustriert sehr gut die »Ersetzung« des Messianismus durch eine soziale Revolution: »O Arbeiterrevolution, du hast mir die Hoffnung gebracht, mir, einem einsamen kleinen Jungen, der an Selbstmord dachte! Du bist der wahre Messias. Du wirst die Eastside zerstören und an ihrer Stelle einen Garten für den Menschengeist errichten. O Revolution, die mich gezwungen hat, zu denken, zu kämpfen und zu leben!«[18]

Hannah Arendt übernahm später den Begriff Paria unter den Bedingungen des Exils und machte daraus vor allem ein politisches Konzept, zuungunsten der ökonomischen Dimension von Weber. Paria, das ist für sie vor allem jemand ohne Rechte, ein Staatenloser. In einem Brief an Karl Jaspers hob sie unter dessen Qualitäten seine besondere Sensibilität für Ungerechtigkeit sowie seine Affinität für den Utopismus hervor.[19]

Der Historiker Enzo Traverso schlussfolgerte daraus: »Wenn man genau nachdenkt, so ist es kein Zufall, dass die markante Figur eines utopischen Denkens in der deutschen Kultur der Zwischenkriegszeit ein Jude ist, der emigriert und marginalisiert ist: Ernst Bloch. In den USA, wo keine Institution ihm je eine Subvention noch eine Anstellung gab, legte er in seinem genialen und einsamen Werk ›Das Prinzip Hoffnung‹, das er zwischen 1938 und 1947 schrieb, den Grundstein für utopische Grundzüge einer freien und egalitären sozialen Ordnung.«[20]

Anschließend begab sich Ernst Bloch in die DDR.

Jüdische Bürger deutschen Glaubens?

In ihrem Buch *Die verborgene Tradition* sieht Hannah Arendt neben dem Paria die Kategorie des Parvenu als eine typische Figur im Europa der ersten Hälfte des 20. Jahrhunderts. Diese sei ein Ergebnis der Assimilation. Eingeführt wurde die Figur von Bernard Lazare. Erster Repräsentant war Hauptmann Alfred Dreyfus in Frankreich. »Während die Parias staatenlose und entwurzelte Juden sind, klammern sich die Parvenus hoffnungslos an ihre neue ›Heimat‹, verbunden mit der Illusion, zu ihr zu gehören.«[21]

Der Essayist und Satiriker Kurt Tucholsky, der selbst einer Berliner jüdischen bürgerlichen Familie entstammte, zeichnete ein Porträt dieser Kategorie in Form des Herrn Wendriner, eines vulgären, reaktionären und arrivierten Geschäftsmannes. Dieser will nichts mit den »Ostjuden« zu tun haben, die vor den Pogromen in Osteuropa geflohen sind und massenhaft nach Deutschland kommen. Herr Wendriner, die Karikatur eines Parvenu, in dem Hans Mayer den Idealtyp des jüdischen Berliner Bürgers der Zwischenkriegszeit erblickte, brachte Tucholsky den Vorwurf ein, den Antisemitismus zu schüren. Aber man verdankt ihm die wirkungsvolle Formulierung von einer Umkehrung der Identitäten: Während der Zentralrat der Juden zu Beginn des 20. Jahrhunderts die Juden als »deutsche Staatsbürger jüdischen Glaubens« definierte, machte Tucholsky daraus »deutsche Staatsjuden bürgerlichen Glaubens«. Oder könnte dies auch bedeuten: jüdische Staatsbürger deutschen Glaubens? Als Tucholsky sein berühmtes Bonmot aussprach, hatte die Idee einer »deutsch-jüdischen Symbiose« bereits ihren Gipfelpunkt erreicht.

Diese Idee geht auf den Philosophen Hermann Cohen zurück, der sie während des patriotischen Elans deutscher Juden zu Beginn des Ersten Weltkrieges ausgesprochen hatte.[22] Gershom Scholem kritisierte sie später in einem Briefwechsel mit Walter Benjamin zwischen dem 20. Februar und dem 30. Juni 1939 als eine Illusion und stellte sie in Frage. Seit der Machtergreifung durch die Nationalsozialisten wurde es immer schwieriger zu negieren, dass die Deutschen, die nunmehr in einer Gesellschaft lebten, in der es weder Parteien noch renommierte Intellektuelle gab, die eine Opposition hätten ausüben können, empfänglich für den Antisemitismus waren, der ein konstitutives Element der nationalsozialistischen Ideologie darstellte.

Scholem, ein Berliner aus einer jüdischen assimilierten Familie, ging zehn Jahre vor der Machtergreifung der Nazis nach Palästina. Er lehnte die Einheit von Judentum und Deutschtum, wie Cohen sie dekretiert hatte, ab, wie auch die Existenz eines jüdisch-deutschen Dialogs. Die Juden, erklärte er, sprachen immer nur mit sich selbst. Diese Überzeugung beruhte auf seiner Erfahrung in der eigenen Familie, die repräsentativ für die verschiedenen Optionen war, vor denen deutsche Juden standen: Der Vater zeigte offen seinen Patriotismus, aber die Familie lebte in einem »jüdisch-deutschen Ghetto«. Niemand, der nicht Jude war, fand jemals Zugang zu ihnen. Im Gegensatz zum Vater und zum älteren Bruder, die beide dem Nationalismus anhingen, wählte Gershom (damals noch Gerhard) den Weg des Zionismus, emigrierte nach Palästina und wurde dort ein renommierter Spezialist der Kabbala.

Das Schicksal seines Bruders Werner, der als politischer Gefangener im Konzentrationslager Buchenwald starb, zeigt, dass es noch einen anderen Weg gab: den eines engagierten Kommunisten. Dem Marxismus zu folgen entsprang dem Willen zur Emanzipation, die sich mit einer ausgeprägten Sensibilität für Ungerechtigkeit, die der jüdischen Tradition eigen ist, verband. Überdies fungierte die Zugehörigkeit zu einer Arbeiterpartei, wie der kommunistischen, mitunter als Eintrittskarte für die moderne Gesellschaft, die vergleichbar, wenn nicht sogar höher zu bewerten war als die Konvertierung Heinrich Heines! Allerdings mit dem kleinen, aber wesentlichen Unterschied, dass der Parteieintritt auf der Basis einer Überzeugung erfolgte und nicht einem formellen »Übertritt« gleichkam.

Hätte Werner Scholem überlebt, wäre seine Wahl wahrscheinlich nicht auf die DDR gefallen. Seine Autonomie im Denken, die sich schon sehr früh in seiner Jugend zeigte, hatte ihn dazu gebracht, sich gegen die Führung der KPD zu stellen und sich der linken Opposition um Trotzki anzuschließen. Im Februar 1921 war er in den Preußischen Landtag gewählt worden. Nach der Niederlage des »deutschen Oktober« im Jahr 1923, dem Versuch der Kommunisten, die Macht zu übernehmen, entschloss sich Werner Scholem, dem Gleichschritt der Partei nicht mehr zu folgen. Stalin hatte ihn als Gegner auf Augenhöhe erkannt. Die beiden Männer waren niemals Freunde.

1926 wurde Scholem vor eine Kommission nach Moskau berufen, wo man seinen Ausschluss aus der Partei verfügte, den die KPD bereits ausgesprochen hatte. Dem nicht manipulierbaren Scholem zog man (den fügsamen) Ernst Thälmann vor. Scholem wurde auch Angriffspunkt der Nationalsozialisten, und Goebbels erkor ihn zu seinem persönlichen Feind. Werner Scholem hatte den Mut, mit einer Partei zu brechen, da er weder deren Unterwürfigkeit gegenüber Stalin noch deren Intellektuellenfeindlichkeit ertrug. Die KPD selbst sei natürlich nicht antisemitisch, bemerkte Werner Scholem, aber wenn Intellektuelle angegriffen wurden, dann handelte es sich um Juden. Wollte man den Massen gefallen? Im Landtag, dem er bis 1924 angehörte, machte man sich immer wieder über seine jüdische Physis lustig. »Zu dumm um zu argumentieren, verlegen sie sich auf Beleidigungen«, kommentierte er lakonisch und sah im Antisemitismus die Angst vor der Intelligenz.[23]

Die Arbeiterbewegung war letztlich ein Ort, wo sich ein jüdisch-deutscher Dialog vollzog, und zwar zwischen internationalistisch eingestellten Deutschen und »nichtjüdischen Juden«, um die später von Isaac Deutscher geprägte Kategorie aufzunehmen. Zu ihnen gehörten Werner Scholem und Georg Benjamin, der Bruder von Walter, ein weiterer Kommunist, der in Mauthausen 1942 umgebracht wurde. Nach Auschwitz zählten dazu die kritischen Kommunisten, die zugleich loyal geblieben waren wie Jürgen Kuczynski, Anna Seghers oder Wolfgang Heise und Stephan Hermlin. Tamara Deutscher schreibt in ihrem Vorwort zu Isaac Deutschers *Essais sur le problème juif,* Deutscher gehöre zu der Linie nicht gläubiger Juden, die die Grenze des Judentums überschritten haben, um schließlich die höchsten humanistischen Ideale zu den ihren zu machen. Für Deutscher wie für Heine, Marx, Rosa Luxemburg, Trotzki und Freud hatten diese »Juden ohne Gott«, wie sich der Vater der Psychoanalyse selbst definiert hatte, »die Grenzen des Judentums« überschritten, ein Judentum, das wie jede Religion repressiv war.[24]

Kuczynski, Hermlin oder Seghers entsprachen ziemlich exakt der Kategorie »nichtjüdische Juden«, sodass das jüdische Problem, das Deutscher beschreibt, auf sie kaum noch in spezifischer Weise zuzutreffen scheint. In ihrem Assimilationselan hatte die kommunistische Kultur es ihnen ermöglicht, ihre Einzigartigkeit der Herkunft so weit zu fassen, dass sie über ihr standen, das heißt über jener Andersartigkeit, die sich mit den jüdischen Leiden verbindet. Dies galt insbesondere nach dem Krieg. Ebenso machten sie aus der Judenvernichtung, der sie selbst entgangen waren, kein Thema ihrer Reflexion. Kuczynski ließ das Thema selbst in seiner Arbeit zur deutschen Arbeiterbewegung bis 1945 aus. Lukács ebenso, wie Alex Bandy bemerkte. Als Lukács über die Konzentrationslager im Jahr 1944 in der in Moskau beheimateten Zeitschrift *Littérature internationale* schrieb, erwähnte er das spezifische Schicksal der Juden nicht.[25]

Es war jedoch die Zeit, als Stalin versuchte, die USA in den Krieg einzubeziehen. Er stützte sich dabei auf die im »Schwarzbuch« festgehaltenen Berichte über die Massaker der Wehrmacht an Juden in den besetzten Gebieten und hoffte, so die Lobby der amerikanischen Juden für seine Absicht zu gewinnen.[26] In der *Prawda* wurden Beiträge von Grossman über diese Massaker veröffentlicht. Lukács musste also davon Kenntnis haben.

Sowohl Lukács, Kuczynski als auch Heise – sie alle hielten die Vorkriegsdefinition des Faschismus aufrecht, die durch den Chef der Kommunistischen Internationale unter sowjetischer Führung (Komintern), Georgi Dimitroff, verbreitet worden war. Damit blieben sie der Idee treu, dass Hitler und der Nationalsozialismus als nichts anderes aufzufassen seien als ein Resultat der Entwicklung des Kapitalismus, ein Produkt des Großkapitals, der Industrie- und Finanzmonopole. Damit konnte die Spezifik des Nationalsozialismus ignoriert werden.

Der Begriff Nationalsozialismus war in der DDR nicht verbreitet, weder in politischen Texten und Reden noch in wissenschaftlichen

Abhandlungen. Man gebrauchte lediglich den Begriff Faschismus.[27] Jürgen Kuczynski trat Anfang der 1960er Jahre auf einer Konferenz zum deutschen Imperialismus am Institut für Geschichte der Akademie der Wissenschaften auf und sah in Eichmann niemand anderen als den Manager »des deutschen Monopolkapitals«.[28] 1961, im Jahr des Eichmann-Prozesses, führte Wolfgang Heise in einem Beitrag die bereits bekannte These der Instrumentalisierung des Antisemitismus für den Kampf gegen den Kommunismus wieder ein – eine These, die teilweise richtig ist.[29]

Bereits 1951 hatte Lukàcs Arnold Zweig dafür kritisiert, den Antisemitismus als Teil der Nazi-Ideologie überbewertet zu haben: In der Tat schrieb Lukács an Zweig zu dessen Roman *Das Beil von Wandsbek*, der 1947 erstmals auf Deutsch erschien: »Ich bin nicht einverstanden mit dem ›adieu‹. Es macht den Eindruck, dass der Antisemitismus eine zentrale Frage zu Hitlers Zeiten gewesen sei, was nicht mit Ihrem Roman übereinstimmt.«[30]

Diese Äußerung muss man natürlich im zeitlichen Kontext sehen: Die Spezifik der Judenverfolgung war in der westlichen Welt nicht so weit anerkannt, wie es heute der Fall ist. Dennoch bleiben diese Worte erstaunlich.

Für die Juden, die sich für die DDR entschieden hatten, bedeutete dies, der deutschen Kultur auf sozialistischem Boden wieder zu begegnen. Doch es bedeutete zugleich mehr: In diesem Land waren sie keine Ausländer. Da sie keine wirtschaftlichen Funktionen wie im Kapitalismus innehatten entgingen die Juden von nun an nicht nur der Zuschreibung als Paria, sondern auch der des Parvenus. Im Übrigen war jede antisemitische Äußerung offiziell mit Sanktionen belegt. Der Tod Stalins bedeutete für die Kommunisten jüdischer Herkunft theoretisch das Ende der Spannung zwischen Singularität und Universalismus. Um es exakter auszudrücken: Diese Spannung wurde in Parenthese gesetzt, denn die Singularität erhielt punktuell in bestimmten Momenten Vorrang. Wir sahen dies am Beispiel der Intellektuellen Anna Seghers, Stephan Hermlin, Stefan Heym und anderer, wie diese auf ihre jüdische Herkunft zurückgeworfen wurden, als es darum ging, während des Sechstagekrieges eine Deklaration gegen Israel zu unterzeichnen.

Die DDR entwickelte sich so zu einem Ort, wo sich die bekannte deutsch-jüdische Symbiose noch einmal einstellte: als eine vollbrachte, sich erfüllende Symbiose im doppelten Wortsinn. Eine deutsch-jüdische Symbiose, die sich vollendete. Denn hier lebten sie nicht mehr in einem »jüdisch-deutschen Ghetto«, sondern in einem viel größeren, das sie selbst gewählt hatten, als Antifaschisten und ehemalige Emigranten, die mehr oder weniger der Partei treu blieben. Vollendet war die Symbiose aber auch insofern, als sie im historischen Sinne mit dem Ende der DDR selbst ihr Ende fand.

Irene Runge erinnerte sich in einem Interview mit der Psychoanalytikerin Margarete Mitscherlich an ihre Kindheit in einer Familie, die aus zahlreichen Freunden und »Genossen« bestand. Die meisten waren, wie ihre Eltern, Remigranten aus dem Westen,[31] nichtjüdische Juden und Nichtjuden, die das gleiche Schicksal vereinte.

Selbsthass – ein Gemeinplatz

Schwingt das Pendel zurück? Die nichtjüdischen Juden irritieren heute in Deutschland. Man wirft ihnen mitunter vor, auf Distanz zu jener Identität gegangen zu sein, die von der Nazi-Ideologie festgelegt worden war. Man entdeckt bei Louis Fürnberg oder Jürgen Kuczynski einen gewissen »Selbsthass«, jenen Allgemeinplatz der Kritik, mit der jede Person jüdischer Herkunft belegt wird, die eine identitäre Zuordnung ablehnt. Man findet ihn selbst in akademischen Schriften, die sich gegen Vorurteile und Allgemeinplätze wenden. So wird zum Beispiel Louis Fürnberg kritisiert, weil er sich an der Seite palästinensischer Kommunisten in traditioneller Kleidung fotografieren ließ; er sei nicht »ohne Haß auf die eigene Herkunft«.[32] Man war der Meinung, eines seiner Gedichte sei selbst in der DDR nicht veröffentlicht worden, weil es zu stark antizionistisch gewesen sei, eine Behauptung, die sich als unrichtig erwiesen hat, weil das Gedicht später, 1982, veröffentlicht worden war.[33]

Ein wiederbelebtes Interesse für die Geschichte von Juden und ein besorgniserregender Philosemitismus (Warum soll man Juden lieben? geht auf die Frage zurück: Warum soll man sie nicht lieben?) hat in Deutschland zu schnellen Urteilen geführt: Die Kommunisten jüdischer Herkunft seien in der DDR durch das Regime instrumentalisiert worden, sie hätten sich als »nützliche Dummköpfe« erwiesen.[34]

Jürgen Kuczynski diente als Sündenbock für die Infragestellung ihrer Haltung. Die Historikerin Ute Frevert wunderte sich, als sie entdeckte, dass er Jude war – und dass er dies verschwiegen habe.[35] Sie erklärte, Kuczynski habe sich für sein Jüdisch-Sein geschämt. Um ihre Aussage zu belegen, stützte sich die Historikerin auf Briefe Kuczynskis an seine Eltern während seiner Studienzeit in Heidelberg in den 1920er Jahren. Darin beklagte er sich über den Antisemitismus, dem auch er ausgesetzt war. Am Ende bereitet das Lesen der Anklage von Ute Frevert Unbehagen: Die Schrift zeugt von einer Unkenntnis der Geschichte der Juden in Deutschland und einer noch größeren Unkenntnis der intellektuellen und akademischen Welt der DDR.

Der Journalist Karl Corino geht in seinem Buch ähnlich vor, wenn er Stephan Hermlin vorwirft, verborgen zu haben, dass seine Mutter Jüdin war. Nimmt man die Biographien von Marxisten ernst, liegt es nahe, das Schweigen als eine mentale Überlebensstrategie zu interpretieren. So bei Jürgen Kuczynski, der unter Studierenden Zielscheibe des Antisemitismus wurde, der durch sein jüdisches Aussehen die Partei in Gefahr brachte und auf schnellstem Wege Deutschland verlassen musste. Oder auch bei Anna Seghers, die ebenfalls aus Deutschland fliehen musste, deren Mutter in einem KZ umgebracht worden war. Und es gilt schließlich auch für Stephan Hermlin, dessen Gedicht »Die Asche von Birkenau«, 1949 verfasst, 1951 in *Sinn und Form* veröffentlicht worden ist. Man kann wohl mit Recht ihr Schweigen als eine mentale Überlebensstrategie interpretieren. Man sollte ihnen zumindest dieses Recht belassen!

Mit ihrer Rückkehr nach Deutschland identifizierten sie sich als Kommunisten: Sie gehörten dem Lager der antifaschistischen Kämpfer an und keineswegs nur dem der Opfer. Wenn der Eintritt in die Partei, ähnlich einer Taufe im 19. Jahrhundert, als »Eintrittskarte« in die deutsche Gesellschaft nach dem Zweiten Weltkrieg gelten kann, so wurde die Partei für einige zugleich ihre Familie und ihre Heimat. Sie bot theoretisch Schutz vor dem Antisemitismus. In einer detaillierten Studie hat der Historiker Mario Keßler gezeigt, dass sich die SED-Führung bemühte, zwischen Antisemitismus und Antizionismus zu unterscheiden, keine leichte Aufgabe für eine Gesellschaft, die aus dem »Dritten Reich« hervorgegangen war. Das medial vermittelte Bild Israels war einseitig, so Keßler, zeigte aber keine Zeichen von Antisemitismus. Allerdings kam dieser, wie gezeigt, bei Radiokommentatoren oder in den Aufzeichnungen der Stasi durchaus zum Tragen.

Der Soziologe Victor Karády hat verschiedene Faktoren analysiert, um zu erklären, weshalb ein Teil der überlebenden Juden eine bedeutende Rolle in der neuen politischen Klasse spielte, die in den kommunistischen Regimen an die Macht gekommen war, insbesondere auch bei der Geheimpolizei. Zu den Faktoren rechnet er folgende: ein gewisser militanter, aggressiver Geist, der sich zuvor im Kreis linker sozialistischer oder zionistischer Juden ausgeprägt hatte; die entmenschlichenden Wirkungen der Lagererfahrung; das Bedürfnis nach politischer und symbolischer Revanche; die Chancen einer ›wundersamen‹ sozialen Mobilität, die mit hohen öffentlichen Funktionen verbunden war; die Ideologie der marxistischen und universalistischen Wohlfahrt des neuen Regimes; die emanzipatorischen Effekte des kommunistischen Egalitarismus (im Vergleich zur Schwerfälligkeit der jüdischen Tradition).[36]

In seinen Memoiren beschreibt der ungarische Ökonom János Kornai die Anziehungskraft, die die kommunistische Partei am Ende des Krieges in Ungarn auf einen jungen Juden ausüben konnte: »An einem Ort um seiner selbst willen akzeptiert zu sein, war nach dem

Erleben der Diskriminierung beruhigend.« In der Partei wurde man nicht nach der Religion der Eltern oder Großeltern gefragt. Angesichts der Furcht vor dem Wiederaufleben des Antisemitismus erschien die kommunistische Partei, die die Juden gegen die antisemitische Gesetzgebung eines Horthy verteidigt hatte, möglicherweise als die beste Garantie.

Der Autor der Biographie von Imre Lakatos, dem ungarischen Philosophen, Physiker und Mathematiker, der 1956 nach England geflüchtet war, stellt eine ähnliche Hypothese auf: »Nach den Schrecken des Krieges, der Trauer um seine Mutter und andere Familienmitglieder (die nach Auschwitz deportiert worden waren) wollte Lakatos eine totale Assimilation und sah im Kommunismus die Lösung für den Rassismus. Alle waren ›Genossen‹, ›Kameraden‹. István Márkus erinnerte sich, dass er ihn sagen hörte, der Kommunismus schütze vor einem zukünftigen Holocaust. Das war ein Gedanke, den viele Juden hatten.«[37]

Zu ihnen gehörten auch Lukács, Kuczynski, Seghers und viele andere »nichtjüdische Juden« und »NichtJuden«. In der Sowjetunion zählten zu ihnen zum Beispiel der Historiker Michael Gefter, wie Yuri Slezkine in *Das jüdische Jahrhundert* erinnert, und auch die anderen Opfer Stalins, die unter Chruschtschow rehabilitiert wurden und die Stephen Cohen zu ihrer Treue zum Kommunismus befragt hat.[38] Anders als die Zionisten dachten, war für diese Marxisten der Antisemitismus weder ewig noch natürlich, und sie trugen die Überzeugung in sich, dass der Kommunismus ihn überwinden würde. Sie lebten in einer nunmehr vergangenen Ära, in der man noch an den universellen Fortschritt geglaubt hatte.

FAZIT
»Theaterperformance«

Die Remigranten waren in den Ostteil Deutschlands mit Erwartungen gegangen – nicht ohne Befürchtungen –, aber sie fanden hier Gleichgesinnte, ihre Sprache, ihre Kultur und sie bauten, als höhere Revanche der Geschichte, ein Deutschland auf, das dem »Dritten Reich« entgegenstand. Für die Remigranten jüdischer Herkunft war es eine Revanche in doppelter Hinsicht. In der DDR setzten sie nicht nur den Kampf gegen das kapitalistische System fort, sondern auch gegen jenes Deutschland, das ihren Tod als Juden beschlossen hatte, ein Deutschland, dessen Erbe für sie die Bundesrepublik repräsentierte. Während in der Zeit des Kalten Krieges in den USA Jagd auf Kommunisten und ihre Sympathisanten gemacht wurde, breitete sich in Europa ein prosowjetisches Gefühl aus, das sich auf den Sieg der Roten Armee gründete und Hoffnungen auf die Errichtung von Gesellschaften mit neuen Grundlagen nährte. Obwohl die Entzauberung nicht lange auf sich warten ließ, blieben die meisten Remigranten ihrer Entscheidung treu, wie auch dem Marxismus und der kommunistischen Partei als einen »heiligen Ort« (Jorge Semprún), den sie mit nicht nachlassender Anstrengung von innen her reformieren wollten.

In einem Essay, das sich dem Phänomen der »kognitiven Dissonanz« widmet, schreibt Leon Festinger, dass es lächerlich sei zu versuchen, eine starke Überzeugung zu ändern, vor allem wenn der Betroffene einen Teil seines Lebens mit dieser Erfahrung verbracht hat.[1]

In gewissem Sinn war dies bei den kritischen Marxisten der Fall. Dennoch, sie sind nicht jenen Gläubigen, nicht jener Gruppe der Getreuen gleichzusetzen, um die es Leon Festinger und seinen Kollegen ging. Sie kannten sehr wohl die Marx'sche Analyse und das Programm zum Aufbau einer klassenlosen Gesellschaft, das auf der Abschaffung des Privateigentums an Produktionsmitteln basiert. Um diese Weltsicht für die Zukunft zu retten, unterwarfen sie sich der dogmatischen SED-Führung, die in Denkkategorien einer anderen Zeit gefangen blieb. Und sie trösteten sich mit der Annahme, dass diese Phase vorübergehe, während die Partei und ihre historische Mission überdauern würden.

Das war auch das Credo von Jürgen Kuczynski. Er blieb übrigens Mitglied der Partei, auch der im Februar 1990 gegründeten Nachfolgepartei der SED, der PDS. Mit ihr konnte er sich noch weniger einverstanden erklären als mit der SED. Aber der Status des Parteilosen hätte für ihn den Tod bedeutet, so ließ er mehrmals verlauten.

Nach dem Fall der Mauer blieben die kritischen Marxisten, wenn sie noch lebten, ihren Überzeugungen treu, die Mehrheit ihrer Erben ebenfalls. Deutschland ist vermutlich das Land, in dem Marx immer noch am meisten diskutiert und studiert wird. Als Beweis lässt sich die große Arbeit von Thomas Kuczynski, dem biologischen und geistigen Sohn von Jürgen Kuczynski, nennen, die er 2017, anlässlich des 150. Jahrestages des Erscheinens des Kapital, veröffentlichte. Die kritische Neuausgabe von Band 1 fand in Deutschland ein breites Echo.[2]

Die Erben findet man in verschiedenen Debatten, wo immer noch Personen von hohem Rang in der Partei und kritische Stimmen aus der »alten Zeit« diskutieren. Kritisch sind Letztere auch in der »neuen« Zeit geblieben. Sie können nicht mit der mächtigen Bundesstiftung zur Aufarbeitung der SED-Diktatur konkurrieren, die die »große Erzählung« über die DDR produziert, ein Diskurs, der in der Öffentlichkeit immer noch dominiert. Sie wird durch eine Forschung unterstützt, die nolens volens ihrem Einfluss unterstellt worden ist, die mitunter versucht, sich mit der Vorsicht, die einer wissenschaftlichen Arbeit eigen ist, von diesem Einfluss zu emanzipieren.

Das Verhalten dieser kritischen Marxisten in den Versammlungen verschiedener Einrichtungen kann man nicht adäquat erfassen, ohne zu erinnern, was James C. Scott als »Theaterperformance« bezeichnet hat. Kurz gesagt bezeichnet er damit eine Haltung, die es ermöglicht, in Situationen, in denen andere eine Vormachtstellung haben, das Gesicht zu wahren und sich durchzulavieren.[3] James C. Scott gründete seine Analyse auf Untersuchungen der sozialen Verhältnisse in Malaysia, einem Land, das von der DDR weit entfernt ist, das aber hinsichtlich des autoritären Staates ohne Pressefreiheit vergleichbar ist. Der Autor selbst zog Parallelen zu sowjetischen Dissidenten.

Wir haben es gelesen: Heiner Müller erinnerte sich, dass der Apparatschik, der zur Versammlung des Schriftstellerverbandes geschickt worden war, um sein Stück *Die Umsiedlerin* zu verurteilen, auf schreckliche Art und Weise gestikulierte, das Gesicht verzerrt und sich dann setzte und freundlich blickte. Oder Anna Seghers: Sie verließ die Sitzung mit einem Lächeln auf den Lippen, ging zu Heiner Müller und gab ihm, der gerade an den Pranger gestellt worden war, die Hand. Ein anderes Mal notierte der Stasi-Informant, dass Anna Seghers, damals Ehrenpräsidentin des Schriftstellerverbandes, von ihrem »Freund« Stefan Heym sprach, der gerade aus dem Schriftstellerverband ausgeschlossen worden war. Ein anderes Beispiel ist Christa Wolf, die kurz nachdem sie eine Parteirüge erhalten hatte, denjenigen, der am härtesten gegen sie polemisiert hatte, sagen hörte: »Du solltest es nicht persönlich nehmen«.[4] Solche Beispiele sind zahlreich.

Die Gegenbeispiele, bei denen es sich nicht um eine Theaterperformance handelte, sondern die harte Realität waren, überwiegen, zweifellos! Aber wenn man die Perspektive von James C. Scott einnimmt, so muss die Vormachtstellung in diesem System zumindest überdacht werden.

Die Parteiversammlungen waren auch der Ort, wo sich Techniken einer sogenannten Subpolitik erkennen lassen, der ein mehr oder weniger versteckter bzw. mehr oder weniger deutlich formulierter Widerstand eigen war. Mitunter kam dieser direkt zum Ausdruck und brachte die Forderung nach Demokratie immer wieder von Neuem ein.

In gleicher Weise erfordern viele Texte eine aufmerksame Lektüre, damit sich ein »verborgener Text« erschließt, der dem »öffentlichen Text« widerspricht, um noch einmal das Konzept von Scott aufzunehmen. Was soll man beispielsweise über das letzte Werk denken, das Jürgen Kuczynski in der DDR veröffentlicht hat? In *Alte Gelehrte* greift der Autor die höchste Tugend an, die die Partei von ihren Mitgliedern verlangt, die Parteilichkeit. In der DDR wurde der Begriff im Sinne Lenins verwendet und meinte, dass sich die »Wahrheit« vom Standpunkt der Arbeiterklasse und damit der Partei, der SED, her erschließe, der insofern die Deutungshoheit über die Wahrheit zukomme. Zugleich bedeutet Parteilichkeit auf gut Deutsch Parteinahme.

Handelte es sich also um ein Wortspiel, wenn Kuczynski erklärte, dass jede Forschung, die der Parteilichkeit unterliegt, konträr zu den Lehren der Klassiker des Marxismus-Leninismus stehe? Allen voran Marx selbst, der von dem großen David Ricardo die »Unvoreingenommenheit« übernommen hatte?[5] Wenn man dieses kleine Buch mit Blick auf die Parteilichkeit liest, mag man denken, dass Kuczynski von sich selbst redet, wenn er Goethe zitiert, nachdem er von der Wissenschaft unter der Vorherrschaft der Fürsten gesprochen hat: »Wer alt mit Fürsten wird, lernt vieles, lernt zu vielem schweigen.« Kuczynski fügt hinzu: »Und keineswegs sind nur Fürsten notwendig, keineswegs ist ein langes Leben unter Fürsten erforderlich, um schweigen zu lernen.«[6]

Goethe war ein Dichter der Fürsten, während Kuczynski Artikel für Honecker schrieb. Etwas weiter im Text beklagt er sich über das Fehlen von Debatten: »Das gilt sowohl für die bürgerlichen wie für die Universitäten in den sozialistischen Ländern. Das gilt insofern auch für die Gelehrten im wissenschaftlichen Verkehr untereinander: Auch hier ist der echte, offene, fröhliche Meinungsstreit früherer Jahrzehnte zumeist erloschen.«[7]

Ohne Zweifel mussten die kritischen Marxisten Kompromisse eingehen. Aber kompromittierten sie sich dabei?

Avishai Margalit schreibt in seinem Buch *Über Kompromisse und faule Kompromisse:* »Ich denke, wir sollten eher nach unseren Kompromissen beurteilt werden als nach unseren Idealen und Normen. Ideale sagen etwas darüber aus, wie wir sein möchten. Kompromisse zeigen, wer wir sind.«[8]

Das Schweigen, das man als Ausdruck von Vorsicht oder auch als fehlenden Mut interpretieren kann – aber können wir, die in demokratischen Gesellschaften leben, in denen das Risiko, wenn man das Wort ergreift, minimal ist, wirklich urteilen? –, war sehr oft der größte Kompromiss, den sie eingingen. Einige trugen schwere Geheimnisse aus dem Exil, sei es in Moskau oder in Mexiko, mit sich. Die Protagonisten in diesem Buch unterwarfen sich der Disziplin des Schweigens, und wenn sie Kritik wagten, dann war es zumeist Selbstkritik.

Und mehr noch, wenn es sich um eine besondere Ungerechtigkeit handelte, dann intervenierten sie direkt beim »Prinzen«, dem Ersten Sekretär der Partei – ein Vorgehen der Cliquenwirtschaft, das in autoritären Staaten üblich ist.

Als Georg Lukács dem Dichter Joseph Brodsky noch in der UdSSR seinen Essay über Solschenizyn übergeben ließ, nahm dieser ihn zwar an, wollte ihn aber nicht lesen, weil Lukács nicht gegen den Einmarsch der Warschauer-Pakt-Truppen in die Tschechoslowakei im August 1968 protestiert hatte. Der Übermittler, kein anderer als der Dichter György Petri, belehrte seinen Kollegen: Aber doch, Lukács hat einen 70-seitigen Protestbrief an János Kádár geschrieben. Was auch immer, habe Brodsky geantwortet, das war eine Sache zwischen ihm und Kádár! Hätte er öffentlich protestiert, wären wir hier in der UdSSR informiert gewesen. György Petri meinte danach, er habe eine

Lektion erhalten, nicht nur in Zivilcourage, sondern auch in Bezug auf die politische Bedeutung des Handelns.[9]

Folgt man Werner Mittenzwei, verschwendete die Witwe von Bertolt Brecht, Helene Weigel, keinen Gedanken daran, dem jungen Philosophen Wolfgang Harich direkt zu Hilfe zu kommen, als dieser kurz nach Brechts Tod verhaftet worden war. Aber sie wandte sich in zahlreichen Briefen an Ulbricht, jedoch ohne jede Wirkung.[10]

Die Grenze zwischen Kompromiss und Kompromittierung ist ohne Kenntnis des jeweiligen Kontextes schwer zu ziehen, und auch der alles überschauende Blick der Historikerin hilft oftmals nicht weiter. Sicher ist aber eines: Die Mehrheit der kritischen Marxisten hat nicht für die Stasi gearbeitet oder tat es auf unbedeutende Weise. Vergebens versuchte die Stasi Informanten einzuschleusen, vor allem bei Jürgen Kuczynski und Wolfgang Heise, doch sie ließ beide niemals aus den Augen.

Als der Schweizer Schriftsteller Max Frisch 1973 einige Kollegen in der DDR besuchte, notierte er, dass ihr Verhältnis zu ihrem Staat »undurchdringlich« geblieben sei. Für einen Besucher aus dem Westen, der es gewohnt war, die kommunistische Welt in Schwarz und Weiß zu unterscheiden, war dies gesichert. Über sein Treffen mit Christa und Gerhard Wolf schrieb Max Frisch: »Treffen mit Christa Wolf und Gerhard Wolf im Opern-Café, Ost-Berlin, fünf Jahre nach der Begegnung auf der Wolga. Ihre neue Art, offen zu reden, ohne Zweifel loyal gegenüber dem System, kritisch-offen, ohne dass der Besucher dazu nötigt.«[11]

Die Parteiführung verhielt sich gegenüber den Intellektuellen abwechselnd schmeichelnd und strafend. Sie blies ihnen mal heiß, mal kalt ins Gesicht: Sie verlieh Ehrungen und entzog sie wieder. Die Intellektuellen waren einem perversen Spiel ausgesetzt, dem sie sich nur schwer widersetzen konnten, wenn sie weiter produzieren und existieren wollten. Die Parteifunktionäre zeichneten sich durch grundsätzliches Misstrauen gegenüber den Intellektuellen und deren kritischem Potenzial aus. Sie waren gerissen und beherrschten die

Kunst der Manipulation. Wie die Kirche, die ebenso exkommunizieren wie ihre Abtrünnigen als Mitglieder halten konnte, um sie besser unter Kontrolle zu haben, instrumentalisierten die SED-Funktionäre die Intellektuellen (mehr oder weniger) ohne deren Wissen. Wie ein Vertrauter von Jürgen Kuczynski später einmal sagte, stimulierte dieser aus seinem »goldenen Käfig« heraus kritisches Denken – aber durch sein Verhalten ließ er kein Aufkommen einer Opposition zu.[12] Er wusste das Spiel zu beruhigen, Heftigkeit zu zügeln, Verbannte zu trösten und denjenigen Sicherheit zu vermitteln, die zweifelten. Die kritischen Marxisten waren innerhalb der Partei sozusagen die Stoßdämpfer latenter Konflikte. Sie verlegten sich darauf, auf bessere Zeiten zu warten. Auch das, was offensichtlich war, wollten sie nicht anerkennen: die Unmöglichkeit, die Partei von innen heraus zu reformieren. Diese Haltung war Teil der Irrationalität und Grund ihres Scheiterns. Deshalb wurde im Verlauf des 20. Jahrhunderts niemand so falsch beurteilt wie diese Frauen und Männer, die von der Geschichte betrogen worden sind.

Wie könnte es anders sein, das letzte Wort gehört Bertolt Brecht:

»Wer für den Kommunismus kämpft
Der muß kämpfen können und nicht kämpfen
Die Wahrheit sagen und die Wahrheit nicht sagen
Dienste erweisen und Dienste verweigern
Versprechen halten und Versprechen nicht halten.
Sich in Gefahr begeben und die Gefahr vermeiden
Kenntlich sein und unkenntlich sein.
Wer für den Kommunismus kämpft
Hat von allen Tugenden nur eine:
Daß er für den Kommunismus kämpft.«[13]

Zwischen Kompromiss und Kompromittierung zu pendeln – darauf können wir uns einigen –, wird keine einfache Aufgabe gewesen sein.

EPILOG
Im Schatten von Fichte, Hegel und Brecht

In ihrem letzten Buch *Stadt der Engel* schreibt Christa Wolf: »Andere Trauerzüge tauchen vor meinen Augen auf, zu viele Dichter, die aus der Emigration zu uns zurückgekommen waren, starben in einem Jahrzehnt, fast alle an ›gebrochenem Herzen‹, altmodisch ausgedrückt: Dem jahrzehntelangen Druck hatten ihre Herzen standgehalten, der plötzlichen Befreiung von diesem Druck nicht. Die Prozessionen zum Dorotheenstädtischen Friedhof begannen. F. C. Weiskopf [sic!] [1], Bertolt Brecht, Johannes R. Becher starben innerhalb von vier Jahren, sie wurden neben Fichte, Hegel, Schinkel, Rauch, Schadow gelegt, Bodo Uhse und Willi Bredel kamen bald dazu. Heute defilieren die Touristen in Scharen an diesen Gräbern vorbei, und an denen, die in den Jahrzehnten danach hier beerdigt wurden, Wieland Herzfelde, Helene Weigel, Anna Seghers, Hans Mayer, um bei dieser Generation zu bleiben. So viele Namen. So viele Geschichten. Wer wird sie erzählen? Wer würde sie noch hören wollen?«[2]

Diesen Namen fügte Christa Wolf im Dezember 2011 ihren eigenen hinzu. Heiner Müller traf diese Wahl bereits 16 Jahre zuvor. Und auch Jürgen Kuczynski, Stephan Hermlin, Thomas Brasch und noch weitaus früher Hanns Eisler, Arnold Zweig und seine Frau, die gezögert hatten und eigentlich auf dem Jüdischen Friedhof in Weißensee beigesetzt werden wollten, entschieden sich dann doch für den Dorotheenstädtischen in der Chausseestraße: »Er ließ für sich und seine Frau auf dem Dorotheenstädtischen Friedhof einen Platz freihalten, unweit seiner toten Genossen und Gefährten Johannes R. Becher, Bertolt Brecht, Heinrich Mann und Bodo Uhse, die mit ihm das geistige Antlitz der Deutschen Demokratischen Republik so eindrucksvoll mitgeformt haben«, schrieb ihr Freund und Biograph Heinz Kamnitzer.[3]

War es Brecht, der diese »Mode« eingeführt hatte? Das Haus, das er in den letzten Jahren seines Lebens in der Chausseestraße bewohnte, von dem aus er zu Fuß in sein Theater, das Berliner Ensemble, gehen konnte, schließt direkt an den Friedhof an, auf dem die Philosophen des deutschen Idealismus, Fichte und Hegel, ruhen. Von seinem Schreibtisch aus konnte er auf ihre Gräber schauen.

Heute hier spazieren zu gehen bedeutet, der Intellektuellengeschichte der DDR zu begegnen. Einige, wie Ernst Bloch, fehlen, aber sein Kollege und Freund aus Leipzig, Hans Mayer, hat hier seinen Platz gefunden. Ein Outsider, der amerikanische Philosoph Herbert Marcuse, folgte ihm; er war 1898 in Berlin geboren worden. Was gab es Natürlicheres, als hier seine beiden »guten Freunde« Hegel und Brecht wiederzutreffen, wie es sein Sohn formulierte?

In jeder Jahreszeit ist der Dorotheenstädtische Friedhof einer der schönsten Orte in Berlin. Majestätische Bäume und immer Blumen auf den Gräbern. Jedes Grab ist ein besonderes. Das von Heiner Müller ist ebenso schlicht wie das von Brecht und Helene Weigel. Sie liegen dicht beieinander, während sich die anderen Begleiterinnen des Dramatikers in gebührender Distanz befinden, jedoch nicht weit voneinander entfernt.

Während des jährlichen Sommerfestes im Juni ruft das Brecht-Haus auf verschiedenartige Weisen das Brechtsche Werk wach. Abends findet ein ehrendes Gedenken an den Gräbern der hier beigesetzten kritischen Intellektuellen durch ihre Erben statt, bevor man sich im Schatten der Kastanienbäume im Biergarten trifft. Es gibt kaum offizielle Reden oder steife Erinnerungszeremonien. Hier, in der Nähe der letzten Überreste der besten Köpfe der deutschen Geschichte, trinkt man Bier, ein Orchester spielt Jazzmusik, und es liegt ein Hauch von Frechheit in der Luft, die den hier Ruhenden gefallen würde. Der Kontrast zur steifen Feierlichkeit des Friedhofs der Sozialisten am anderen Ende der Stadt in Friedrichsfelde, wo die DDR-Führung an der Seite der Revolutionäre von 1848 wie auch von Rosa Luxemburg und Karl Liebknecht begraben sein wollte, steht bildlich für die Distanz, die zwischen dieser Führung und denen existierte, deren Traum sie getötet hat.

Nachwort der Übersetzerin[1]

Warum sollte man mehr als 30 Jahre nach der Vereinigung der beiden deutschen Staaten ein in Frankreich 2019 veröffentlichtes Buch über die DDR und den Sozialismus übersetzen? Was vermag der berühmte »Blick von außen« uns über unsere eigene Geschichte zu sagen? Sind DDR und Sozialismus nicht längst »ausgeforscht«?

Sonia Combe setzt mit ihrem Buch zum Widerspruch an. Sie widerspricht einer Geschichtsschreibung, die die DDR auf eine Diktatur reduziert und die Freund-Feind-Schemata allzu einfach und schnell »geklärt« hat. Sie spart dabei keinesfalls mit Kritik an einem System, »das voll gegen die Wand lief« (S. 19) und deckt schonungslos auf, was sie nach der Öffnung der Archive zur Überwachung und Unterdrückung im »realen Sozialismus« entdeckte. Dazu gehört nicht nur die flächendeckende permanente Überwachung durch die Stasi, sondern auch der Umgang mit den »Ehemaligen« von Buchenwald oder mit den Überlebenden des Stalinschen Terrors und des Gulag in der späteren DDR und in der Sowjetunion. Einmal mehr entdecken vor allem in der DDR Sozialisierte, was man ihnen verschwieg und was so viele Jahre danach immer noch Fragen aufwirft.

Sonia Combe formuliert mit ihrem Buch einen Einspruch, der sich gegen das Vergessen jener Gründergeneration und deren Erben richtet, die bereits »auf der Müllhalde« der Geschichte (S. 19) gelandet sind. Das markanteste Beispiel für dieses Vergessen betrifft wohl Wolfgang Heise, den Philosophen, der sich der publizistischen Aktivität weitgehend enthielt, weil er nicht konformistisch schreiben wollte. Als Universitätsprofessor hat er jedoch eine ganze Studentengeneration kritisches Denken gelehrt. Zu ihr gehörten Rudolf Bahro und Wolf Biermann. Für Letzteren war Wolfgang Heise der DDR-Voltaire.

Indem Sonia Combe diese Menschen, die ihrem Ideal bis zuletzt treu geblieben sind, begleitet und danach fragt, wie sie die Entzauberung erlebt haben und welche Taktiken sie einsetzten, um Kritik zu äußern, führt sie leise und differenzierte Töne in die Geschichtsschreibung ein, die bislang selten zu hören sind, wenn es um den »realen« Sozialismus geht. Selbst die herrschende Partei, die SED, erscheint hier nicht als homogener Block, sondern als eine Mischung aus Apparatschiks, Opportunisten, willfährigen Mitläufern und überzeugten wie auch kritischen Marxisten, von denen nicht wenige eine »loyale Subversion« praktizierten. Für sie war die Partei der einzige Ort, an dem sie ihre Kritik vorbrachten. Die Akten der Archive, zum Beispiel der Akademie der Künste oder des Schriftstellerverbandes, geben zu erkennen, inwieweit in den Parteiversammlungen pluralistisches Denken laut wurde.

Man konnte ein solches Denken gewiss auch in Versammlungen anderer Institutionen finden, nicht zuletzt an den Universitäten oder an der Akademie der Wissenschaften der DDR. Nichts davon drang an die Öffentlichkeit, auch nicht die kritischen Briefe an das Zentralorgan der SED *Neues Deutschland,* die unbeantwortet blieben. Allerdings verfügten kundige Leserinnen und Leser in der DDR über die Fähigkeit des Zwischen-den-Zeilen-Lesens, wenn sie belletristische oder wissenschaftliche Texte rezipierten. Und hier begegneten sie sehr wohl jener subversiven Kritik, von der Sonia Combe berichtet.

Dies ist nur ein Beispiel dafür, dass dieses Buch Facetten einer DDR-Intellektuellengeschichte bereithält, die einer breiten Öffentlichkeit seit dem Ende der DDR bislang kaum bekannt gemacht wurden, die so manches Stereotyp infrage stellen. Auch eine künftige Parteigeschichte der SED kann solche Befunde nicht ignorieren.

Als Französin schreibt Sonia Combe aus einem historisch gewachsenen Kontext heraus, in dem in einer westlichen Demokratie sozialistische Linke und Kommunisten im 20. Jahrhundert gesellschaftliche Akteure waren, die Regierungen stellten. So fand die Autorin, die sich selbst nicht als Kommunistin bezeichnet, als linksorientierte Osteuropaexpertin für ihr Buch in Frankreich, wenn auch nicht ungeteilt, zustimmendes und neugieriges Interesse. Hingegen waren in der *Frankfurter Allgemeinen Zeitung* und auf der Website der Bundeszentrale für politische Bildung in Deutschland Stimmen zu vernehmen, die das Buch in einem antikommunistischen Tonfall in die Ecke der DDR-Nostalgie verbannt wissen wollen. Das Urteil, so schien es, war damit gefällt. Die Übersetzung soll nun ermöglichen, dass sich deutsche Leserinnen und Leser selbst ein Bild machen können.

Es stellt sich die Frage, ob das Buch einen Teil jüdischer Geschichte im Deutschland der Nachkriegszeit erzählt. Der Titel des Buches gibt darauf keinen Hinweis. Aber schon im Prolog ist zu erfahren, dass jene kritischen Intellektuellen der Gründergeneration der DDR zu den Parias, einer Schicksalsgemeinschaft, gehörten, die noch dazu eine doppelte Verfolgung und Vertreibung im »Dritten Reich« erlebt hatten: eine politische als Kommunisten und die lebensbedrohliche Rassenverfolgung als Juden.

Die Autorin stellt eine zentrale These auf, die Diskussionen, vielleicht auch Widerspruch auslösen wird: In der DDR habe es eine »letzte deutsch-jüdische Symbiose« (Teil V) gegeben. Als kommunistische Juden, oft seit mehr als einer Generation assimiliert, seien sie in der DDR nicht Opfer gewesen, sondern gleichgesinnte Akteure in einem Gesellschaftsprojekt, das sich noch dazu gegen jene richtete, die ihren Tod geplant hatten. Die jüdischen Wurzeln traten dabei in den Hintergrund beziehungsweise hatten schon längst, so die Autorin in Anlehnung an Michael Löwy, säkulare Formen angenommen, wobei sich der jüdische Messianismus durchaus mit revolutionären Utopien verband.

Als in der DDR Sozialisierte stellt sich mir jedoch – wohl auch anderen – grundsätzlich die Frage, ob und in welcher Weise in jener Gründergeneration und bei ihren Erben solche jüdischen Wurzeln tatsächlich in ihrem politischen Denken und Handeln wirksam wurden. In der öffentlichen Darstellung und Wahrnehmung jedenfalls spielte ihr Jüdisch-Sein kaum eine bis gar keine Rolle.

Wenn wir an eine nachhaltige und sichtbare Verbindung religiösen Glaubens mit den Heilsvorstellungen des Sozialismus beziehungsweise Kommunismus denken, ist für die DDR zunächst der Protestantismus zu nennen, der nachweislich seit Anfang der DDR in Form der religiösen Sozialisten und später unter dem Motto »Kirche im Sozialismus« bis hin zu seiner Rolle in der friedlichen Revolution eine mobilisierende Funktion erfüllte.

Das Buch von Sonia Combe zeigt dennoch, dass und inwiefern die kritischen Marxisten eine spezifische Gemeinschaft bildeten. Die Mehrheit hatte gewiss religiöse Glaubensvorstellungen durch kommunistische Überzeugungen ersetzt. Die Zugehörigkeit zu einem Judentum, das sich sowohl religiös als auch säkular versteht, auf eine gemeinsame Herkunft rekurriert, auf eine Geschichte des Lebens in der Diaspora, marginalisiert, ausgegrenzt und die im nationalsozialistischen Deutschland zur Shoah führte, dies alles war in der DDR eine anerkannte historische Tatsache und führte bei vielen – so eine naheliegende Interpretation – zu einer gelebten »stillen« Identitätsübereinkunft, ganz unabhängig von religiösen Begründungen. Zumindest lässt die Lektüre des Buches eine solche Schlussfolgerung zu, wie auch die Vermutung, dass die historischen Erfahrungen, die jene Intellektuellen persönlich in ihren Familien und als Verfolgte und Emigranten gemacht hatten, das Maß für ihre Kritik und Handlungsentscheidungen bestimmten.

Mehr implizit als explizit wird in Sonia Combes Buch deutlich, dass die Bezugnahme auf ein gemeinsames Erbe für die kritischen Marxisten immer wieder eine Rolle spielte und dabei unterschiedliche Funktionen annahm, wenn es galt, ihr – gerade auch kritisches – Urteil zur DDR, ihre Entscheidungen und ihr Handeln im Staatssozialismus abzuwägen. Aus diesem Grund – ihre politischen Überzeugungen eingeschlossen – hielten sie ihre Entscheidung, in diesem Teil Deutschlands zu leben, für alternativlos. Die Gefahr des Faschismus blieb virulent und verband sich für sie mit der Bundesrepublik Deutschland. Es war die Zeit des Kalten Krieges, des Wettstreits der politischen Systeme, kurz, es war eine Zeit, »als die großen Ideologien noch lebendig waren und Überzeugungen das psychische Fundament der engagierten Intellektuellen bildeten« (S. 30).

Das alles mag erklären, warum sie der Partei und dem Staat treu blieben, obwohl auch in ihren Augen beide längst entzaubert waren und Kritik sowie Einspruch auf der Tagesordnung standen. Vor diesem Hintergrund kann das (beredte) Schweigen als ein Kompromiss zwischen Widerstand und Loyalität verstanden werden, der für viele Menschen den einzig gangbaren Weg darstellte.

Schweigen ist ein zentrales Thema des Buches. Für Sonia Combe handelt es sich um eine Überlebensstrategie jener kritischen Kommunisten, mit der es ihnen möglich war, ihrem Lebensideal treu zu bleiben. Wenn sie einzig in der Partei ihre Kritik vortrugen, dann weil sie an deren Reformfähigkeit glaubten.

Aber ist das Schweigen ein Kompromiss, der die kritischen Marxisten kompromittierte, fragt die Autorin, ohne hierauf eine Antwort geben zu wollen. Die Zurückhaltung ist insofern verständlich, als das Schweigen als ein Kompromiss, der nur in kleinen vertrauten Kreisen als Widerstand zu interpretieren war, ein Licht auf das Dilemma von Handlungsentscheidungen in Diktaturen wirft. In der Öffentlichkeit konnte, ja musste das Schweigen als Einvernehmen aufgefasst werden, und es stützte de facto das System. Wie bei allen Kompromissen sind positive und negative Seiten eng miteinander verwoben: Der Kompromiss wurde eingegangen, um die eigene Stimme zu wahren, und gleichzeitig war das Schweigen selbst Ausdruck des Verlustes der Stimme. War also der Preis dieses Schweigens die eigene Niederlage der Intellektuellen?

Das Schweigen ist insofern Ausdruck einer tiefen Tragik, die für die Leserinnen und Leser dieses Buches in verdichteter Erzählweise anhand einer Fülle biographischer Beispiele nachvollziehbar wird.

Es ist wichtig, dass Sonia Combe in ihrem Buch solche Fragen formuliert, denn von ihrer Beantwortung hängt auch ab, ob und wie der

Platz der Intellektuellen sowie anderer Gruppen in der Geschichte der DDR bestimmbar ist. Dies gilt umso mehr, wenn man dem israelischen Philosophen Avishai Margalit folgen möchte, den auch Sonia Combe zitiert: »Ich denke, wir sollten eher nach unseren Kompromissen beurteilt werden als nach unseren Idealen und Normen. Ideale sagen etwas darüber aus, wie wir sein möchten. Kompromisse zeigen, wer wir sind.«[2]

Die Frage nach der Bedeutung von Kompromissen geht weit über die DDR wie auch über die sozialistische Ära hinaus und sie betrifft keineswegs nur die Sphäre der Politik. Denn als eine Verhaltensoption begleiten Kompromisse unser Leben und verweisen auf eine anthropologische Problematik. Kompromisse stehen zum einen für die Bedeutung der Kommunikation und des Miteinanders von Menschen. Aushandlungsprozesse – Kompromisse sind nichts anderes als ihr mögliches Ergebnis – sind notwendig und eine Herausforderung, gerade wenn das menschliche Zusammenleben immer mehr von kultureller Vielfalt geprägt ist.

Im Ergebnis von Aushandlungsprozessen, sei es im Berufsleben, in der Wirtschaft, der Politik, der Medienwelt, im Alltag oder im Privaten, verweisen Kompromisse zum anderen auf Grenzen. Es sind Grenzen, die bestimmen, wann und unter welchen Bedingungen Kompromisse möglich sind und wann nicht und wie weit diese gehen können und sollten. Solche Grenzen sind in den meisten Fällen flexibel und werden immer wieder neu »festgelegt«. Es gibt aber auch Grenzen, die anzeigen, wann Kompromisse in »faule« Kompromisse, die unbedingt zu vermeiden sind, übergehen. Margalit sieht diese Grenzen in der Verletzung der Menschlichkeit, also dann, wenn das Mensch-Sein verletzt wird. Aus der Sicht dieses politischen Philosophen ist es eindeutig: Mit politischen Systemen, die auf Grausamkeit und Erniedrigung basieren, sollten keine Kompromisse eingegangen werden. In der Klimaproblematik sind nun existenzielle Gefahren für das Mensch-Sein zu erkennen, die Fragen nach den Grenzen von Kompromissen in besonders dramatischer Weise aufwerfen.

Der Kompromiss bleibt in all seiner Dialektik, die ihm eigen ist, eine Herausforderung. Das Buch von Sonia Combe und die Erfahrungen ostdeutscher kritischer Marxisten laden auch in dieser Hinsicht zum weiteren Nachdenken ein.

Dorothee Röseberg, im November 2021

ANHANG

Anmerkungen

S. 9

1 Barbara Honigmann: Bilder von A., München: Carl Hanser Verlag, 2011, S. 39.
2 Zitiert nach: Volker Braun: Wir befinden uns soweit wohl. Wir sind erst einmal am Ende. Äußerungen, Frankfurt am Main: Suhrkamp Verlag, 1998, S. 132.

Prolog (S. 13–30)

1 Edith Anderson: Liebe im Exil. Erinnerungen einer amerikanischen Schriftstellerin an das Leben im Berlin der Nachkriegszeit. Übersetzt von Christa und Clemens Tragelehn, Berlin: Basis Druck, 2007, S. 27 (Original: Love in Exile. An American Writer's Memoir of Live in Divided Berlin, Hanover (NH): Steerforth Press 1999, p. 18).
2 Ebd., S. 65.
3 Dieser Roman von Anna Seghers wurde 2018 von Regisseur Christian Petzold unter dem gleichen Titel für das Kino adaptiert.
4 Edith Anderson: Liebe im Exil, S. 393.
5 Ebd., S. 394.
6 Ebd., S. 412.
7 Art as a Weapon. Dokumentarfilm von Andrea Simon, 2017.
8 Sein Film *Sterne*, den er gemeinsam mit Konrad Wolf bei der DEFA produziert hatte, erhielt in Cannes 1959 den Preis der Jury.
9 Diese zensierte Passage wurde Gegenstand von Interpretationen in Abhängigkeit von der Übersetzung in verschiedene Sprachen. Siehe Zsuzsa Hetényi, Laurent Stern: Recovering, the Key the Censor Hid. On Vasily Grossman's »In Kislovodsk«, in: Toronto Slavic Quarterly 49 (August 2014).
10 Siehe Frédérique Matonti: Intellectuels communistes. Essai sur l'obéissance politique. La Nouvelle Critique (1967–1980), Paris: La Découverte, 2005, und

die Kritik dazu, die der marxistische Philosoph Lucien Sève in *Nouvelles Fondations* 3/4 (2005) veröffentlicht hat. Sie ist auf der Website der Fondation Gabriel Péri einzusehen, https://gabrielperi.fr/librairie/revues/nouvelles-fondations/nouvelles-fondations-n3-4-annee-2006/ (konsultiert am 28.2.2022).

11 Sein eigentlicher Name ist György. Wir verwenden den Vornamen Georg, unter dem Lukács in Westeuropa bekannt ist.

12 Vgl. Georg Lukács: Record of a Life. An Autobiographical Sketch. Herausgegeben von István Eörsi, übersetzt von Rodney Livingstone, New York: Schocken Books, 1971. Das Interview wurde ebenfalls veröffentlicht in: New Left Review 68 (1971).

13 Lukács-Archiv, Budapest, konsultiert von der Autorin vor dessen Übergang in die ungarische Akademie der Wissenschaften 2012. Es ist bis jetzt nicht wieder zugänglich.

14 Ebd.

15 Vgl. Albert O. Hirschman: Exit, Voice, and Loyalty. Responses to Decline in Firmes, Organizations, and States, Cambridge (MA): Harvard University Press, 1970.

16 Ähnliches passiert heute in Kuba, wo das kritische Potenzial innerhalb der Partei im Verlauf der Jahre immer geringer wurde. Die bleibende Loyalität entsprach der Treue zu Fidel (Castro), während das Bild von Che (Guevara) mit enttäuschten Hoffnungen verbunden blieb. Dies geht aus einer Reihe von Gesprächen hervor, die die Verfasserin im März 2015 mit ehemaligen Parteimitgliedern und Dissidenten/kritischen Marxisten geführt hat. Die Entzauberung ist sehr gut in dem Film *Retour à Ithaque* von Laurent Cantet erkennbar, der 2014 mit Hilfe kubanischer Berater gedreht werden konnte.

17 Siehe dazu mein Buch *Une société sous surveillance. Les Intellectuels et la Stasi* (Eine Gesellschaft unter Überwachung. Die Intellektuellen und die Stasi), Paris: Albin Michel, 1999.

18 Robert Havemann: Dialektik ohne Dogma. Naturwissenschaft und Weltanschauung, Reinbek bei Hamburg: Rowohlt Verlag, 1964; Rudolf Bahro: Die Alternative. Zur Kritik des real existierenden Sozialismus, Köln: Europäische Verlagsanstalt, 1977.

19 Jürgen Kuczynski: »Ein linientreuer Dissident«. Memoiren 1945–1989, 2. Auflage, Berlin/Weimar: Aufbau-Verlag, 1999 (zuerst 1992).

20 Thomas Kuczynski, der Sohn, der intellektuell in gewisser Weise in die Fußstapfen seines Vaters tritt, definiert sich als kritischen Marxisten innerhalb der Partei und macht selbst eine Unterscheidung: »Ein Dissident macht seine Position öffentlich. Ich habe das nicht gemacht.« Gespräch der Autorin mit Thomas Kuczynski am 13. Dezember 2018 in Berlin.

21 Vgl. Leon Festinger, Henry W. Riecken, Stanley Schachter: L'Échec d'une prophétie, Paris: PUF, 1993.

22 Stefan Zweig: Joseph Fouché. Bildnis eines politischen Menschen, Frankfurt am Main: Fischer Taschenbuch Verlag, 2007 (zuerst 1929), S. 14.

23 Axel Fair-Schulz: Loyal Subversion. East-Germany and its *Bildungsbürgerlich* Marxist Intellectuals, Berlin: Trafo Verlag, 2008.

24 Daniela Dahn: Wenn und Aber. Anstiftungen zum Widerspruch, Reinbek: Rowohlt Taschenbuch Verlag, 2002, S. 149.

25 Im Oktober 1989 war Pierre Bourdieu an die Freie Universität Berlin eingeladen, wo er den Ehrendoktortitel erhielt, und sprach auf Einladung der Ost-Berliner Kulturwissenschaftlerin Irene Dölling an der Humboldt-Universität.

26 So erzählte mir eine Wissenschaftlerin aus der DDR während eines Kolloquiums, dass ein westdeutscher Historiker, der Institutsdirektor geworden war und zur DDR forschte, ihr eines Tages das Wort erteilte, um über die Gründe zu sprechen, die sie als Ostdeutsche daran gehindert hätten objektiv zu sein.

27 Vgl. Konrad H. Jarausch (Hg.): Dictatorship as Experience. Towards a Socio-Cultural History of the GDR, New York/Oxford: Berghahn Books, 1999.

28 Vgl. Gerd Irrlitz: Wolfgang Heise – die Wahrheit der Kunst, die Kunst der Wahrheit (Philosophische Gespräche, Heft 52), Berlin: Helle Panke e. V., 2018.

29 Dem Beispiel der ostdeutschen Dissidenten (im Unterschied zu denen in anderen osteuropäischen Ländern) folgend, verwendet man im Deutschen das Attribut »reell« oder »real existierend«, um den Unterschied zwischen dem Projekt und seiner Umsetzung zu bezeichnen. Die Wissenschaftssprache hat bislang keine adäquate Begrifflichkeit gefunden, wie es der amerikanische Historiker Moshe Lewin ausdrücken würde. Die Begriffe »kommunistisch« und »sozialistisch« werden in diesem Buch beschreibend, nicht wertend verwendet.

30 Vgl. Catherine Epstein: The Last Revolutionaries. German Communists and their Century, Cambridge (MA): Harvard University Press, 2003, S. 255.

31 Im Archiv dieser Zeitung konnte ich nur die Leserbriefe der Jahre 1987 bis 1989 einsehen. Die Briefe der Jahre zuvor, sagte man mir, seien vernichtet worden.

32 Herbert Crüger: Ein alter Mann erzählt. Lebensbericht eines Kommunisten, Schkeuditz: GNN-Verlag, 1998, S. 317.

33 Zu dieser Frage siehe Michel Christian: Camarades ou apparatchiks? Les Communistes en RDA et en Tchécoslovaquie 1945–1989, Paris: PUF, 2016.

34 Avishai Margalit: On Compromise and Rotten Compromises, Princeton University Press 2009 (deutsch: Über Kompromisse – und faule Kompromisse, Berlin: Suhrkamp Verlag, 2011).

35 Margalit: Über Kompromisse und faule Kompromisse, S. 214.

36 Dieses Konzept des Historiker Alf Lüdtke wurde insbesondere von Thomas Lindenberger aufgenommen, um die Verhältnisse in der DDR zu untersuchen. Siehe Thomas Lindenberger (Hg.): Herrschaft und Eigen-Sinn in der Diktatur, Köln/Weimar/Wien: Böhlau Verlag, 1999.

37 Zu diesem Thema sei die Lektüre von Nicolas Offenstadts Buch *Le pays disparu. Sur les traces de la RDA,* Paris: Stock, 2017, empfohlen. Es handelt sich um eine Art Reisebericht zu den Spuren, die die DDR hinterlassen hat.

38 M15 spied on leading British historians for decades, in: The Guardian, 24. Oktober 2014.

Teil I (S. 31–87)

1 Die Schätzungen beruhen auf folgenden Quellen: Biographisches Handbuch der deutschsprachigen Emigration nach 1933, München: KG Saur, 1983; Handbuch der deutschsprachigen Emigration 1933–1945, Darmstadt: Primus-Verlag, 1998. Die Zahlen zur jüdischen Emigration stammen aus: Wolfgang Benz: Die jüdische Emigration, in: Handbuch der deutschsprachigen Emigration 1933–1945, S. 6.

2 Vgl. Hans Sahl: Memoiren eines Moralisten. Das Exil im Exil, 2 Bände, Frankfurt am Main: Luchterhand, 1983 und 1990.

3 Großbritannien organisierte nach der Kristallnacht am 9. November 1938 und nach der Annexion Österreichs die Evakuierung von 10000 Kindern (Kindertransporte).

4 Siehe dazu den Dokumentarfilm *Familie Brasch. Eine deutsche Geschichte* von Annekatrin Hendel (2018), oder Wolfgang Herzberg: Verschiedene Wege von Nachkommen der Nazi-Verfolgten aus der DDR, in: Die zweite Generation. Kinder von antifaschistischen Widerstandskämpfern und Emigranten (Pankower Vorträge, Heft 175), Berlin: Helle Panke e. V., 2013.

5 Vgl. Die »Jeckes« in Israel. Der Beitrag der deutschsprachigen Einwanderer zum Aufbau Israels, Bonn: Deutsch-israelische Gesellschaft, 1995, S. 18.

6 Vgl. Anthony Heilbut: Exiled in Paradise. German Refugee Artists and Intellectuals in America from the 1930's to the Present, New York: The Viking Press, 1983.

7 Vgl. ebd., S. 292ff.

8 Vgl. Marianne Debouzy: Les intellectuels américains et l'anticommunisme, in: L'Anticommunisme aux États-Unis de 1946 à 1954, Presses de l'Université de Paris-Sorbonne 1995.

9 Vgl. Alexander Stephan: Im Visier des FBI. Deutsche Exilschriftsteller in den Akten amerikanischer Geheimdienste, Stuttgart/Weimar: J. B. Metzler, 1995, S. 285f.

10 Vgl. ebd.

11 Hannah Arendt: Communists turned ubside town, in: Commonweal, 20. März 1952, S. 595, zitiert nach: Marianne Debouzy. Les intellectuels américains et l'anticommunisme.

12 Vgl. ebd.

13 Vgl. Alexander Stephan: Im Visier des FBI.

14 Das Theaterstück hat bis in die Reihen dogmatischer Parteiführer hinein schockiert, denn letztlich nutzte es der Gegenpropaganda. In der DDR wurde es niemals gespielt; Neues Deutschland, 15. September 1997. Es geht zurück auf die Novelle *Schokolade*, 1922 im sowjetischen Russland von Alexander I. Tarassow-Rodionow geschrieben, in der ein überzeugter Tschekist den Freitod wählt, um das Ansehen der Partei zu retten. Auch diese Novelle wurde damals als kontraproduktiv eingestuft und hat die kommunistische Jugend der 1920er Jahre stark beeinflusst.

15 Vgl. James Wierzbicki: Sour Notes: Hanns Eisler and the FBI, in: Claire A. Culleton, Karen Leick (Hg.): Modernism on File. Writers, Artists, and the FBI, 1920–1950, Basingstoke: Palgrave Macmillan, 2008.

16 Gespräch der Autorin mit Irene Runge am 17. Oktober 2017 in Berlin.

17 Gespräch der Autorin mit Alfred Katzenstein im Mai 1988 in Berlin.

18 Vgl. Ursula Büttner: Schwierige Rückwanderung nach Hamburg, in: Irmela von der Lühe, Axel Schildt und Stefanie Schüler-Springorum (Hg.): »Auch in Deutschland waren wir nicht wirklich zu Hause«. Jüdische Remigration nach 1945 (Hamburger Beiträge zur Geschichte der deutschen Juden, Band 34), Göttingen: Wallstein Verlag, 2008.

19 Edith Anderson: Liebe im Exil, S. 65.

20 Zitiert nach: Hans Georg Lehmann: Rückkehr nach Deutschland? Motive, Hindernisse und Wege von Remigranten, in: Claus-Dieter Krohn, Patrik von zur Mühlen (Hg.): Rückkehr und Aufbau nach 1945. Deutsche Remigranten im öffentlichen Leben Nachkriegsdeutschlands, Marburg: Metropolis-Verlag, 1997, S. 62.

21 Chronik einer Rückkehr. Lebenswege von Juden in der DDR, Dokumentarfilm, Regie/Drehbuch/Produktion: Martin Pátek, USA/Deutschland/Tschechien 1993. Die Interviews wurden im Sommer 1989 geführt.

22 Wolfgang Leonhard: Die Revolution entläßt ihre Kinder, Band 2, Leipzig: Reclam Verlag, 1990, S. 381.

23 Heda Margolius Kovály: Under a Cruel Star. A Life in Prague 1941–1968, New York: Holms & Meier, 1986, S. 59.

24 Pavel Kohout: Mein tolles Leben mit Hitler, Stalin und Havel. Erlebnisse – Erkenntnisse, Berlin: Osburg Verlag, 2010, S. 87. Kohout spricht in der 3. Person von sich selbst.

25 Ivan Klíma: My Crazy Century. A Memoir, New York: Grove Press, 2013, S. 43.

26 Ebd., S. 38.

27 János Kornai: By Force of Thought. Irregular Memoirs of an Intellectual Journey, Cambridge (MA): MIT Press, 2007, S. 23.

28 Bertolt Brecht: Arbeitsjournal. 1938–1955, Berlin/Weimar: Aufbau-Verlag, 1977, S. 457.

29 Haaretz, 4. Oktober 1946.
30 Victor Klemperer: LTI. Notizbuch eines Philologen, Berlin: Aufbau-Verlag, 1949.
31 Marie Jalowicz Simon: Untergetaucht. Eine junge Frau überlebt in Berlin 1940–1945, Frankfurt am Main: S. Fischer Verlag, 2014.
32 Manuel Wiznitzer: Arnold Zweig et le pays d'Israël. Patrie ou exil? Thèse de troisième cycle, Doktorarbeit unter der Leitung von Pierre Grappin, 1976, unveröffentlicht.
33 Zweig spielt hier auf die Anhänger der rechten zionistischen Bewegung Betar an.
34 Nachlass Arnold Zweig, Israelisches Nationalarchiv.
35 Nachlass Gotthold E. Weil, Israelisches Nationalarchiv.
36 Ebd.
37 Ebd.
38 Ebd.
39 Anna Seghers: Hier im Volk der kalten Herzen. Briefwechsel 1947. Hg. von Christel Berger, Berlin: Aufbau Taschenbuch Verlag, 2000, S. 45.
40 Brief vom 16.6.1947 in: Anna Seghers – Ich erwarte Eure Briefe wie den Besuch der besten Freunde. Briefe 1924–1952. Hg. von Almut Giesecke und Christiane Zehl Romero (Werkausgabe, Band V/1), Berlin: Aufbau Verlag, 2008, S. 223 f.
41 In ebd.
42 Brief vom 1.11.1947, in: ebd., S. 258.
43 Spielt sie hier auf ihr Jüdisch-Sein an?
44 Brief vom 16.12.1947, in: ebd., S. 270 f.
45 Lukács-Archiv, Budapest.
46 Von Markus Wolf ermutigt, schrieb sie später in der DDR unter dem Namen Ruth Werner (Pseudonym von Ursula Kuczynski) *Sonjas Rapport*, 1977 erschienen. Das Buch hatte einen großen Erfolg. Eine unzensierte Version erschien 2006 im Verlag Neues Leben.
47 Gespräch der Autorin mit Maik Hamburger am 29. November 2015 in Berlin.
48 Peter Erler: »Moskau-Kader« der KPD in der SBZ, in: Manfred Wilke (Hg.): Anatomie der Parteizentrale. Die KPD/SED auf dem Weg zur Macht, Berlin: Akademie-Verlag, 1998, S. 241 ff.
49 Die Verfolgung betraf laut Weber zwischen 2000 und 6000 Personen. Neben schätzungsweise 4600 politischen Emigranten, Mitgliedern der KPD, die sich 1936 in Moskau aufhielten, gab es Ingenieure, Fachkräfte und andere, die eingeladen waren, um ihre Fähigkeiten in den Dienst der UdSSR zu stellen. Auch sie wurden Opfer der Stalinschen Repressionen. Die Bandbreite war relativ groß. Besser bekannt sind Details der »deutschen Operation« in den Jahren 1937 und 1938 in Moskau. 720 Deutsche wurden verhaftet, von denen

520 verurteilt und 215 hingerichtet wurden. Im April 1938 verhaftete man 70 % der KPD-Mitglieder. Von den 1675 Kommunisten, die Hermann Weber und Andreas Herbst für die Zeit von 1918 bis 1943 zählen, wurden 256 Opfer Hitlers und 208 von Stalin. Siehe Hermann Weber/Andreas Herbst: Deutsche Kommunisten. Biographisches Handbuch 1918 bis 1943, 2. Auflage, Berlin: Dietz Verlag, 2008.

50 Es handelt sich um die sogenannten Politemigranten, von denen die meisten Kommunisten waren. Die Zahl hat Wladislaw Hedeler der Autorin auf der Basis einer Liste von 8000 politischen Emigranten übermittelt.

51 Vgl. Wolfgang Ruge: Gelobtes Land. Meine Jahre in Stalins Sowjetunion, Reinbek: Rowohlt Verlag, 2012, S. 438.

52 Vgl. Werner Eberlein: Geboren am 9. November. Erinnerungen, Berlin: Das Neue Berlin, 2000.

53 Vgl. Nathan Steinberger: Berlin – Moskau – Kolyma und zurück. Ein biographisches Gespräch über Stalinismus und Antisemitismus mit Barbara Broggini, Berlin/Amsterdam: Edition ID-Archiv, 1996, S. 33 f.

54 Siehe dazu Marci Shore: Caviar and Ashes. A Warsaw Generation's Life and Death in Marxism, 1918–1968, New Haven (CO): Yale University Press, 2006.

55 Walter Ruge: Prisonnier N° 8430. De la montée du nazisme aux goulags. Témoignage. Übersetzt und annotiert von Anne-Marie Pailhès, Paris: Éditions Nicolas Philippe, 2004; Wolfgang Ruge: Gelobtes Land. Meine Jahre in Stalins Sowjetunion, Reinbek: Rowohlt Verlag, 2012; Eugen Ruge: In Zeiten des abnehmenden Lichts. Roman einer Familie, Reinbek: Rowohlt Verlag, 2011.

56 Siehe Anne-Marie Pailhès in: Ruge: Prisonnier N° 8430.

57 Ebd.

58 Gut angekommen – Moskau. Das Exil der Gabriele Stammberger 1932–1954. Erinnerungen und Dokumente. Aufgeschrieben von Gabriele Stammberger und Michael Peschke, Berlin: BasisDruck, 1999.

59 Chronik einer Rückkehr, Dokumentarfilm.

60 Vgl. Wolfgang Benz: Demokratisierung durch Entnazifizierung und Erziehung, in: Informationen zur politischen Bildung, Heft 259 (2005).

61 Vgl. Klaus Bästlein: Zeitgeist und Justiz. Die Strafverfolgung von NS-Verbrechen im deutsch-deutschen Vergleich und im historischen Verlauf, in: Zeitschrift für Geschichtswissenschaft 64 (2016). Die Arbeiten von Christiaan Frederik Rüter finden sich unter: www.expostfacto.nl sowie www.junsv.nl (konsultiert am 24.11.2021).

62 Vgl. Jeffrey Herf: Divided memory. The Nazi Past in the Two Germanys, Cambridge (MA): Harvard University Press, 1997, S. 72 f.

63 Vgl. Ehrhart Neubert: Politische Verbrechen in der DDR, in: Stéphan Courtois (Hg.): Das Schwarzbuch des Kommunismus, München: Piper Verlag, 1998.

64 Vgl. Olivier Guez: L'impossible retour, S. 138. Zum Innenministerium siehe auch Frank Bösch, Andreas Wirsching (Hg.): Hüter der Ordnung. Die Innenministerien in Bonn und Ost-Berlin nach dem Nationalsozialismus, Göttingen: Wallstein Verlag, 2018.

65 Vgl. Oliver Guez: L'impossible retour, S. 139.

66 Dominik Rigoll: Des limites du dicible. Évoquer le passé des députés sous le IIIe Reich au Bundestag des années 1970, in: Parlement(s). Revue d'histoire politique 21 (2014) 1, S. 73–90.

67 Vgl. Eckart Conze, Norbert Frei, Peter Hayes, Moshe Zimmermann: Das Amt und die Vergangenheit. Deutsche Diplomaten im Dritten Reich und in der Bundesrepublik, München: Blessing, 2010.

68 Zu dieser Thematik siehe Gerhard Sälter: Phantome des Kalten Krieges. Die Organisation Gehlen und die Wiederbelebung des Gestapo-Feindbildes »Rote Kapelle«, Berlin: Ch. Links Verlag, 2016; sowie Christoph Rass: Das Sozialprofil des Bundesnachrichtendienstes. Von den Anfängen bis 1968, Berlin: Ch. Links Verlag, 2016.

69 John le Carré: Der Taubentunnel. Geschichten aus meinem Leben. Aus dem Englischen von Peter Torberg, Berlin: Ullstein Verlag, 2016. S. 78.

70 István Deák: Europe on Trial. The Story of Collaboration, Resistance, and Retribution During World War II, Boulder (CO): Westview Press, 2015.

71 Der Kampf des Rechtsanwalts Fritz Bauer ist Gegenstand von zwei Filmen: *Der Staat gegen Fritz Bauer,* Regie: Lars Kraume, Deutschland 2015; *Im Labyrinth des Schweigens,* Regie: Giulio Ricciarelli, Deutschland 2014. Zu erwähnen ist auch der Dokumentarfilm von Catherine Bernstein und Nicole Bary: *Fritz Bauer. Un procureur contre le nazisme,* Frankreich 2018.

72 Vgl. Klaus Bästlein: Zeitgeist und Justiz.

73 Gespräch der Autorin und Agnès Arp mit Reiner Stenzel im Dezember 2018. Siehe auch Dieter Skiba, Reiner Stenzel: Im Namen des Volkes. Ermittlungs- und Gerichtsverfahren in der DDR gegen Nazi- und Kriegsverbrecher, Berlin: Edition Ost, 2016.

74 Ursula Krechel: Landgericht. Roman, Salzburg: Jung und Jung Verlag, 2012, S. 345 f.

75 Vgl. Carl Zuckmayer: Exil und Rückkehr. Emigration und Heimkehr, Mainz: Verlag H. Schmidt, 1986, S. 155.

76 Vgl. Rudolf Schottlaender: Deutschsein fünfmal anders. Erinnerungen eines Unangepassten, Berlin: Verlag für Berlin-Brandenburg, 2017, S. 129.

77 Vgl. Olivier Guez: L'impossible retour, S. 98.

78 Potsdamer Neueste Nachrichten, 17. Juni 2017.

79 Hannah Arendt, Karl Jaspers. Briefwechsel 1926–1969, München: Piper Verlag, 2001 (zuerst 1985), S. 89.

80 Ernst Bloch und Georg Lukács. Dokumente zum 100. Geburtstag, Budapest: MTA Filozófiai Intézet Lukács Archívum, 1984, S. 125.
81 Ernst Bloch: Subjekt – Objekt. Erläuterungen zu Hegel, Berlin: Aufbau-Verlag, 1951.
82 Vgl. Kornélia Papp: Remigranten in der SBZ/DDR und in Ungarn nach 1945. Ein Vergleich, Göttingen: Vandenhoeck & Ruprecht, 2009, S. 85.
83 Vgl. Heiner Müller: Krieg ohne Schlacht. Leben in zwei Diktaturen. Eine Autobiographie, 4. Auflage, Köln: Kiepenheuer & Witsch, 2019 (zuerst 1992), S. 67.
84 Hans-Georg Gadamer: Philosophische Lehrjahre. Eine Rückschau, 2. Auflage, Frankfurt am Main: Klostermann, 1995 (zuerst 1977), S. 131.
85 Ebd., S. 128.
86 Zitiert nach: Mario Keßler: Die SED und die Juden – zwischen Repression und Toleranz. Politische Entwicklungen bis 1967, Berlin: Akademie-Verlag, 1995, S. 33.
87 Die Rede wurde abgedruckt in: Die Weltbühne, April 1948.
88 Vgl. Mario Keßler: Die SED und die Juden, S. 34.
89 Zitiert nach ebd.
90 Johannes R. Becher in: Aufbau, Januar 1946.
91 Rassentheorie des deutschen Faschismus und Fragen der politisch-moralischen Vernichtung des Faschismus. Vortrag von Johannes R. Becher am 27. Oktober 1944, Bundesarchiv (BArch), NY 4182/829.
92 Wir stützen uns auf dokumentierte Angaben von Bernard Genton: Les Alliés et la culture. Berlin, 1945–1949, Paris: PUF, 1998.
93 Vgl. ebd., S. 232.
94 Zitiert nach ebd., S. 259.
95 Vgl. ebd., S. 228.
96 Vgl. Ursula Büttner: Schwierige Rückwanderung nach Hamburg.
97 Vgl. Wolfgang Kraushaar: Die Wiederkehr der Traumata im Versuch sie zu bearbeiten. Die Remigration von Horkheimer und Adorno und ihr Verhältnis zur Studentenbewegung, in: Exil und Remigration (Exilforschung. Ein internationales Jahrbuch, Band 9), München: Edition Text und Kritik, 1991, S. 47.
98 Chronik einer Rückkehr, Dokumentarfilm.
99 Vgl. Günther Anders: Journaux de l'exil et du retour, Lyon: Fage Éditions, 2012, S. 124.
100 William L. Shirer: Berliner Tagebuch. Das Ende. 1944–1945, Leipzig/Weimar: Kiepenheuer, 1994.
101 Vgl. Bernard Genton: Les Alliés et la culture, S. 251.
102 Ursula Krechel: Landgericht, S. 124f.
103 Gespräch der Autorin mit Cornelia Schroeder am 24. Februar 2018 in Berlin.

104 Aktenbestand Hauptausschuss »Opfer des Faschismus« (OdF)/Referat Verfolgte des Naziregimes (VdN), Landesarchiv Berlin, C Rep. 118-01.
105 Siehe den Dokumentarfilm *Chronik einer Rückkehr*.
106 Vgl. Werner Mittenzwei: Die Intellektuellen. Literatur und Politik in Ostdeutschland von 1945 bis 2000, Leipzig: Faber und Faber, 2001.
107 Siehe dazu Marion Brasch: Ab jetzt ist Ruhe. Roman meiner fabelhaften Familie, Frankfurt am Main: S. Fischer Verlag, 2012.
108 Gespräch der Autorin mit Alfred Katzenstein im Mai 1988 in Berlin.
109 https://www.youtube.com/watch?v=J9SyTEUi6Kw (konsultiert am 28.2.2022).
110 Günther Anders: Journaux de l'exil et du retour, S. 106.
111 Folgt man Mary McCarthy, hat Arendt später, während des Vietnamkrieges und während der Watergate-Affäre, darüber nachgedacht. Siehe Heilbutt: Exiled in Paradise, S. 434.
112 Vgl. Irmtraud Ubbens: »Aus meiner Sprache verbannt …« Moritz Goldstein, ein deutsch-jüdischer Journalist und Schriftsteller im Exil, München: K.G. Saur, 2002.
113 Vgl. George L. Mosse: Confronting History. A Memoir, University of Wisconsin Press 2000.
114 Nachlass Mosse, Archiv des Leo Baeck Instituts, New York.
115 Gespräch der Autorin mit Laurent Stern im Juli 2014 in New York.
116 Stiftung Clément Moreau im Sozialarchiv Zürich, https://clement-moreau.ch/links/ (konsultiert am 28.2.2022).
117 1939 gab es 1173 Mediziner deutscher Herkunft in Palästina. Vgl. Die »Jeckes« in Israel, S. 39, und Europäische Geschichte Online (EGO).
118 Vgl. Dominique Bourel: Moses Mendelssohn. La Naissance du judaïsme moderne, Paris: Gallimard, 2004 (deutsch: Moses Mendelssohn. Begründer des modernen Judentums, Zürich: Ammann Verlag, 2007).
119 Name der jüdischen Gemeinde in Palästina vor der Gründung des Staates Israel im Jahr 1948.
120 Vgl. Yoav Gelber: The Historical Role of the Central European Immigration to Israel, in: Leo Baeck Institute Year Book 38 (1993).
121 In gleicher Weise wie sein Namensvetter Stefan Zweig, mit dem er nicht verwandt war.
122 Stefan Zweig, Sigmund Freud. Correspondance, Paris: Gallimard, 1974.
123 Vgl. Manuel Wiznitzer: Arnold Zweig et le pays d'Israël. Patrie ou exil? Thèse de troisième cycle, Doktorarbeit unter der Leitung von Pierre Grappin, 1976, unveröffentlicht.
124 Siehe dazu Yoav Gelber: The Historical Role of the Central European Immigration to Israel.
125 Die Wohnung, Dokumentarfilm, Regie: Arnon Goldfinger, Israel/Deutschland 2011.

126 Schalom Ben-Chorin: Germania Hebraica. Beiträge zum Verhältnis von Deutschen und Juden, Gerlingen: Bleicher Verlag, 1982, S. 64.

127 Ebd., S. 65.

128 Ebd., S. 64.

129 Ebd., S. 65.

130 Siehe dazu Wiznitzer: Arnold Zweig et le pays d'Israël.

131 Ebd. Diesen Brief übergab Alice Hausdorff, die Sekretärin Arnold Zweigs, dem Autor Manuel Wiznitzer (Privatarchiv).

132 Louis Fürnberg: Briefe 1932–1957, Band I. Hg. im Auftrag der Akademie der Künste der DDR von Lotte Fürnberg und Rosemarie Poschmann, Berlin/Weimar: Aufbau-Verlag, 1986, S. 365.

133 Ebd.

134 Vgl. ebd.

135 Vgl. Manuel Wiznitzer: Arnold Zweig et le pays d'Israël.

136 Nachlass Anna Maria Jokl, ARC 4 01542, Israelisches Nationalarchiv.

137 Der 1949 gegründete Preis hieß zunächst Deutscher Nationalpreis, dann Nationalpreis, am Ende Nationalpreis der DDR.

138 Vgl. Dietrich Herfurth: Der Nationalpreis der DDR. Geschichte – Realien – Verzeichnisse, 2. Auflage, Berlin: Dietrich Herfurth, 2015, S. 14.

139 Vgl. ebd., S. 20 f.

140 Friedrich Wolf (1888–1953), Mediziner und Schriftsteller, bekannt in der Weimarer Republik für seine Theaterstücke zu den Themen Abtreibung (*Cyankali,* 1929), gesellschaftliches Engagement (*Professor Mamlock,* 1933). Sein Exil verbrachte er in der UdSSR, wo seine beiden Söhne Markus, der zukünftige Chef der Auslandsspionage der DDR, und Konrad, der spätere Filmregisseur, heranwuchsen.

141 Vgl. Gerd Dietrich: Zwischen Traditionalismus und Aktivismus. Zur Kulturpolitik der SED in Berlin, in: Die vier Besatzungsmächte und die Kultur in Berlin 1945–1949. Hg. für das Deutsche Historische Museum, Berlin, Hans-Martin Hinz, für das Centre Marc Bloch, Berlin, Cyril Buffet, Bernard Genton, Pierre Jardin, Leipzig: Leipziger Universitätsverlag, 1999.

142 Vladimir Pozner se souvient, Montreal: Lux Editeur, 2013 (zuerst 1972), S. 37. (In der deutschen Übersetzung von 1986 fehlt diese Passage.)

143 Helga Königsdorf: Landschaft in wechselndem Licht. Erinnerungen, Berlin: Aufbau-Verlag, 2002, S. 208.

144 Ebd., S. 223.

145 Zitiert nach: Inga Wolfram: Verraten. Sechs Freunde, ein Spitzel, mein Land und ein Traum, Düsseldorf: Artemis & Winkler, 2009, S. 139.

146 Heiner Müller: Krieg ohne Schlacht, S. 279.

Teil II (S. 89–145)

1 Amerikanischer Journalist, der mit Unterstützung des Emergency Rescue Committee, einer amerikanischen Hilfsorganisation, die Rettung deutscher Nazi-Gegner organisierte, die nach Marseille geflohen waren, um dort auf ein Visum und ein Schiff zu warten, um aus dem besetzten Frankreich zu fliehen.

2 Victor Serge: Schwarze Wasser. Roman. Aus dem Französischen von Eva Moldenhauer. Zürich: Rotpunkt Verlag, 2014.

3 Vgl. Stephen F. Cohen: The Victims Return. Survivors of the Gulag after Stalin, London/New York: I. B. Tauris, 2012.

4 Narodny Kommissariat Wnutrennich Del (NKWD) ist die Vorläuferorganisation des Komitet Gossudarstwennoi Besopasnosti (KGB), des sowjetischen Geheimdienstes. Georg Lukács: Record of a Life, S. 97.

5 Vgl. Árpád Kadarkay: The Captive Mind of György Lukács, in: The Hungarian Review IV/2013; ders.: Georg Lukács. Life, Thought, and Politics, Oxford: Basil Blackwell, 1991.

6 Besedy na lubjanke, Moskwa 2001, https://inslav.ru/publication/besedy-na-lubyanke-sledstvennoe-delo-dyordya-lukacha-materialy-k-biografii-m-2001?fbclid=IwAR3UtJdGG1eMUGTt1f3Waee160dNdOXBOARE5ZWJQgznFiEjJqRuZBCa3Ug (konsultiert am 28.2.2022).

7 Vgl. Árpád Kadarkay: Georg Lukács.

8 Vgl. Árpád Kadarkay: The Captive Mind of György Lukács. Die Intervention durch Dimitroff ist in mehreren Fällen belegt, vor allem für Tito, der ebenfalls eine Zeit lang in der UdSSR Zuflucht fand.

9 Vgl. Dissent Magazine, Dezember 1971.

10 In den Fängen des NKWD. Deutsche Opfer des stalinistischen Terrors in der UdSSR, Berlin: Dietz Verlag, 1991. Nach Angaben von Hans Schafranek: Zwischen NKWD und Gestapo. Die Auslieferung deutscher und österreichischer Antifaschisten aus der Sowjetunion an Nazideutschland 1937–1941, Frankfurt am Main: ISP-Verlag, 1990, belief sich die Zahl auf 1730 Personen. Siehe auch die Angabe von Wladislaw Hedeler im Text.

11 Vgl. Laura von Wangenheim: In den Fängen der Geschichte. Inge von Wangenheim. Fotografien aus dem sowjetischen Exil 1933–1945, Berlin: Rotbuch Verlag, 2013, S. 15.

12 Vgl. Hermann Weber, Ulrich Mählert (Hg.): Terror. Stalinistische Parteisäuberungen 1936–1953, Paderborn: Ferdinand Schöningh Verlag, 1998.

13 Rudolf Hamburger: Zehn Jahre Lager. Als deutscher Kommunist im sowjetischen Gulag. Ein Bericht, München: Siedler Verlag, 2013, S. 229.

14 Ebd., S. 230.

15 Vgl. Jeffrey Herf: East German Communists and the Jewish Question. The Case of Paul Merker, in: Journal of Contemporary History 29 (1994) 4.

16 Vgl. Olaf Groehler: Der Holocaust in der Geschichtsschreibung der DDR, in: Bernhard Moltmann, Doron Kiesel, Cilly Kugelmann u. a. (Hg.): Erinnerung. Zur Gegenwart des Holocaust in Deutschland West und Deutschland Ost, Frankfurt am Main: Haag + Herchen Verlag, 1993, S. 52.

17 Heiner Müller: Krieg ohne Schlacht, S. 80.

18 Herbert Crüger: Ein alter Mann erzählt, S. 329.

19 Vgl. Donald B. Robinson: Why Denazification is Lagging, in: American Mercury, Oktober 1946.

20 Vgl. Sonia Combe: Ein Leben gegen ein anderes. Der ›Opfertausch‹ im KZ Buchenwald und seine Nachgeschichte, Berlin: Neofelis Verlag, 2017, siehe das Kapitel: Ein Moskauer Prozess in Berlin, S. 197–199.

21 David Rousset: Das KZ-Universum. Roman. Aus dem Französischen von Olga Redetzkaja und Volker Weichsel, Berlin: Jüdischer Verlag im Suhrkamp Verlag, 2020.

22 David Rousset: Les jours de notre mort (Die Tage unseres Todes), Paris: Pluriel, 2012.

23 Hermann Kant 1978 an die Schriftsteller, als er Präsident des Schriftstellerverbandes wurde. Der vollständige Satz lautet: »Streitet, doch tut es hier, in diesem Verband, in diesem Land. Wenn es taugt, was ihr tut, kommt es durch.« Protokoll des Schriftstellerverbandes zur Wahlveranstaltung im Schriftstellerverband 1978. Archiv der Akademie der Künste Berlin.

24 Landesarchiv Berlin, C Rep. 904-097.

25 Ebd.

26 Vgl. Walter Janka: Schwierigkeiten mit der Wahrheit, Reinbek bei Hamburg: Rowohlt Taschenbuch Verlag, 1989; Berlin/Weimar: Aufbau-Verlag, 1990.

27 Vgl. Muriel Blaive: Une déstalinisation manquée. Tchécoslovaquie 1956, Brüssel: Éditions Complexe, 2005.

28 Herbert Crüger: Ein alter Mann erzählt, S. 228 f.

29 Vgl. Robert Havemann: Fragen, Antworten, Fragen. Aus der Biographie eines deutschen Marxisten, München/Zürich: Piper Verlag, 1970, S. 127 f.

30 Heiner Müller: Krieg ohne Schlacht, S. 104.

31 Vgl. Herbert Crüger: Ein alter Mann erzählt, S. 228 f.

32 Vgl. Anna Seghers: Tage wie Staubsand. Briefe 1953–1983. Hg. von Almut Giesecke und Christiane Zehl Romero (Werkausgabe, Band V/2), Berlin: Aufbau Verlag, 2010, Brief vom 3. Juli 1953.

33 Bertolt Brecht: Die Lösung, in: Buckower Elegien, in: ders.: Gedichte Band VII: 1948–1956, Berlin/Weimar: Aufbau-Verlag, 1969, S. 9.

34 Vladimir Pozner erinnert sich. Übersetzt aus dem Französischen von Stephan Hermlin, Leipzig: Reclam Verlag, 1986, S. 31 f.

35 Archiv des Schriftstellerverbands, SV 228, Archiv der Akademie der Künste, Berlin.

36 Ebd.
37 Hans Mayer: Der Turm von Babel. Erinnerung an eine Deutsche Demokratische Republik, Frankfurt am Main: Suhrkamp Verlag, 1993, S. 97.
38 Stefan Heym: 5 Tage im Juni. Roman, München/Gütersloh/Wien: C. Bertelsmann, 1974; Erstveröffentlichung in der DDR: Buchverlag Der Morgen 1989.
39 Mario Keßler: Grenzgänger des Kommunismus, S. 255.
40 Lutz Niethammer: Where were you on the 17th of June? A Niche in Memory, in: Memory and Totalitarianism. International Yearbook of Oral History and Live Stories, Oxford University Press, 1992.
41 Kurt Hager: Erinnerungen, Leipzig: Faber & Faber, 1996, S. 183.
42 Wir stützen uns hier im Wesentlichen auf die Memoiren von Walter Janka.
43 Es gab noch andere Orte. Siehe Siegfried Prokop: 1956 – DDR am Scheideweg. Opposition und neue Konzepte der Intelligenz, Berlin: Kai Homilius Verlag, 2006.
44 Nach Untersuchungen von Bernd-Rainer Barth zur Affäre um Noël Field war der Mann von Anna Seghers, László Radványi, ein Agent des NKWD in Mexiko. Vgl. Bernd-Rainer Barth, Werner Schweizer (Hg.): Der Fall Noël Field. Schlüsselfigur der Schauprozesse in Osteuropa, Berlin: BasisDruck, 2006, S. 670.
45 Herbert Crüger: Ein alter Mann erzählt, S. 285.
46 Joel Agee: Twelve Years. An American Boyhood in East Germany, Chicago/London: Chicago University Press, 1981, S. 183.
47 Vgl. Walter Janka: Schwierigkeiten mit der Wahrheit (1989), S. 13.
48 Vgl. ebd., S. 19.
49 In den Akten des NKWD fand sich einen lobenden Bericht von Johannes R. Becher über seinen langjährigen Freund Lukács.
50 Walter Janka: Schwierigkeiten mit der Wahrheit (1990), S. 35.
51 Ebd., S. 36 f.
52 Ebd., S. 37.
53 Akte Ernst Bloch, Bundesarchiv, Stasi-Unterlagen-Archiv (BArch, MfS), AOP 321/87.
54 Zitiert in: Walter Janka: Schwierigkeiten mit der Wahrheit (1990), S. 38 f.
55 Anna Seghers: Der gerechte Richter und andere Erzählungen, Berlin: Aufbau Taschenbuch Verlag, 2000, S. 71.
56 Walter Janka: Schwierigkeiten mit der Wahrheit (1990), S. 92.
57 Ebd., S. 92 f.
58 Akte Anna Seghers, BArch, MfS, AP 4592/92.
59 Jürgen Kuczynski. Ein linientreuer Dissident (1989), S. 70.
60 Lukács-Archiv, Budapest.
61 Internationale Vereinigung von Intellektuellen, 1950 gegründet.
62 Lukács-Archiv, Budapest.

63 Lukács-Archiv, Budapest.

64 Dieter Schiller: Der abwesende Lehrer. Georg Lukács und die Anfänge marxistischer Literaturkritik und Germanistik in der SBZ und frühen DDR (Pankower Vorträge, Heft 9), Berlin: Helle Panke e. V., 1998.

65 Brief von Wilfried Otto an die Autorin. Siehe auch den Artikel von Klaus Berlin im *Neuen Deutschland* vom 1. Juni 1990.

66 Ministerium für Kultur – Sekretariats des Ministers Johannes R. Becher, BArch, DR 1, 1954–1958, http://www.argus.bstu.bundesarchiv.de/DR1-20419/index.htm (konsultiert am 28.2.2022).

67 Landesarchiv Berlin, C Rep. 905-097.

68 Zitiert nach: Janka: Schwierigkeiten mit der Wahrheit (1989), S. 42.

69 Zitiert in: Hans Werner Richter: Die Mauer oder Der 13. August, Reinbek bei Hamburg: Rowohlt Verlag, 1961, S. 67 f.

70 Akte Arnold Zweig, BArch, MfS, AP 4913/69.

71 Vgl. Heiner Müller: Krieg ohne Schlacht, S. 98.

72 Ebd., S. 134.

73 Ebd., S. 136.

74 Ebd., S. 136 f.

75 Ebd., S. 137.

76 Ebd., S. 140.

77 Vgl. »Bitterfelder Konferenzen«, in: Kulturpolitisches Wörterbuch, Berlin: Dietz Verlag, 2. Auflage, 1978. In ihnen legte man fest, dass sich die Schriftsteller ihre Inspiration in den Betrieben holen sollten, während die Arbeiter ermutigt wurden, »zur Feder zu greifen«.

78 Vgl. Werner Mittenzwei: Zwielicht. Auf der Suche nach dem Sinn einer vergangenen Zeit. Eine kulturkritische Autobiographie, Leipzig: Faber & Faber, 2004.

79 Franz Kafka: Der Prozeß, München: dtv, 1997, S. 7.

80 Vgl. Werner Mittenzwei: Zwielicht.

81 Vgl. Eva Patzelt: Un haut fonctionnaire est-allemand aux prises avec l'intelligentsia (1963–1989), Paris: L'Harmattan, 2014.

82 Vgl. Kurt Hager: Erinnerungen, S. 284.

83 Protokoll des Schriftstellerverbandes (SV) vom 20. Januar 1966, Archiv der Akademie der Künste, Berlin.

84 Landesarchiv Berlin, C Rep. 904-097.

85 Archiv der Akademie der Künste, Berlin, SV 288.

86 Akte Anna Seghers, BArch, MfS, AP 4592/92.

87 Akte Stephan Hermlin, BArch, MfS, AIM 2173.

88 Akte Stefan Heym, BArch, MfS, HA XX, AP 56337/92.

89 Maik Hamburger erklärte in einem Gespräch mit der Autorin am 23. September 2015, dass er wegen der Positionen der DDR gegenüber Israel nicht in die Partei eintreten und sich nicht instrumentalisieren lassen wollte.

90 SAPMO-BArch, ZPN, NL 182/1339, zitiert nach: Mario Keßler: Die SED und die Juden, S. 176.

91 Stefan Jerzy Zweig, der in der DDR als »das Kind von Buchenwald« bekannt war, wurde durch deutsche politische Häftlinge vor der Deportation nach Auschwitz aus dem Lager Buchenwald gerettet. Er war gemeinsam mit seinem Vater, einem polnischen jüdischen Anwalt, nach Buchenwald gekommen. Zweig und seine Geschichte waren im Kontext der ostdeutschen Erinnerungspolitik als Beispiel für die Humanität der Kommunisten dargestellt und nach der Wiedervereinigung erneut gegen sie selbst instrumentalisiert worden. Siehe Sonia Combe: Ein Leben gegen ein anderes.

92 Gespräch der Autorin mit Stefan Jerzy Zweig im Februar 2013 in Wien.

93 Akte Anna Seghers, BArch, MfS, AP 4592/92.

94 Abteilung Kultur, Büro Hager, Landesarchiv Berlin, C Rep. 904-079/097 (1968–1976) und C Rep. 121 (1974–1989).

95 Vgl. Sibylle Klemm: Eine Amerikanerin in Ostberlin. Edith Anderson und der andere deutsch-amerikanische Kulturaustausch, Bielefeld: Transcript, 2015.

96 Christa Wolf: Kindheitsmuster, Berlin/Weimar: Aufbau-Verlag, 1976.

97 Stephan Hermlin: Abendlicht, Leipzig: Reclam, und Berlin: Wagenbach, 1979.

98 Volker Braun: Wir befinden uns soweit wohl, S. 131.

99 Alle folgenden Zitate aus: Akte Stephan Hermlin, BArch, MfS, AIM 2173.

100 Akte Stephan Hermlin, BArch, MfS, AOP 3764/89.

101 1984 wurden die Gasometer in Prenzlauer Berg abgerissen, danach an diesen Orten das Zeiss-Planetarium und das Wohngebiet Ernst-Thälmann-Park errichtet.

102 Heiner Müller: Briefe aus der DDR für die DDR, in: Die Zeit, 9. September 1977, https://www.zeit.de/1977/38/briefe-aus-der-ddr-fuer-die-ddr (konsultiert am 10.10.2021).

103 Anna Seghers: Tage wie Staubsand, S. 290, Brief vom 20. April 1979 an Tilde Alpari.

104 Sonntag 5/1990.

105 Gespräch der Autorin mit Cornelia Schroeder am 24. November 2018 in Berlin.

106 Vgl. Siegfried Suckut: Neues zum »Spiegel-Manifest« von 1977/1978. Zwei Stasi-Dokumente werfen Fragen auf, in: Jahrbuch für Historische Kommunismusforschung 2015, Berlin: Metropol Verlag.

107 Heiner Müller: Krieg ohne Schlacht, S. 138.

108 Ebd., S. 141.

109 Herbert Crüger: Ein alter Mann erzählt, S. 369 f.

110 Ebd., S. 381.

111 Vgl. ebd., S. 382.
112 Stasi-Akte Herbert Crüger.
113 Brief von Janka an Lukács, 1. November 1967, Lukács-Archiv, Budapest.

Teil III (S. 147–176)

1 Vgl. Ich bin Ernst Busch. Porträt des politischen Künstlers, Dokumentarfilm von Peter Voigt, Deutschland 2000.
2 Marion Brasch: Ab jetzt ist Ruhe. Roman meiner fabelhaften Familie, Frankfurt am Main: Fischer Taschenbuch, 2. Auflage, 2015, S. 331f.
3 Zeitschleifen – Im Dialog mit Christa Wolf, Dokumentarfilm von Karlheinz Mund, DDR 1990.
4 Erika Herzig übergab der Autorin im April 2010 im Erzählcafé Berlin-Wedding ein Manuskript mit ihren Erinnerungen unter dem Titel »Ideale, Irrtümer und einfache Wahrheiten. Eine Familiengeschichte«, unveröffentlicht.
5 Wolf Biermann: Warte nicht auf bessre Zeiten! Die Autobiographie, Berlin: Ullstein, 2016, S. 406.
6 Gespräch der Autorin mit Pfarrer Jörg Hildebrandt im November 1988.
7 Verwiesen sei auch auf die Werke von Ingeborg Bachmann und Thomas Bernhard, die zur gleichen Zeit in Österreich erschienen.
8 Christa Wolf: Auf dem Weg nach Tabou. Texte 1990–1994, Köln: Kiepenheuer & Witsch, 1994, S. 325.
9 Akte Franz Fühmann, BArch, MfS, AOP 3764/89.
10 Vgl. Wolf Biermann: Moi aussi, j'ai été à la Stasi, La Tour d'Aigues: Editions de l'Aube, 1990.
11 Die Zeit, 3. Oktober 2018.
12 Akte Franz Fühmann, BArch, MfS, AOP 3764/89.
13 Ebd. Im Stasi-Unterlagen-Archiv finden sich Hinweise auf mehrere Mitarbeiter dieses Typs, die deren Ambivalenz deutlich machen. Es endete nicht selten mit der Verweigerung, die Zusammenarbeit fortzusetzen.
14 Büro Hager, SAPMO-BArch, DY 30/27389-27427.
15 Vgl. *Der Spiegel* 10/1995.
16 Heiner Müller: Krieg ohne Schlacht, S. 87.
17 Werner Mittenzwei: Zwielicht. Auf der Suche nach dem Sinn einer vergangenen Zeit, Leipzig: Faber & Faber, 2004.
18 Vgl. ebd., S. 313.
19 Vgl. Dieter Schiller: Der abwesende Lehrer, S. 3.
20 Werner Mittenzwei: Zwielicht, S. 67.
21 Bertolt Brecht: Offener Brief an die deutschen Künstler und Schriftsteller vom 26. September 1951, Faksimile, Privatarchiv.
22 Werner Mittenzwei: Zwielicht, S. 62.
23 Ebd., S. 94f.

24 Ebd., S. 112.

25 Zur Periodisierung des Werkes von Lukács siehe Laurent Stern: Georg Lukács. An Intellectual Portrait, in: Dissent Magazine, Frühjahr 1958.

26 Mittenzwei: Zwielicht, S. 144.

27 Werner Mittenzwei: Die Intellektuellen. Literatur und Politik in Ostdeutschland 1945–2000, Leipzig: Faber & Faber, 2001, S. 14. Man findet den Satz Pierre Bourdieus in anderem Kontext in: Pierre Bourdieu: Die Intellektuellen und die Macht. Herausgegeben von Irene Dölling, Hamburg: VSA-Verlag, 1991, S. 19.

28 Mittenzwei: Zwielicht, S. 144.

29 Ebd., S. 159.

30 Ebd., S. 179.

31 Büro Hager, SAPMO-BArch, IV A2/202471/1/1965.

32 Vgl. Werner Mittenzwei: Die Intellektuellen.

33 Vgl. Dieter Schiller: Der abwesende Lehrer, S. 4.

34 Ebd., S. 23.

35 Vgl. ebd., S. 25.

36 Vgl. Sonia Combe: Une société sous surveillance, S. 239 f.

37 Wolf Biermann: Wolfgang Heise – mein DDR-Voltaire. Vorlesung am 7. November 2008, https://edoc.hu-berlin.de/bitstream/handle/18452/2381/vorlesung_biermann_wolf_heise.pdf?sequence=1 (konsultiert am 18.2.2022).

38 Zitiert in: Claudia Salchow: Wolfgang Heise – ein Narr seiner Vernunftromantik? Das Wolfgang Heise-Archiv, in: Cult-us. Zeitung an der Philosophischen Fakultät III der HU (1995), Heft 2, S. 6 f., http://www.universitaetssammlungen.de/publikation/2985 (konsultiert am 28.2.2022).

39 Wolfgang Heise: Aufbruch in die Illusion. Zur Kritik der bürgerlichen Philosophie in Deutschland, Berlin: Deutscher Verlag der Wissenschaften, 1964.

40 Wolfgang Thierse: Kultur – Politik – Philosophie. Leben zwischen Realität und Opposition, in: Das Wolfgang-Heise-Archiv. Plädoyers für seine Zukunft. Vorträge anlässlich der Gemeinschaftsveranstaltung »Treffpunkt Geschichte« des Seminars für Ästhetik und der Friedrich-Ebert-Stiftung, 19. Mai 1998, Berlin: Humboldt-Universität zu Berlin, 1999, S. 6.

41 Wolf Biermann: Wolfgang Heise – mein DDR-Voltaire, S. 39.

42 Akte Wolfgang Heise, BArch, MfS, HA XX, Nr. 4704.

43 Vgl. Ulrich Johannes Schneider: Über die neudeutsche Universitätsphilosophie, in: Deutsche Zeitschrift für Philosophie 44 (1996) 1.

44 Inga Wolfram: *Verraten. Sechs Freunde, ein Spitzel, mein Land und ein Traum*, Düsseldorf: Artemis & Winkler, 2009, S. 231.

45 Ebd., S. 211.

46 Ebd., S. 138.

47 Ebd., S. 219 f.

48 Büro Hager, 22. Oktober 1971, SAPMO-BArch, IV A2/202471.

49 Inga Wolfram: Verraten, S. 7.

50 Ebd.

51 Robert Havemann verdankte sein Überleben seinen wissenschaftlichen Fähigkeiten, die die Nazis nutzen wollten.

52 Vgl. Leila Weber: Le Rock en RDA. Le groupe Pankow. Entre culture officielle et contre-culture, mémoire de maîtrise, Paris 2006, http://cle.ens-lyon.fr/allemand/civilisation/histoire/les-deux-allemagne-1949-1990/le-rock-en-rda-le-groupe-pankow-entre-culture-officielle-et-contre-culture (konsultiert am 24.11.2021).

53 Annette Leo: Leben als Balance-Akte. Wolfgang Steinitz. Kommunist, Jude, Wissenschaftler, Berlin: Metropol Verlag, 2005; Wolfgang Herzberg: Gerry Wolff. Die Rose war rot. Eine Schauspielerlegende erinnert sich, Berlin: Dietz Verlag, 2006; Mario Keßler: Alfred Meusel. Soziologe und Historiker zwischen Bürgertum und Marxismus (1896–1960), Berlin: Karl Dietz Verlag, 2016.

54 Regina Scheer: Machandel. Roman, München: Knaus Verlag, 2014, S. 379.

55 Ebd., S. 399.

56 Ebd., S. 382.

57 Ebd., S. 386.

58 Vgl. ebd., S. 66.

59 Monika Maron: Stille Zeile Sechs. Roman, Frankfurt am Main: S. Fischer Verlag, 1991, S. 59 f.

60 Hotel in Moskau, in dem die Mitglieder der Komintern im Exil bis zum Beginn des Krieges untergebracht waren. Dort wurden viele von ihnen während der Stalinschen Säuberungsaktionen in den Jahren 1936 bis 1938 verhaftet.

61 Monika Maron: Stille Zeile Sechs, S. 138 f.

62 Ebd., S. 141.

63 Ebd., S. 152.

64 Matthias Heine: Familie Brasch, die »Buddenbrooks der DDR«, in: Die Welt, 25. Februar 2012.

65 Marion Brasch: Ab jetzt ist Ruhe. Roman meiner fabelhaften Familie, Frankfurt am Main: Fischer Taschenbuch, 2. Auflage, 2015, S. 34.

66 Ebd., S. 40.

67 Ebd., S. 41.

68 Ebd., S. 48.

69 Ebd., S. 91.

70 Ebd., S. 92.

71 Vgl. Erik Zielke: Dankbar für die Widersprüche, in: nd, 2.11.2021, https://www.nd-aktuell.de/artikel/1158246.thomas-brasch-dankbar-fuer-die-widersprueche.html (konsultiert am 28.2.2022).

Teil IV (S. 177–195)

1 Jürgen Kuczynski: Die Geschichte der Lage der Arbeiter unter dem Kapitalismus, Berlin: Akademie-Verlag, 1960–1972; ders.: Studien zu einer Geschichte der Gesellschaftswissenschaften, Berlin: Akademie-Verlag, 1975–1979; ders.: Geschichte des Alltags des deutschen Volkes, Berlin: Akademie-Verlag, 1980–1983.

2 Werner Mittenzwei: Zwielicht, S. 241.

3 Die »Giftschränke« der Bibliotheken enthielten offiziell untersagte oder/und nur begrenzt zugängliche Literatur.

4 Vgl. Günter Kröber: Jürgen Kuczynski und der Nobelpreis, in: Utopie kreativ 171 (2005).

5 Jürgen Kuczynski: »Ein linientreuer Dissident«. Memoiren 1945–1989, 2. Auflage, Berlin: Aufbau Taschenbuch Verlag, 1999 (zuerst 1992), S. 274.

6 Ebd. (1992), S. 7.

7 Die Schriftstellerin Doris Gercke hatte ihn darauf angesprochen. Gespräch der Autorin mit Thomas Kuczynski im August 2010 in Berlin.

8 Vgl. Jürgen Kuczynski: Sechs Generationen auf Bücherjagd. Zur Geschichte meiner Bibliothek, Berlin: Pirckheimer Gesellschaft, 1958.

9 Gespräch der Autorin mit Jürgen Kuczynski im Dezember 1987 in Berlin. Das Interview wurde am 8. Januar 1988 in der Zeitung *Libération* veröffentlicht.

10 Jürgen Kuczynski: Ein linientreuer Dissident (1992), S. 62.

11 Matthew Stibbe: Jürgen Kuczynski and the Search for a (Non-Existent) Western Spy Ring in the East German Communist Party in 1953, in: Contemporary European History 20 (2011) 1.

12 Akte Jürgen Kuczynski, BArch, MfS, AOP 338/55.

13 Jürgen Kuczynski: Schwierige Jahre – mit einem besseren Ende? Tagebuchblätter 1987 bis 1989, Berlin: Tacheles-Verlag, 1999, S. 125.

14 Vgl. Jürgen Kuczynski: Der Ausbruch des ersten Weltkrieges und die deutsche Sozialdemokratie. Chronik und Analyse, Berlin: Akademie-Verlag, 1957.

15 Jürgen Kuczynski: Ein linientreuer Dissident (1999), S. 128 f.

16 Ebd., S. 53.

17 Ebd., S. 172.

18 Ebd., S. 173.

19 Allerdings sind, wie wir heute wissen, die Truppen der DDR nicht in Tschechoslowakei einmarschiert.

20 Jürgen Kuczynski: Ein linientreuer Dissident (1999), S. 197 f.

21 Ebd. (1992), S. 198.

22 Ebd. (1999), S. 194.

23 Ebd., S. 237.

24 Ebd.

25 Ebd., S. 351.

26 Ebd., S. 312 f.

27 Ebd., S. 327f.
28 Ebd., S. 328f.
29 Ebd., S. 323.
30 Ebd., S. 325.
31 Ebd., S. 331.
32 Ebd., S. 330.
33 Ebd., S. 432.
34 Ebd., S. 281.
35 Akte Joachim Streisand, BArch, MfS, AOP 7058/65.
36 Jürgen Kuczynski: Ein linientreuer Dissident (1999), S. 282.
37 Akte Jürgen Kuczynski, BArch, MfS, AOP 338/55.
38 Jürgen Kuczynski: Dialog mit meinem Urenkel. 19 Briefe und ein Tagebuch, Berlin/Weimar: Aufbau-Verlag, 1983.
39 Jürgen Kuczynski: Ein linientreuer Dissident (1999), S. 329f.
40 Ebd., S. 254.
41 Ebd., S. 393.
42 Ebd., S. 195.
43 Vgl. Jürgen Kuczynski: Schwierige Jahre – mit einem besseren Ende? Tagebuchblätter 1987 bis 1989, Berlin: Tacheles-Verlag, 1990, S. 128.
44 Jürgen Kuczynski: Ein linientreuer Dissident (1999), S. 176.
45 Jürgen Kuczynski: Schwierige Jahre, S. 22.
46 Jürgen Kuczynski: Ein linientreuer Dissident (1999), S. 190.
47 Ebd., S. 396.
48 Ebd.
49 Vgl. Libération vom 8. Januar 1988.
50 Jürgen Kuczynski: Ein linientreuer Dissident (1999), S. 375.
51 Vgl. Libération vom 8. Januar 1988.
52 Jürgen Kuczynski: Ein linientreuer Dissident (1999), S. 418.
53 Vgl. Jürgen Kuczynski: Kurze Bilanz eines langen Lebens. Große Fehler und kleine Nützlichkeiten, Berlin: Elefanten Press, 1991, S. 105.
54 Jürgen Kuczynski: Ein linientreuer Dissident (1999), S. 314.
55 Ebd., S. 374.
56 Jürgen Kuczynski: Schwierige Jahre, S. 44f.
57 Ebd., S. 151.
58 Jürgen Kuczynski: Kurze Bilanz eines langen Lebens, S. 50.
59 Ebd.
60 Jürgen Kuczynski: Memoiren. *Die Erziehung des J. K. zum Kommunisten und Wissenschaftler,* Berlin/Weimar: Aufbau-Verlag, 1973, S. 418.
61 Jürgen Kuczynski: Kurze Bilanz eines langen Lebens, S. 47.
62 Jürgen Kuczynski: Ein linientreuer Dissident (1999), S. 51.
63 Ebd., S. 431.

Teil V (S. 197–214)

1 Wolf Biermann: Wolfgang Heise – mein DDR-Voltaire. Rede zur Verleihung der Ehrendoktorwürde, Humboldt-Universität zu Berlin am 7. November 2008, https://wolf-biermann.de/von_biermann (konsultiert am 28.2.2022).

2 Irene Runge: Wir für uns! Ein jüdischer Aufbruch in Ostberlin 1986 und wie es damit weiterging, in: Die Zweite Generation. Kinder von antifaschistischen Widerstandskämpfern und Emigranten (Pankower Vorträge, Heft 175), Berlin: Helle Panke e. V., 2013, S. 44–47.

3 Marion Brasch: Ab jetzt ist Ruhe, S. 11.

4 Mit Ausnahme der Bezirke Dresden und Neubrandenburg, wo es keinen Empfang westdeutscher Sender gab.

5 Wolfgang Herzberg: Erinnern heißt überleben. Lebensgeschichten deutscher Juden, Berlin/Weimar: Aufbau-Verlag, 1990. Das Buch wurde noch in der DDR konzipiert und erschien 1990.

6 Vgl. Detlef Joseph: Die DDR und die Juden. Eine kritische Untersuchung, Berlin: Das Neue Berlin, 2010, S. 6.

7 Die Zahl findet sich bei Vincent von Wroblewsky: Eine unheimliche Liebe. Juden in der DDR, Berlin/Wien: Philo Verlagsgesellschaft, 2001, S. 14.

8 Etwa Hermann Axen, Markus Wolf, Gerhart Eisler, Klaus Gysi, Horst Brasch.

9 Vgl. Detlef Joseph: Die DDR und die Juden.

10 Die Auflage der Werke ist nicht präzise angegeben. Eine solche Information wäre nützlich, denn eine sehr geringe Auflage wäre ein Zeichen für ein Lippenbekenntnis. Dies war z. B. der Fall bei *LTI* von Victor Klemperer.

11 *Sterne* (Spielfilm, Regie: Konrad Wolf, DDR/Bulgarien 1959) erzählt die Liebesgeschichte zwischen einer jungen bulgarischen Jüdin und einem Soldaten der Wehrmacht in einem Lager in Thrakien, wohin Juden dieser Gegend und aus Mazedonien deportiert wurden.

12 Vgl. Olaf Groehler: Der Holocaust in der Geschichtsschreibung der DDR, in: Bernhard Moltmann u. a. (Hg.): Erinnerung. Zur Gegenwart des Holocaust in Deutschland West und Deutschland Ost, Frankfurt am Main: Haag + Herchen Verlag, 1993.

13 Michael Löwy: Messianisme juif et utopies en Europe centrale, in: Archives des Sciences Sociales des Religions 51 (1981) 1, S. 5–47; Enzo Traverso: Les Marxistes et la question juive. Histoire d'un débat (1843–1943), Paris: Kimé, 1997.

14 Löwy: Messianisme juif et utopies en Europe centrale, S. 36.

15 Ebd., S. 38.

16 Vgl. Daniel Azuélos: Judéité et germanité. L'impossible symbiose?, in: Pardès 5 (1987). Hier werden die Fälle Lion Feuchtwanger, Arnold Zweig und Jakob Wassermann verglichen.

17 Vgl. Enzo Traverso: Les Marxistes et la question juive, S. 65 ff.

18 Michael Gold: Juden ohne Geld. Mit einem Nachwort von Eberhard Brüning.

Übersetzt von Paul Baudisch, 2. Auflage, Berlin: Dietz Verlag, 1989 (zuerst 1931), S. 231.

19 Hannah Arendt: Die verborgene Tradition. 8 Essays, Frankfurt am Main: Suhrkamp Verlag, 1976, S. 57.

20 Enzo Traverso: Les Marxistes et la question juive, S. 73 f.

21 Zitiert in: ebd., S. 113.

22 Vgl. Hermann Cohen: Deutschtum und Judentum. Mit grundlegenden Betrachtungen über Staat und Internationalismus, Gießen: Töpelmann, 1915.

23 Zitiert nach: Mirjam Zadoff: Der rote Hiob. Das Leben des Werner Scholem, München: Carl Hanser Verlag, 2014.

24 Isaac Deutscher: Essais sur le problème juif, Paris: Payot 1969, S. 9.

25 Alex Bandy: Chocolate & Chess, Budapest: Akadémiai Kiadó, 2010, S. 96.

26 Diese Sammlung von Zeugnissen zu den Massakern an Juden durch die Wehrmacht war das Werk von Ilja Ehrenburg und Wassili Grossman. Das »Schwarzbuch« war von Stalin in Auftrag gegeben worden, aber sollte niemals erscheinen.

27 In seinem Beitrag »Der Holocaust in der Geschichtsschreibung der DDR« notierte Olaf Groehler dennoch die frühen Anstrengungen des Historikers Klaus Drobisch, die Dimension des Genozids des »Dritten Reiches« wieder einzuführen, die den deutschen Nationalsozialismus vom ordinären Faschismus unterscheidet.

28 Olaf Groehler: Der Holocaust in der Geschichtsschreibung der DDR, S. 55.

29 Deutsche Zeitschrift für Philosophie 9 (1961) 12.

30 Brief an Arnold Zweig vom 18. August 1951, Lukács-Archiv, Budapest.

31 Margarete Mitscherlich, Irene Runge: Kulturschock. Umgang mit Deutschen. Hamburg: Ingrid Klein Verlag, 1993, S. 28.

32 Karin Hartewig: Zurückgekehrt. Die Geschichte der jüdischen Kommunisten in der DDR, Köln/Weimar/Wien: Böhlau Verlag, 2000, S. 83 und 564.

33 Ebd., S. 564. Das Gedicht wurde 1982 im Aufbau-Verlag veröffentlicht in: Fürnberg – Ein Lesebuch für unsere Zeit, S. 205.

34 Stefan Meining: Kommunistische Judenpolitik. Die DDR, die Juden und Israel, Münster: LIT Verlag, 2002; Michael Wolffsohn: Die Deutschland-Akte. Juden und Deutsche in Ost und West. Tatsachen und Legenden, München: Ferenczy bei Bruckmann, 1995.

35 Vgl. Ute Frevert: Nonkonformität im Sozialismus. Der blinde Fleck des Jürgen Kuczynski, in: Merkur 65 (2011) 748/749, S. 876–887.

36 Vgl. Victor Karády: Les Juifs et la violence stalinienne, in: Actes de la recherche en sciences sociales 120 (1997) 5, p. 3.

37 Alex Bandy: Chocolate & Chess, S. 56.

38 Yuri Slezkine: Das jüdische Jahrhundert. Aus dem Englischen von Michael Adrian, Bettina Engels und Niklaus Gramm, Göttingen: Vandenhoeck & Ruprecht, 2007; Stephen F. Cohen: The Victims Return.

Fazit (S. 215–221)

1 Vgl. Leon Festinger, Henry W. Riecken, Stanley Schachter: L'Échec d'une prophétie, p. 2.
2 Karl Marx: Das Kapital. Kritik der politischen Ökonomie. Erster Band, Buch 1. Neue Textausgabe, bearbeitet und herausgegeben von Thomas Kuczynski, Hamburg: VSA Verlag, 2017.
3 Vgl. James C. Scott: Domination and the Arts of Resistance. Hidden Transcripts, New Haven (CO): Yale University Press, 1990.
4 Christa Wolf: Stadt der Engel oder The Overcoat of Dr. Freud, Berlin: Suhrkamp Verlag, 2016, S. 42.
5 Jürgen Kuczynski: Alte Gelehrte, Berlin: Akademie-Verlag, 1989, S. 15.
6 Ebd., S. 18.
7 Ebd., S. 64f.
8 Avishai Margalit: Über Kompromisse und faule Kompromisse. Aus dem Englischen von Michael Bischoff, Berlin: Suhrkamp Verlag, 2011, S. 14.
9 Ungarische Monatszeitschrift Holmi, Juli 2010.
10 Vgl. Werner Mittenzwei: Die Intellektuellen, S. 153.
11 Max Frisch: Aus dem Berliner Journal, Berlin: Suhrkamp Verlag, 2014, S. 93.
12 Gespräch zwischen Wolfgang Templin und Inga Wolfram, in: Inga Wolfram: Verraten, S. 264.
13 Bertolt Brecht: Die Maßnahme (1930), in: ders.: Stücke Band IV. Berlin: Aufbau-Verlag, 1967, S. 265.

Epilog (S. 223–225)

1 Anmerkung der Übersetzerin: Hier ist Christa Wolf ein Fehler unterlaufen: F. C. Weiskopfs Grab befindet sich nicht auf dem Dorotheenstädtischen Friedhof, sondern auf dem Zentralfriedhof Friedrichsfelde.
2 Christa Wolf: Stadt der Engel, S. 86f.
3 Heinz Kamnitzer: Der Tod des Dichters. Berlin: Buchverlag der Morgen, 1974, S. 78f.

Nachwort der Übersetzerin (S. 227–233)

1 Mein Dank gilt der Leibniz-Sozietät der Wissenschaften zu Berlin e. V. für die Unterstützung der umfangreichen Recherchearbeit zu diesem Übersetzungsprojekt.
2 Avishai Margalit: Über Kompromisse – und faule Kompromisse, S. 14.

Archivquellen

Archiv der Akademie der Künste, Berlin
Landesarchiv Berlin
Archiv des Leo Baeck Institute, New York
Georg-Lukács-Archiv, Budapest
Israelisches Nationalarchiv, Jerusalem
Archiv der Behörde des Bundesbeauftragten für die Unterlagen des Staatssicherheitsdienstes der ehemaligen DDR (jetzt Stasi-Unterlagen-Archiv im Bundesarchiv), Berlin
Akten des FBI, Tamiment Library, NYU Library, New York
Stiftung Archiv der Parteien und Massenorganisationen der DDR (SAPMO) im Bundesarchiv, Berlin-Lichterfelde

Personenregister

Dank

Dieses Buch verdankt sich vor allem den Diskussionen mit vielen biologischen und geistigen Erben derjenigen, die unter den Bedingungen des »realen Sozialismus« loyal um jeden Preis geblieben sind. Hier sei gedankt Daniela Dahn, Irene Dölling, Ginga Eichler, Maik Hamburger (†), Thomas Heise, Wolfgang Herzberg, Sabine Kebir, Thomas Kuczynski, Irene Runge, Cornelia Schroeder und Hermann Simon.

Die Diskussionen mit meinen Kollegen und Freunden Régine Robin (†) und Etienne François haben das Buch sehr bereichert.

Ebenso wichtig war auch die aufmerksame und kritische Lektüre des Textes durch Marie-Capucine Diss, Agnes Erdélyi, Carola Haehnel-Mesnard, Sophie Kucoyanis und natürlich durch meinen Verleger Antoine Spire.

Muriel Blaive, Jens Gieseke, Catherine Gousseff und Thomas Lindenberger gaben mir Gelegenheit, Teilergebnisse meiner Forschungen vorab in ihren Institutionen in Berlin, Potsdam und Wien zu präsentieren.

Ich danke auch all jenen, die mich in der gesamten Zeit dieses langjährigen Projektes begleitet haben; Agnès Arp, Karola Brede, Deborah Browning-Schirmek, Anna Colao, Thomas Flierl, Wladislaw Hedeler, Florence Heymann und dem französischen Kulturzentrum in Jerusalem, die es mir ermöglichten, einen Monat in israelischen Archiven zu arbeiten; Christine Keller, die meine Dolmetscherin in Kuba war, Mario Keßler, Annette Leo, Herbert und Peter Marcuse, Frank Mecklenburg, Valentin Pelosse, Dominik Rigoll, Laure Siaud, Enzo Traverso, Dominique Treilhou, Joachim Uhlisch und last but not least meinem Compagnon Laurent Stern, der mich an seinem immensen Wissen hat teilhaben lassen.

Die Autorin

Sonia Combe, geboren 1949 in Pau (Frankreich), war Historikerin am CNRS, an der Universität Paris-Nanterre und ist assoziierte Forscherin am Centre Marc Bloch in Berlin. Sie forscht und schreibt zur Geschichte von kommunistischen und postkommunistischen Gesellschaften Osteuropas, vor allem der DDR.

Die Übersetzerin

Dorothee Röseberg, geboren 1951 in Caputh, ist emeritierte Professorin für Romanistische Kulturwissenschaft an der Martin-Luther-Universität Halle-Wittenberg. Einer ihrer Forschungsschwerpunkte betrifft Frankreich und die DDR/Ostdeutschland.